Manual Prático de Direito do Trabalho

1ª edição — Juruá, 2004
2ª edição — Juruá, 2007
2ª edição — Juruá, 2ª tiragem — 2010
3ª edição — LTr Editora, 2011

JAIR TEIXEIRA DOS REIS

Auditor Fiscal do Trabalho e Professor Universitário. Doutoramento em Direito pela Universidade Lusíada de Lisboa. Especialista em Direito Tributário. Membro da Associação Luso-Brasileira de Juristas do Trabalho.

MANUAL PRÁTICO DE DIREITO DO TRABALHO

3ª edição
revista e atualizada

EDITORA LTDA.
© Todos os direitos reservados

Rua Jaguaribe, 571
CEP 01224-001
São Paulo, SP — Brasil
Fone (11) 2167-1101

Produção Gráfica e Editoração Eletrônica: R. P. TIEZZI
Projeto de Capa: FABIO GIGLIO
Impressão: ASSAHI GRÁFICA E EDITORA
LTr 4368.4
Junho, 2011

Visite nosso site:
www.ltr.com.br

Dados Internacionais de Catalogação na Publicação (CIP)
(Câmara Brasileira do Livro, SP, Brasil)

Reis, Jair Teixeira dos

    Manual prático de direito do trabalho / Jair Teixeira dos Reis. — 3. ed. rev e atual. — São Paulo : LTr, 2011.

    Bibliografia

    ISBN 978-85-361-1758-4

    1. Direito de trabalho 2. Direito de trabalho —- Brasil I. Título.

11-02945   CDU-34:331(81)

Índice para catálogo sistemático:
1. Brasil : Direito do trabalho   34:331(81)

A Deus, por ser a essência da vida.

*A minha esposa Wilke e meus filhos Arthur e Maria Teresa,
pela compreensão e pelo apoio que me deram na elaboração deste trabalho.*

*Ao Doutor José Carlos Batista e ao estudante Bruno Nunes Rodrigues,
que foram colaboradores permanentes com sugestões técnicas e científicas.*

*A todos aqueles que, direta ou indiretamente,
contribuíram para a realização deste trabalho.*

Sumário

Prefácio 15

1. História e o Conceito de Trabalho 17
1.1. Escravidão 17
1.2. Servidão 20
1.3. Corporações 21
1.4. Revolução industrial 23
       1.4.1. Gráfico — Construção histórica do direito do trabalho 24
1.5. Valorização do trabalho humano 24
1.6. Definição do termo trabalho 26
1.7. Formação histórica do direito do trabalho 30
       1.7.1. Direito do trabalho no Brasil 32
       1.7.2. Conceito e denominação do direito do trabalho 33
             1.7.2.1. Conceito 33
             1.7.2.2. Denominação 33
             1.7.2.3. Autonomia científica do direito do trabalho 34
                   1.7.2.3.1. Autonomia legislativa 35
                   1.7.2.3.2. Autonomia doutrinária 35
                   1.7.2.3.3. Autonomia didática 35
                   1.7.2.3.4. Autonomia jurisdicional 35
                   1.7.2.3.5. Autonomia científica 35
                   1.7.2.3.6. Gráfico 36
       1.7.3. Divisão da matéria 36
       1.7.4. Fontes do direito do trabalho 37
             1.7.4.1. Fontes de origem estatal 37
             1.7.4.2. Fontes de origem internacional 38

1.7.4.3. Fontes de origem contratual 39
1.7.4.4. Classificação das normas no sistema brasileiro 39
1.8. Eficácia da norma trabalhista — no tempo e no espaço 41
    1.8.1. Eficácia da lei no tempo 41
    1.8.2. Eficácia da lei no espaço 42
1.9. Princípios de direito do trabalho 42
    1.9.1. Funções dos princípios 42
    1.9.2. Enumeração dos princípios de direito do trabalho 43
        1.9.2.1. Princípios gerais aplicados ao direito do trabalho 44
        1.9.2.2. Gráfico — princípios do direito do trabalho 45
1.10. Hierarquia das fontes formais de direito do trabalho 45
1.11. Relação de trabalho 46
    1.11.1. Gráfico — relação de trabalho 48

2. Mundialização — Globalização e a Desregulação e Regulação 49
2.1. Introdução 49
2.2. Mundialização 50
2.3. Conceito de globalização 51
2.4. Regulação 54
2.5. Desregulação ou desregulamentação 55
2.6. Conclusões 56

3. A Informalidade e Formas Atípicas de Trabalho 59
3.1. Introdução 59
3.2. Definição de trabalho informal 60
    3.2.1. Fiscalização do atributo registro 60
3.3. Formas atípicas de trabalho 61
3.4. Utilização dos contratos atípicos 62
3.5. Propostas ou medidas para regulação das formas de contratação atípica 63
3.6. A inspeção do trabalho e a Emenda Constitucional n. 45 64
    3.6.1. Panorama atual da inspeção do trabalho 65

4. Ataque ao Mundo do Trabalho: a Terceirização no Serviço Público 68
4.1. Introdução 68

4.2. Contratação na administração pública 70
4.3. Terceirização como precarização das relações de trabalho 72
4.4. Terceirização trabalhista 74
4.5. Cooperativas de trabalho no serviço público federal 75
4.6. Estágios de estudantes no serviço público 76
      4.6.1. Estágio na legislação brasileira 78
      4.6.2. Conceito de estágio e estagiário 79
      4.6.3. Modalidades 82
      4.6.4. Doutrina e jurisprudência 84
4.7. Tribunais de contas 86
4.8. Conclusão 86

5. Cooperativas de Trabalho 88
5.1. Introdução 88
5.2. Histórico 89
5.3. Definição 89
5.4. Cooperativa de trabalho e relação de emprego 91
5.5. Doutrina e jurisprudência 93
5.6. Verificação física e depoimento pessoal 96
5.7. Conclusão 97
5.8. Modelo de termo de notificação 99

6. Mediação de Conflitos Individuais de Trabalho 101
6.1. Introdução 101
6.2. Conceitos 101
6.3. Natureza jurídica 102
6.4. Característica da mediação 102
6.5. Mediação *versus* transação 103
6.6. Procedimentos 103
6.7. O auditor fiscal como mediador 104
6.8. Conclusão 104

7. Regras Legais de Proteção ao Salário 106
7.1. Introdução 106
7.2. Princípios 106

7.2.1. Princípio da irrenunciabilidade/indisponibilidade do salário 106
7.2.2. Princípio da impenhorabilidade do salário 107
7.2.3. Princípio da inalterabilidade do salário 107
7.2.4. Princípio da irredutibilidade do salário 107
7.2.5. Princípio da intangibilidade dos salários 108
7.3. Proteção dos salários 109
    7.3.1. Em face do empregador 109
    7.3.2. Em face de credores do empregado 109
    7.3.3. Em face de credores do empregador 110
7.4. Pagamento 110
    7.4.1. Periodicidade do pagamento 110
    7.4.2. Prova do pagamento 111
    7.4.3. Discriminação das verbas salariais 112
7.5. Fiscalização 112
7.6. Proibições legais 115
    7.6.1. Salário complessivo 115
    7.6.2. Salário a forfait 116
    7.6.3. Truck system 116
    7.6.4. Demissão prévia à data-base 116
7.7. Conclusão 117

8. Direito Coletivo do Trabalho 118
8.1. Introdução 118
8.2. Definição, denominação, conteúdo e funções do direito coletivo do trabalho 119
    8.2.1. O problema dos princípios e das fontes normativas 125
    8.2.2. Fontes do direito coletivo de trabalho 128
    8.2.3. Conflitos coletivos de trabalho e mecanismos para sua solução 128
        8.2.3.1. Modalidades de conflitos coletivos 129
        8.2.3.2. Mecanismo para solução dos conflitos coletivos 130
8.3. Liberdade sindical 131
    8.3.1. Cláusulas de sindicalização forçada 135
    8.3.2. Convenção n. 87 da OIT 136
8.4. Organização sindical 137

8.4.1. Modelo sindical brasileiro 139
    8.4.1.1. Funções do sindicato 140
8.4.2. Categorias: conceito 142
    8.4.2.1. Categoria profissional diferenciada 143
    8.4.2.2. Dissociação de categorias 145
    8.4.2.3. Membros de categoria e sócios do sindicato 146
8.5. Entidades sindicais: conceito, natureza jurídica, estrutura, funções, requisitos de existência e atuação 147
    8.5.1. Fontes de recursos das entidades sindicais 151
    8.5.2. Prerrogativas e limitações 154
    8.5.3. Garantias sindicais 159
        8.5.3.1. Representação de trabalhadores na empresa 162
8.6. Sistemas sindicais: modalidades e critérios de estrutura sindical — o problema no Brasil . 165
8.7. As centrais sindicais 168
8.8. Negociação coletiva: funções e níveis 169
    8.8.1. Instrumentos normativos de negociação: ACT e CCT 174
        8.8.1.1. Natureza das normas coletivas 177
        8.8.1.2. Efeitos das cláusulas: cláusulas obrigacionais e cláusulas normativas 178
        8.8.1.3. Incorporação das cláusulas normativas aos contratos de trabalho 178
            8.8.1.3.1. Princípio ou teoria do conglobamento 180
8.9. Poder normativo da Justiça do Trabalho 182
    8.9.1. Dissídio coletivo 185
    8.9.2. Natureza jurídica das sentenças normativas 187
    8.9.3. Cláusulas constantes no dissídio coletivo 188
    8.9.4. Sentença normativa 188
    8.9.5. Ação de cumprimento 188
8.10. Atividades do sindicato 189
    8.10.1. Condutas antissindicais: espécies e consequências 190
8.11. A greve no direito brasileiro 194
    8.11.1. Greves nos serviços ou nas atividades essenciais 198
    8.11.2. Lockout (locaute) 199

9. Trabalho Voluntário e os Direitos Humanos 202

9.1. Introdução 202
9.2. Histórico 203
9.3. Definição do trabalho ou serviço voluntário 204
    9.3.1. Direitos e responsabilidades do voluntário 205

9.4. Motivações para a ação voluntária 206
9.5. A identidade do voluntário 207
9.6. Considerações sobre o serviço do voluntário 208
9.7. Contrato de voluntariado e termo de adesão 210
9.8. Conclusão 213

10. Não Intervenção do Estado nas Relações de Trabalho 214
10.1. Introdução 214
10.2. Mercado Comum do Sul — Mercosul 215
10.3. Globalização da economia 216
10.4. Poder normativo da justiça do trabalho 217
10.5. Núcleos, comissões e serviços de conciliação laboral no Mercosul 220
    10.5.1. Serviço de Conciliação Laboral Obrigatória — Seclo 220
    10.5.2. Núcleos Intersindicais de Conciliação Trabalhista — Ninter 220
    10.5.3. Comissões de conciliação prévia 222
10.6. Auditoria fiscal do trabalho 223
    10.6.1. Inspeção do trabalho no Brasil 223
    10.6.2. Panorama atual da inspeção do trabalho 225
    10.6.3. Fundamentos da inspeção do trabalho 227
    10.6.4. Natureza da inspeção do trabalho 229
    10.6.5. Limites da inspeção do trabalho 230
    10.6.6. Finalidades da inspeção do trabalho 231
    10.6.7. Poderes da fiscalização 231
    10.6.8. Segredo profissional 235
    10.6.9. Espécies de ação fiscal 236
10.7. Conclusão 238

11. Convenção n. 158 da OIT no Direito Brasileiro 241
11.1. Introdução 241
11.2. Direito comparado 242
11.3. Denúncia de convenções 245
11.4. Constitucionalidade da Convenção n. 158 246
11.5. Conclusão 247

12. Procedimentos Administrativos de Anotação de CTPS 249

12.1. Introdução 249

12.2. Modernização das relações do trabalho 249

    12.2.1. Mediação de conflitos coletivos de trabalho 250

    12.2.2. Mediação de conflitos individuais 250

12.3. Procedimentos administrativos de anotação de ctps 251

    12.3.1. Termo de denúncia 252

    12.3.2. Termo de reclamação 252

        12.3.2.1. Retenção da CTPS do reclamante/notificado 252

    12.3.3. Notificação 253

        12.3.3.1. Notificação do empregador 253

        12.3.3.2. Notificação do empregado 253

            12.3.3.3.1. Audiência de instrução 253

            12.3.3.3.2. Fluxograma de procedimentos 253

            12.3.3.3.3. Encerramento 254

    12.3.4. Procedimentos complementares à anotação da CTPS 255

12.4. Conclusão 255

13. Trabalho em Condições Análogas às de Escravo 256

13.1. Trabalho forçado e em condições degradantes 256

Referências bibliográficas 259

Anexos 269

Prefácio

Com imensa honraria, recebemos a incumbência de prefaciar o livro do amigo, professor, doutorando, jurista e auditor fiscal do trabalho Jair Teixeira dos Reis.

Trata-se de obra intitulada como Manual Prático de Direito do Trabalho, embora se aprofunde, com técnica irretocável, sobre temáticas relevantes e recorrentes no mundo laboral, podendo, perfeitamente, ser considerada um autêntico curso sobre o direito laboral.

A obra não se furta a enfrentar os principais temas do direito do trabalho hodierno. Inicia sua abordagem pela história e pelo conceito de trabalho, passando pela globalização e precarização das relações laborais (terceirização, ausência de concurso público pela Administração Pública e contrato desvirtuado de estágio); discorre, ainda, sobre as regras de proteção ao salário, mediação, direitos humanos e procedimentos administrativos no tocante a Carteira de Trabalho e Previdência Social.

Nesta 3ª edição, diante da receptividade no mundo jurídico, a obra ganha contornos maiores, com a inserção de novos capítulos, passando a enfrentar umachaga social denominada de trabalho análogo à condição de escravo, relatando fatos históricos sobre o direito do trabalho, bem assim os reflexos da Emenda Constitucional n. 45/04 sobre a fiscalização do trabalho.

Por objetivar, outrossim, o pragmatismo, a obra oferta ao seu leitor inúmeros anexos, com modelos de formulários, possibilitando a junção entre os aprendizados teóricos com uma visão prática e objetiva dos problemas propostos e equacionados pelo autor.

A obra, com propriedade particular, embasa-se em postulados fundamentais, ficando-se em premissas de direitos humanos, que, porosas, espraiam-se por todas as considerações expendidas pelo autor, com conclusões críticas e sempre tendo em vista a conciliação entre a proteção do trabalho e o desenvolvimento do capital. Sempre que necessário, recorreu-se aos entendimentos doutrinários mais autorizados, não se olvidando de informar o entendimento pretoriano consolidado.

Enfim, é obra que trata dos principais e mais árduos temas do direito do trabalho contemporâneo, com visão teórica e pragmática, que já ocupa seu espaço no cenário jurídico, de leitura obrigatória, portanto.

Já o autor (professor doutor Jair Teixeira dos Reis) — malgrado a suspeição do prefaciador, fruto de uma amizade recente, mas solidificada — trata-se de notável jurista, com ampla experiência no mundo do direito do trabalho, mormente no tocante à tutela dos direitos sociais. Ademais, tem larga atuação no magistério e na condução de palestras.

Apesar da excelência de seus conhecimentos em direito do trabalho, professor doutor Jair Teixeira dos Reis obteve êxito em seu mister: contemplou linguagem didática e acessível, típica daqueles que frequentam a academia como docente, não deixando, contudo, de se aprofundar em temas relevantes, nem se afastando do tecnicismo típico dos grandes juristas.

Eis, portanto, a obra *Manual Prático de Direito do Trabalho* do emérito jurista e amigo Jair Teixeira dos Reis.

Bruno Gomes Borges da Fonseca
Procurador do Trabalho. Especialista em Direito Constitucional pela
Universidade Federal do Espírito Santo.

1

História e o Conceito de Trabalho

Ao tratarmos do termo trabalho em seu contexto mundial, vimos que ele apresenta diferentes fases, considerando-se desde o trabalho escravo — escravidão —, passando pelo sistema de servidões, posteriormente às corporações de ofício e finalmente à Revolução Industrial, quando surge o Direito Laboral.

O trabalho é tão antigo quanto o homem. Em todo o período da pré-história, o homem é conduzido, direta e amargamente, pela necessidade de satisfazer à fome e assegurar sua defesa pessoal. Ele caça, pesca e luta contra o meio físico, contra os animais e contra os seus semelhantes, tendo como instrumento as suas próprias mãos.

Segundo Russomano (2002), a importância econômica, social e ética do trabalho não passou despercebida dos legisladores antigos. No Código de Manu há normas sobre a empresa, na forma rudimentar com que ela se havia constituído. Os historiadores mais credenciados da Antiguidade aludem às organizações de classes dos hindus, dos árias, dos egípcios. Toda a preocupação parecia reduzir-se à organização social das classes, entre estas a dos trabalhadores, para conservá-los no círculo do seu destino.

1.1. Escravidão

Leciona Vianna (1984) que o homem sempre trabalhou; primeiro para a obtenção de seus alimentos, já que não tinha outras necessidades, em face do primitivismo de sua vida. Depois, quando começou a sentir o imperativo de se defender dos animais ferozes e de outros homens, iniciou-se então na fabricação de armas e instrumentos de defesa. Nos combates que travava contra seus semelhantes, pertencentes a outras tribos e grupos, terminada a disputa, acabava de matar os adversários que tinham ficado feridos, ou para devorá-los ou para se libertar dos incômodos que ainda podiam provocar. Assim, compenetrou-se de que, em vez de liquidar os prisioneiros, era mais útil escravizá-los para gozar de seu trabalho.

Porém, os vencedores valentes que faziam maior número de prisioneiros, impossibilitados de utilizá-los em seus serviços pessoais, passaram a vendê-los, trocá-los ou alugá-los. E aos escravos eram dados os serviços manuais exaustivos, não só por essa causa como, também, porque tal gênero de trabalho era considerado impróprio e até desonroso para os homens válidos e livres.

Por outro lado, a escravidão entre os egípcios, gregos e os romanos (Antiguidade Clássica) atingiu grandes proporções. Na Grécia, havia fábricas de flautas, facas, de ferramentas agrícolas e de móveis nas quais o operariado era todo composto de escravos. Teseu e Solon incluíram o princípio do trabalho na Constituição ateniense. E a generalização do trabalho escravo, sua importância e a necessidade de sua utilização para a prosperidade geral ou para o gozo dos privilégios constituídos levaram Platão e Aristóteles, em suas obras *A República* e *A Política*[1], a admitirem a escravatura, quando não chegaram ao extremo de defendê-la. Em Roma, os grandes senhores tinham escravos de várias classes ou níveis, desde os pastores até gladiadores, músicos, filósofos e poetas. Para os romanos, a organização do trabalho ofereceu três aspectos distintos: o trabalho escravo, em que o homem se transforma em *res*, sujeito à vontade despótica de seu proprietário; o trabalho em corporações e finalmente o trabalho livre. No direito egípcio, no século XVI, com a XVIII dinastia, há o desaparecimento da escravidão.

Gilissen (2001) registra que a apropriação do solo leva a desigualdades sociais e econômicas, e estas desigualdades econômicas levam a diferenças mais ou menos consideráveis de produção de um clã para outro, de uma família para outra. Segue-se o aparecimento de ricos e pobres e, por consequência, de classes sociais. E essas classes vão se diferenciar fortemente à medida que os ricos se tornam mais ricos e os pobres mais pobres; porque, muito frequentemente, o pobre, obrigado a procurar meios de sobrevivência, deverá pedir emprestado recursos ao rico e pôr os seus bens e a sua pessoa em penhor, o que terá consequências graves no caso de não execução do contrato. Assim, aparecem classes sociais cada vez mais distintas e uma hierarquização da sociedade, hierarquização que vai se complicando à medida que aparecem novas classes entre a dos livres e a dos não livres. Chega-se assim a uma sociedade fortemente estruturada, geralmente do tipo feudal, piramidal, tendo à sua cabeça um chefe, abaixo do chefe, os vassalos, depois, os vassalos dos vassalos, e assim seguidamente, até finalmente os servos e os escravos.

Na escravidão, primeira forma de trabalho, o escravo era considerado apenas uma coisa, sem qualquer direito. Afinal, não era tratado como sujeito de direito, e, sim, propriedade do *dominus* (MARTINS, 1999). Ademais, muitos escravos vieram, mais tarde, a se tornar livres, não só porque senhores os libertavam como gratidão a serviços relevantes ou em sinal de presente em dias festivos, como também, ao morrerem, declaravam livres os escravos prediletos. E, ganhando a liberdade, esses homens não tinham outro direito senão o de trabalhar nos seus ofícios habituais ou alugando-se a terceiros, mas com a vantagem de ganhar o salário para si próprio.

---

(1) ARISTÓTELES. *Política*. São Paulo: Martin Claret, 2005.

Relata Vianna (1984) que, àquele tempo, a escravidão era considerada coisa justa e necessária, tendo Aristóteles, complementando a informação anterior, afirmado que, para conseguir cultura, era necessário ser rico e ocioso, e que isso não seria possível sem a escravidão. A existência da escravidão nos tempos medievais era marcada pelo grande número de prisioneiros, especialmente entre os bárbaros e infiéis, capturados pelos senhores feudais, que mandavam vendê-los como escravos nos mercados, de onde seguiriam para o Oriente Próximo. Sob vários pretextos e títulos, a escravidão dos povos mais fracos prosseguiu por vários séculos; em 1452, o Papa Nicolau autorizava o rei de Portugal a combater e reduzir à escravidão todos os muçulmanos, e, em 1488, o rei Fernando, o Católico, oferecia dez escravos ao Papa Inocêncio VIII, que os distribuiu entre cardeais. Mesmo com a queda da Constantinopla em 1453, a escravidão continuou e tomou incremento com o descobrimento da América. Os espanhóis escravizavam os indígenas das terras descobertas, e os portugueses, não só aqueles, mas também faziam incursões na costa africana, conquistando escravos para trazer para as terras do Novo Continente.

A Revolução Francesa de 1789 proclamou a indignidade da escravidão, sendo também proscrita oficialmente dos territórios sob domínio da Inglaterra. Oitenta anos mais tarde, no entanto, a Liga das Nações reconhecia ainda a existência de escravos na Ásia e na África.

Num contexto geral, a escravidão é a mais expressiva representação do trabalhador da Antiguidade, embora os historiadores apontem certos momentos em que as leis da época faziam um abrandamento do rigor de sua aplicação. Na Babilônia, no Código de Hamurabi, o trabalhador mereceu tratamento mais suave pelo reconhecimento, a seu favor, de certos direitos civis; no Talmud, encontram-se regras de proteção do trabalhador em caso de acidente.

No Brasil, os portugueses, desde o descobrimento, introduziram o regime da escravidão: primeiro, dos indígenas. Mota (1997) afirma que nas colônias instaurou-se um modelo de produção diferente. Os primeiros colonos já dependiam dos índios para sobreviver. Eram eles que conheciam as plantas comestíveis, que sabiam pescar e preparar alimentos, e todo colono que aqui chegava tratava de obter nativos que o servissem. A Coroa portuguesa oficializou a situação autorizando a escravidão indígena em 1534. Em 1549, chegou ao Brasil o primeiro governador-geral, Tomé de Souza, cuja missão era tornar rentável a Colônia, deslocando o foco das atividades econômicas para a extração da madeira (pau-brasil) e o cultivo da cana para a produção de açúcar. No entanto, no momento do cultivo, era difícil contar com a mão de obra indígena. De acordo com a cultura deles, plantar e colher eram atividades femininas. Além disso, a agricultura não era atividade desenvolvida entre os indígenas, que não se adaptavam a ela com facilidade.

A Igreja Católica, a partir da criação da Companhia de Jesus (Jesuítas), sob o comando do Padre José de Anchieta, assumiu firme posição contrária à escravidão dos índios, o que resultou na revogação da autorização para o cativeiro indígena em 1548.

O regime escravocrata no Brasil surgiu após a escravidão indígena. Embora combatido desde os primórdios de sua Independência, foi mantido até o final do século XIX, porque o desenvolvimento inicial do Brasil se fez sobre o suor, o sangue e o sacrifício do negro. A riqueza, o conforto, o luxo no período colonial e no império são resultados do trabalho servil. Foi sob a exploração desumana do índio e do negro pelos implacáveis colonizadores que se estruturou o sistema de produção para integrar o país na economia mundial. Complementa Mota (1997) que a técnica de produção de açúcar era um segredo dos portugueses, que a haviam desenvolvido nos Açores. E baseava-se no emprego de escravos. Em 1559, foi autorizado o tráfico regular de escravos africanos para o Brasil. A exploração do escravo africano não contava com o repúdio da Igreja. Pelo contrário, ela não apenas utilizava o trabalho escravo, mas também participava da renda do comércio negreiro.

Em 13.5.1888, a Lei Áurea aboliu a escravidão no Brasil, e essa, sem dúvida, foi a lei trabalhista de maior importância promulgada no ordenamento jurídico brasileiro.

1.2. Servidão

Num segundo momento da história do trabalho, o regime da escravidão vai-se transformando, no plano histórico, em um sistema de servidão, no qual o trabalhador, pouco a pouco, se pessoaliza. O servo não é mais *res* (coisa), como no regime da escravatura. O direito da época lhe reconhecia determinadas prerrogativas civis, dentre elas, contrair núpcias. O trabalhador ressurgiu, na superfície da História, com uma característica inteiramente nova: passou a ser pessoa, muito embora seus direitos subjetivos fossem limitadíssimos. O senhor de baraço e cutelo[2], que simbolizava o momento culminante do feudalismo, já não era o senhor de escravos da Antiguidade. O trabalhador medieval está no primeiro degrau de uma longa escada que ele subiria lentamente, com sofrimentos e recuos: a escada da libertação. Era a época em que senhores feudais davam proteção militar e política aos servos, que não eram livres, mas, ao contrário, tinham de prestar serviços nas suas propriedades. Os servos tinham de entregar parte da produção rural aos senhores feudais em troca da proteção que recebiam e do uso da terra, consoante entendimento de Russomano (2002).

Entende Mota (1997) que o feudalismo foi um sistema social, político e econômico caracterizado pela relação de dependência pessoal entre servos e senhores. É característico da Europa medieval, amadurecendo no século X, após a queda do império carolíngio. É consequência do enfraquecimento do poder central de Roma, dos altos custos em armar guerreiros a cavalo para fazer a guerra. O sistema feudal estabeleceu uma hierarquia de vassalagem entre o rei, o senhor feudal e o camponês. Este devia fidelidade ao seu senhor, recebendo dele proteção contra invasores, e retribuindo com trabalho (corveia) e taxas sobre o uso das instalações (moinhos, celeiros) e a terra. O

---

(2) Instrumentos de violência e opressão utilizados na época da escravidão.

senhor devia fidelidade ao seu rei, que lhe dava as terras, e retribuía fazendo a guerra e pagando taxas. O senhor feudal vivia no castelo, fortificado para a guerra e o centro econômico autônomo, onde era feito o artesanato e eram guardados os alimentos. Além da nobreza guerreira, a Igreja também compunha o sistema feudal, exercendo cada mosteiro o senhorio sobre um feudo e devendo fidelidade ao rei.

De acordo com Vianna (1984), a servidão foi um tipo muito generalizado de trabalho em que o indivíduo, sem ter a condição jurídica do escravo, na realidade não dispunha de sua liberdade. Foi uma situação marcante da inexistência de governos fortes centralizados, conforme relatamos no parágrafo anterior, de sistemas legais organizados ou de qualquer comércio externo. A servidão pode ser apontada como uma das características das sociedades feudais, e os juristas medievais Azo e Bracton justificavam-na com a classificação romana, que identificava os escravos com os não livres, dizendo que os homens eram *aut liberi aut servi*. Sua base legal estava na posse da terra pelos senhores, que se tornavam os possuidores de todos os direitos.

Havia muitos pontos de semelhança entre a servidão e a escravidão. O senhor da terra podia mobilizá-los obrigatoriamente para a guerra e também, sob contrato, cedia seus servos aos donos das pequenas fábricas ou oficinas já existentes.

Na América espanhola também existiu a servidão de indígenas pelos colonizadores, especialmente no México (VIANNA *apud* TRONCOSO, 1984).

O feudalismo foi substituído por novo sistema econômico e social por volta do século XVI, visto que, na Inglaterra, as classes superiores passaram a cercar os pastos, preferindo explorá-los diretamente, pois, assim cercados, era muito pequeno o número de pastores necessário. O fracassado levante dos camponeses na Alemanha, a devastadora Guerra dos 30 anos e a Revolução Francesa varreram os últimos vestígios da servidão.

1.3. Corporações

Sequencialmente, num terceiro momento, ainda dentro da Idade Média, encontramos as denominadas corporações de ofício, em que existiam três espécies de trabalhadores: os mestres, os companheiros e os aprendizes. Suas raízes mais remotas estão nas organizações orientais, nos *collegia* de Roma e nas *guildas* germânicas. Assim, a necessidade de fugir dos campos onde o poder dos nobres era quase absoluto, ia, por outro lado, concentrando massas de populações nas cidades em áreas periféricas, principalmente naquelas que tinham conseguido manter-se livres.

Esclarece Vianna, *apud* Botija (1948), que a identidade da profissão, como força de aproximação entre homens, obrigava-os, para assegurar direitos e prerrogativas, a se unirem, e começaram a repontar, aqui e ali, as corporações de ofício ou associações de artes e misteres.

Os aprendizes eram jovens trabalhadores, submetidos à pessoa do mestre, com quem aprendiam o ofício. Essa aprendizagem era um sistema duro de trabalho, e os mestres sempre impunham aos aprendizes um regime férreo de disciplina, usando largamente os poderes que lhes eram conferidos pelas normas estatutárias da corporação. Terminada a aprendizagem, subiam eles à categoria de companheiros, que eram oficiais formados, mas sem condições de ascenderem à mestria, pela compressão exercida pelos mestres, que desejavam, dessa forma, impedir a concorrência e assegurar a transmissão dos privilégios das mestrias aos seus filhos ou sucessores.

Contextualmente, os companheiros eram trabalhadores qualificados, que dispunham de liberdade pessoal, mas que sabiam que lhes seria vedado o acesso à condição de mestres, por mais técnica que fosse sua formação profissional. Esse fato provocou a criação de organizações de companheiros (companhias) e organizações de mestres (mestrias).

Analisando, estudamos que o homem, até então, trabalhava em benefício exclusivo do senhor da terra, tirando como proveito próprio a alimentação, o vestuário e a habitação. Com as corporações, passou a exercer sua atividade, sua profissão, de forma organizada, se bem que ainda não gozando da inteira liberdade, pois, apesar da aparente liberdade ao trabalhador, a relação das corporações com os obreiros era de tipo autoritária, uma vez que os servos eram obrigados a entregar parte da produção do campo aos senhores feudais como contraprestação pela permanência e pelo uso da terra e também pela defesa recebida.

As corporações estabeleciam suas próprias leis profissionais e recebiam privilégios concedidos pelos reis, desejosos de enfraquecer o poderio dos nobres senhores da terra e, também, pelo serviço que prestavam ao erário, como órgãos de arrecadação de certos tributos. Porém, mais tarde, os próprios reis e imperadores sentiram a necessidade de restringir os direitos das corporações, com o objetivo de evitar sua influência, bem como de amenizar a sorte dos aprendizes e trabalhadores.

No entanto, no início das corporações de ofício, só existiam dois graus: mestres e aprendizes. Os mestres eram os proprietários das oficinas, que já tinham passado pela prova da obra-mestra. Os companheiros eram trabalhadores livres que percebiam os salários dos mestres. Os aprendizes eram menores que recebiam dos mestres o ensino do ofício ou da profissão, podendo chegar à condição de companheiro.

É importante lembrar que as corporações de ofício não passavam de uma fórmula mais amena de escravidão do trabalhador, sendo suprimidas com a Revolução Francesa, em 1789, pois foram consideradas incompatíveis com o ideal de liberdade do homem. Segundo Martins (1999), dizia-se, na época, que a liberdade individual repele a existência de corpos intermediários entre indivíduo e Estado.

Outras causas da extinção das corporações de ofício foram a liberdade de comércio e o encarecimento dos produtos das corporações.

1.4. REVOLUÇÃO INDUSTRIAL

Expressa-se no processo de transformação da economia baseada na atividade agrária manual para a atividade industrial mecanizada, iniciada na Inglaterra no século XVIII. A Revolução Industrial então cria duas classes que se opõem em interesses: de um lado, os detentores do capital e dos meios de produção, e do outro, os operários.

Para Romita (1997), fala-se em três revoluções gerais da tecnologia, engendradas pelo modo de produção capitalista desde a revolução industrial original, na segunda metade do século XVIII: 1) fins do século XVIII, princípios do século XIX, proporcionada pela produção de motores a vapor por meio de máquinas; 2) fins do século XIX, princípios do século XX: desenvolvimento e aplicação do motor elétrico e do motor de explosão; 3) a partir da Segunda Guerra Mundial: automação por meio de eletrônicos.

Assim, a invenção da máquina e sua aplicação à indústria iriam provocar a revolução nos métodos de trabalho e, consequentemente, mudanças nas relações entre patrões e trabalhadores. Verificaram-se, naquela época, movimentos de protesto e até mesmo verdadeiras rebeliões, com a destruição de máquinas.

Efetivamente, o Direito Social ou do Trabalho inicia-se com o surgimento da Revolução Industrial, que teve como principal causa econômica o aparecimento da máquina a vapor como fonte energética, substituindo a força humana. Houve, portanto, a substituição do trabalho manual pelo trabalho com uso de máquinas.

Para Russomano (2002), o regime das manufaturas caracteriza-se pelo começo da execução prática da ideia do trabalho livre. O contratualismo alcançava a esfera do trabalho e colocava o trabalhador e o empresário um ante o outro, para que discutissem, como seres livres, com direitos abstratamente iguais, as condições do serviço, consubstanciadas nas cláusulas do contrato de trabalho.

1.4.1. Gráfico — Construção histórica do Direito do Trabalho

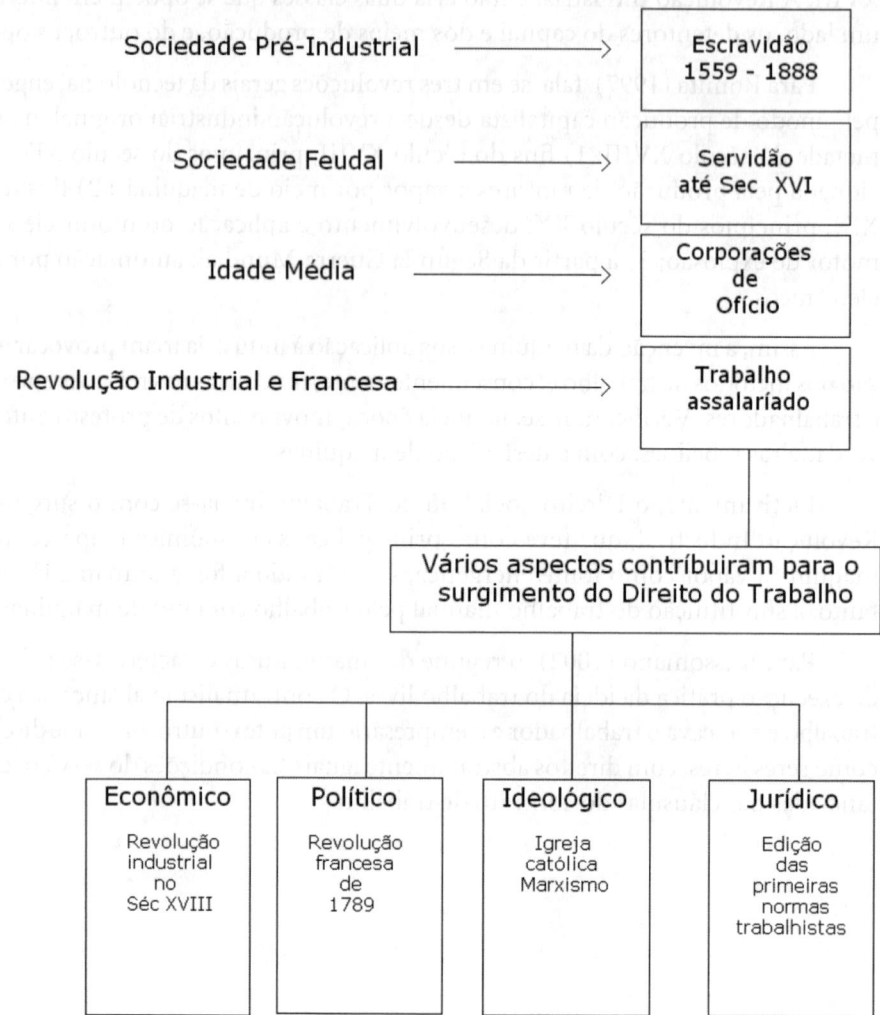

1.5. Valorização do trabalho humano

A dignificação do trabalho humano tornou-se realidade com o Cristianismo. Foi a palavra de Cristo que deu ao trabalho um sentido de valorização, não tendo consistência as alegações dos que afirmam que Jesus condenava o trabalho material quando declarava: "Não vos preocupeis com vossa vida pelo que haveis de vestir. Olhai como as aves do céu não semeiam nem segam, nem guardam os grãos, e o Pai Celestial as alimenta". Nas palavras de Cristo, existe um outro sentido: o de que as preocupações materiais não deveriam se sobrepor às espirituais, estas, sim, indispensáveis à conquista do reino dos Céus. É o que encontramos no Evangelho de São Mateus: "O que aproveitará ao homem ganhar todo o mundo, se perde sua própria alma?". Então o trabalho tornava-se um meio: o da elevação do homem a uma posição de dignidade, diferenciando-o dos outros animais. O Cristianismo lançava as bases reais para, séculos mais tarde, sobre elas se firmarem os fundamentos do Direito do Trabalho (SÜSSEKIND, Arnaldo et al. *Instituições de direito do trabalho*. 20. ed. atual. São Paulo: LTr, 2002. p. 85).

Ainda dentro da doutrina católica, Santo Agostinho viria mostrar que o trabalho não seria apenas um meio de impedir que o ócio criasse campo propício para os vícios. Ele mostraria que todo trabalho é útil, que não se deve cingir ao mínimo necessário para manter a vida e que mesmo a acumulação de bens não é um mal; o mal estaria na aplicação desses bens em finalidades contrárias aos preceitos divinos. O erro decorreria, segundo São Cipriano, da acumulação de riqueza sem a prática da esmola.

Mais tarde, no final do século XIX, a participação da Igreja Católica na solução do problema social tomou sentido mais direto com a Encíclica *Rerum Novarum*, de 15.5.1891, de autoria do Papa Leão XIII, que se refere ao trabalho da seguinte maneira:

> que deve ser considerado, em teoria e na prática, não mercadoria, mas um modo de expressão direta da pessoa humana. Para a grande maioria dos homens, o trabalho é a única fonte dos meios de subsistência, por isso a sua remuneração não pode deixar-se à mercê do jogo automático das leis de mercado; pelo contrário, deve ser estabelecido, segundo as normas da justiça e da equidade, que, em caso contrário, ficariam profundamente lesadas, ainda mesmo que o contrato de trabalho fosse livremente ajustado por ambas as partes.

Essa encíclica contribuiu para o Estado romper com a ideologia do *laisser faire* e passar a intervir nas relações de trabalho, surgindo após a Revolução Industrial em defesa do princípio do justo salário, levando em consideração três fatores importantes: necessidade do trabalhador, situação da empresa e o bem comum (FURQUIM, 2001).

Com as ideias iluministas do século XVIII, o trabalho foi reconhecido como essencial para a economia e alçado à condição de fator preponderante para o progresso humano.

Para tornar efetiva a universalização dos preceitos de proteção ao trabalho, foi criada, mediante a Cláusula XIII do Tratado de Versalhes, firmado em 28.7.1919, a Organização Internacional do Trabalho, com sede em Genebra (Suíça), destinada a estabelecer as normas de proteção das relações entre trabalhadores e empregadores na esfera internacional.

A Conferência Geral da Organização Internacional do Trabalho, reunida na Filadélfia, em sua 26ª sessão, adotou, em 10.5.1944, a Declaração sobre os Fins e Objetivos da OIT e os princípios que deveriam inspirar a política dos seus membros, dentre os quais se destaca o da alínea *a*, que diz que o trabalho não é uma mercadoria.

Em consideração à Declaração Universal dos Direitos Humanos, de 10.12.1948, foi lavrada em Roma, em 4.11.1950, a Convenção sobre a Proteção dos Direitos Humanos e das Liberdades Fundamentais. E seu art. 4.1 prescreve que **ninguém poderá ser submetido à escravidão ou servidão**.

A Carta Social Europeia, aprovada em Turim, em 18.10.1961, reconhece aos seus signatários e membros do Conselho da Europa o exercício efetivo do seguinte princípio: toda pessoa deve ter a possibilidade de ganhar sua vida mediante um trabalho livremente empreendido.

Outro instrumento de repúdio à escravidão e servidão é a Convenção Americana sobre Direitos Humanos — Pacto de São José da Costa Rica — de 22.11.1969, que, em seu art. 6º, expressa:

1) Ninguém pode ser submetido à escravidão ou à servidão, e tanto estas como o tráfico de escravos e o tráfico de mulheres são proibidos em todas as suas formas; 2) Ninguém deve ser constrangido a executar trabalho forçado ou obrigatório.

Com a valorização do trabalho humano, surgiram conflitos entre o capital e o trabalho em todo o mundo. Consequentemente, nasceu a Justiça do Trabalho.

Segundo Gilissen (2001), os tribunais de trabalho têm a mesma origem na França, na Alemanha e na Bélgica; foram criados por Napoleão, com o nome de *Conselhos de Proud'hommes* (tribunais e árbitros), inicialmente em Lião (1806), e, em seguida, noutras cidades, como Gand (1810) e Bruges (1813). Podem-se encontrar precedentes para eles na organização de certas corporações de mestres da Baixa Idade Média. Foram instituídos na Itália a partir de 1893; mas voltaram a ser suprimidos em 1928, sob o regime fascista. Tampouco existem tribunais de trabalho nos Países Baixos. Esses conselhos, chamados a julgar os conflitos entre patrões e operários, tinham uma constituição paritária: os seus membros eram eleitos, metade pelos patrões e metade pelos contramestres e operários principais que sabiam ler e escrever.

Diante da experiência bem-sucedida, outros países foram seguindo o exemplo: em 1919, a Inglaterra, com o organismo jurisdicional denominado Tribunais Industriais; em 1926, a Espanha, com os Comitês Paritários para Conciliação e Regulamentação do Trabalho; em 1931, Portugal, com os Tribunais de Árbitros Avindores.

1.6. Definição do termo trabalho

Segundo alguns historiadores, o trabalho foi instituído inicialmente como um castigo ou como uma dor. A palavra surgiu com o sentido de tortura, do latim *tripaliare*, significando torturar com *tripalium*, máquina de três pontas. A etimologia admitida para o vocábulo trabalho é a do latim *trabs, trabis*, viga, de onde se originou inicialmente um tipo *trabare*, que deu no castelhano *trabar*, etimologicamente significando obstruir o caminho por meio de uma viga. Logo depois, do diminutivo *trabaculare* se produziu trabalhar. No entanto, o que sempre se disse a respeito do significado do trabalho, como atividade humana, é que ele representava um esforço, um cansaço, uma pena e até um castigo. Sociologicamente, foi efetivamente assim, sabendo-se que o trabalho era "coisa" de escravos, os quais, no fundo, pagavam seu sustento com o "suor de seus rostos". Escravos e servos, historicamente sucedidos, eram os que podiam dedicar-se a trabalhos que, nas origens, eram sempre pesados. A produção de bens, por mais simples que estes tenham sido e que, por vezes, ainda sejam, foi e é resultado da atividade do homem chamada trabalho, que evoluiu da escravidão ao contrato de trabalho (FERRARI, 1998).

O trabalho, em Marx e Engels, é algo que dá valor aos bens. Na sociedade política socialista, o trabalho e o trabalhador constituem a principal peça. Na sociedade capitalista, é cada vez maior a valorização do trabalho, apregoando-se o associacionismo, isto é, uma integração efetiva em forma de associação do trabalhador e do capitalista, e o pluralismo mediante o reconhecimento de três espécies de trabalhadores: os braçais, os intelectuais e os trabalhadores de capitais. Verifica-se, pois, que do sentido negativo da Antiguidade Clássica passou-se a uma concepção de trabalho como valor (PINHO, Nascimento, 2000).

O conceito jurídico de trabalho supõe que este se apresente como objeto de uma prestação devida ou realizada por um sujeito em favor de outro. Isso ocorre quando: 1. uma atividade humana é desenvolvida, pela própria pessoa física; 2. essa atividade se destina à criação de um bem materialmente avaliável; 3. surge de relação por meio da qual um sujeito presta, ou se obriga a prestar, a própria força de trabalho em favor de outro sujeito, em troca de uma retribuição (MARANHÃO *apud* CORRADO, 1953).

Para Furquim (2001), trabalho, em sentido geral, é todo esforço físico ou intelectual com o objetivo de realizar alguma coisa.

Merece destaque, também, a definição de Cesarino Júnior (1970), que conceitua o trabalho como a aplicação da atividade humana à produção de bens e serviços em proveito de outrem, que o remunera.

Ao estudarmos a figura do estágio de estudantes, devemos consignar que o desvirtuamento da utilização do trabalho do estagiário o converte, por força legal, em empregado, uma vez que, nesta relação, estão presentes todos os elementos fático-jurídicos da relação de emprego, que é espécie de relação de trabalho: prestação de trabalho por pessoa física a outrem ou **pessoalidade**; não eventualidade ou **habitualidade**, pois do empregado rotulado de estagiário é exigida a presença diária no trabalho, inclusive mediante controle de frequência, para efeito de aferição de comparecimento; onerosidade, ou seja, repasse do pagamento como contraprestação ao trabalho, e subordinação, vez que há prestação de trabalho sob controle de preposto da empresa;

e se diferencia do objetivo do estágio, que é proporcionar experiência prática de formação profissional ao estudante.

Em nossa monografia *Trabalho voluntário e os direitos humanos*, definimos o trabalhador voluntário como o cidadão que presta serviços de natureza gratuita a entidades públicas ou privadas sem fins lucrativos, com objetivo de garantir os direitos humanos fundamentais a seus semelhantes. Enfatizamos esse conceito para identificar as duas possibilidades de trabalho: oneroso e o gratuito.

O IBGE — Instituto Brasileiro de Geografia e Estatística (2000) — considerou como trabalho em atividade econômica o exercício de:

a) ocupação remunerada, em dinheiro, produtos, mercadorias ou benefícios (moradia, alimentação, roupas etc.) na produção de bens e serviços;

b) ocupação remunerada em dinheiro ou benefício (moradia, alimentação, roupas etc.) no serviço doméstico;

c) ocupação sem remuneração na produção de bens e serviços, desenvolvida durante pelo menos uma hora na semana:

• em ajuda a membro da unidade domiciliar que tenha trabalho como empregado na produção de bens primários (que compreende as atividades da agricultura, silvicultura, pecuária, extração vegetal ou mineral, caça, pesca e piscicultura), por conta própria ou como empregador;

• em ajuda a instituição religiosa, beneficente ou de cooperativismo;

• como aprendiz ou estagiário;

d) ocupação desenvolvida, durante pelo menos uma hora na semana:

• na produção de bens do ramo que compreende as atividades da agricultura, silvicultura, pecuária, extração vegetal, pesca e piscicultura, destinados à própria alimentação ou de, pelo menos, um membro da unidade familiar;

• na construção de edifícios, estradas privativas, poços e outras benfeitorias (exceto as obras destinadas unicamente à reforma) para o próprio uso ou de, pelo menos, um membro da unidade familiar.

Portanto, no conceito de trabalho do IBGE, caracterizam-se as condições de:

— trabalho remunerado (itens *a* e *b*);

— trabalho não remunerado (item *c*);

— trabalho na produção para o próprio consumo ou na construção para o próprio uso (item *d*).

Nascimento (1998), ilustrativamente em sua obra *Teoria geral do direito do trabalho*, cita o termo trabalho em diversas Constituições:

Alemanha, de 1949, art. 12.1 — Todos os alemães têm direito de eleger livremente a sua profissão, o lugar de trabalho e o de aprendizagem.

Argentina, de 1853, art. 14 — O trabalho, em suas diversas formas, gozará da proteção das leis.

Chile, de 1981, art. 16 — Toda pessoa tem direito à livre contratação e à livre escolha do trabalho com uma justa retribuição.

Colômbia, de 1991, art. 1º — Colômbia é um Estado social de direito, organizado sob a forma de República unitária, fundada no respeito da dignidade humana, no trabalho e na solidariedade entre as pessoas que a integram e na prevalência do interesse geral; art. 25 — O trabalho goza, em todas as suas modalidades, de especial proteção do Estado.

Cuba, de 1976, art. 44 — O trabalho na sociedade socialista é um direito, um dever e um motivo de honra para o cidadão.

Espanha, de 1978, art. 35.1 — Todos os espanhóis têm o dever de trabalhar e o direito ao trabalho, à livre escolha da profissão e ofício, à promoção através do trabalho e a uma remuneração suficiente para satisfazer suas necessidades e as de sua família, sem que em nenhum caso se possa fazer discriminação em razão do sexo.

Itália, de 1948, art. 1º — A Itália é uma República Democrática, fundada no trabalho.

Japão, de 1946, art. 27 — Todos terão o direito e a obrigação de trabalhar.

Paraguai, de 1967, art. 105 — O trabalho será objeto de proteção especial e não estará sujeito a outras condições que as estabelecidas para melhorar a situação material, moral e intelectual do trabalhador.

Peru, 1979, art. 42 — O Estado reconhece o trabalho como fonte principal de riqueza.

Portugal, de 1976, art. 59 — Todos têm direito ao trabalho, e o dever de trabalhar é inseparável do direito do trabalho exceto para aqueles que sofram diminuição de capacidade por razões de idade, doença ou invalidez.

República Popular da China, de 1982, art. 42 — O trabalho constitui um honroso dever de todos os cidadãos aptos a fazê-lo.

Rússia, de 1977, art. 14 — A fonte do crescimento da riqueza social, do bem--estar do povo e de cada homem soviético é o trabalho dos soviéticos, livre da exploração.

Uruguai, de 1967, art. 53 — O trabalho está sob a proteção especial da lei.

A nossa Constituição Federal, promulgada em 5.10.1988, cita o trabalho ao enumerar os princípios em que se baseia a organização econômica, e quais os fundamentos do Estado Democrático de Direito em seu art. 170, *caput* — A ordem econômica, fundada na valorização do trabalho humano e na livre-iniciativa, tem por fim assegurar a todos existência digna, conforme os ditames da justiça social, observados os seguintes princípios: (...).

Dall'Acqua (1999) conceitua o trabalho, de forma sintética e genérica, como a atividade em que o homem aplica seu esforço físico ou intelectual para a consecução de seus fins (a busca do bem comum).

Entendemos que o trabalho pode ser definido como o **esforço físico ou intelectual, gratuito ou oneroso, em proveito próprio ou de terceiros, com objetivo de produzir ou desenvolver algum bem ou serviço**.

Esforço físico ou intelectual — quer dizer o desprendimento de energia física ou mental no desenvolvimento de algum bem ou a prestação de algum serviço.

Gratuito ou oneroso — quer referir-se à existência ou não de uma contraprestação pecuniária ou em utilidades.

Em proveito próprio ou de terceiros — poderá ser efetivado para a própria pessoa ou para outros (pessoas naturais ou jurídicas).

Com objetivo de produzir ou desenvolver algum bem ou serviço — O esforço utilizado terá como finalidade a produção ou o desenvolvimento de algum bem ou a prestação de algum serviço.

1.7. Formação histórica do direito do trabalho

Revolução Industrial — Século XVIII (segunda metade do século): A introdução da máquina no processo industrial cria, por meio daquelas enormes concentrações de trabalhadores em redor da própria máquina, a figura do assalariado e, juridicamente, instaura-se o princípio da ampla liberdade de contratação, sem qualquer limite à vontade das partes. Com a máquina, o trabalhador passou a se encontrar em evidente desigualdade perante o patrão, além de socialmente perder a importância de que desfrutava até então como profissional — artesão.

A igualdade entre empregado e empregador, tendo em conta a evidente disparidade entre ambos — pois o patrão detinha os meios de produção, a máquina, além do poder de dirigir a prestação do serviço —, representava na realidade uma desigualdade alarmante. Era clara a liberdade de o empregador ou proprietário dos meios de produção explorar sem limites e de o empregado ser explorado sem defesa.

Sob a Revolução Francesa de 1789, imperava a ideia do Liberalismo econômico, que influía na postura jurídica, igualmente liberal. Isso significa que, por meio desse liberalismo, ocorria total omissão do Estado no que se refere às relações entre as pessoas (o Estado não devia intervir na área econômica), dando-se total ênfase à autonomia da vontade. Assim, a situação dos trabalhadores, nesse período dito liberal, era de abandono à própria sorte, sem qualquer apoio de grupos sociais intermediários ou do Estado. Os trabalhadores ficavam sujeitos a excessivas jornadas diárias de trabalho, havendo também exploração do trabalho de mulheres e menores.

Contestação ao Liberalismo — Marx e Engels (1848) publicaram o Manifesto Comunista, que estimulava os trabalhadores à união.

A efetiva Intervenção Estatal nas relações entre empregados e empregadores dá-se com o final da Primeira Grande Guerra.

Em síntese, é possível compreender a evolução histórica do Direito do Trabalho no plano internacional em dois períodos:

1) No Período Pré-Histórico ou Pré-Industrial encontraremos três fases distintas: a) vinculação do homem ao homem (ESCRAVIDÃO); b) vinculação do homem à terra (SERVIDÃO); c) vinculação do homem à profissão (CORPORAÇÕES).

2) No Período Histórico propriamente dito é que surge o Direito do Trabalho. Três foram as principais causas: Econômica (Revolução Industrial), Política (transformação do Estado liberal — Revolução Francesa — em Estado Neoliberal — intervenção estatal na relação de emprego) e Jurídica (justa reivindicação dos trabalhadores no sentido de se implantar um sistema de direito destinado à proteção, como o direito de união, do qual resultou o sindicalismo, o direito de contratação individual e coletiva). Somada a essas causas, contribuiu decisivamente para o surgimento do Direito do Trabalho a ideia de justiça social, preconizada, principalmente, pela Igreja Católica através das Encíclicas *Rerum Novarum* (coisas novas), de 1891, do Papa Leão XIII, constituindo-se numa fase de transição para a justiça e o marxismo, que defendia a união do proletariado (Manifesto Comunista).

As principais normas trabalhistas no plano internacional foram: a) quanto à forma: Constitucionais e Ordinárias; b) quanto à matéria: de proteção às mulheres e aos menores.

Coube ao México editar, em 1917, a primeira Constituição contendo direitos trabalhistas, como jornada máxima diária de oito horas, jornada noturna de sete horas, proibição do trabalho de menores de 12 anos, limitação da jornada do menor de 16 anos a seis horas, descanso semanal, salário mínimo, igualdade salarial, direito de sindicalização, de greve, seguro social e proteção contra acidentes de trabalho.

A segunda Constituição foi a da Alemanha, de 1919, intitulada de Weimar, autorizando a liberdade de coalizão dos trabalhadores e criando um sistema de seguros sociais.

Também merece destaque a *Carta del Lavoro* (1927), da Itália, de índole corporativista-fascista, que serviu de base para Portugal e Espanha e produziu repercussões no Brasil. O corporativismo visava a organizar a economia em torno do Estado, promovendo o interesse nacional, além de impor regras a todas as pessoas. Essa Carta prevê o sindicato único, o imposto sindical, a representação classista, a proibição da greve e do *lockout*.

As primeiras Leis Ordinárias foram a Lei de *Peel*, da Inglaterra (1802), limitando a jornada diária dos menores nas fábricas; as Leis Sociais de Bismark (1833); o Código do Trabalho da França de 1901.

A OIT foi criada em 1919, expedindo, a partir daí, Convenções e Recomendações sobre temas trabalhistas, sindicais e previdenciários.

1.7.1. Direito do trabalho no Brasil

A evolução do Direito do Trabalho no Brasil é dividida em três fases (do Descobrimento à Abolição da Escravatura): O Liberalismo durante o regime da Monarquia, que teve início com a Independência do Brasil, em 7.9.1822, e se estendeu até a Abolição da Escravatura, em 13.5.1888; o Liberalismo Republicano, que foi da Proclamação da República, em 15.11.1889, até a Revolução de 1930; e, por fim, a fase Intervencionista, desde a revolução de 1930 até os dias de hoje.

As duas fases iniciais, que se caracterizam pelo liberalismo, situam-se no período do início do século XIX até o início do século XX, isto é, até 1930. Tanto a Constituição Brasileira de 1824, do Império, quanto a Constituição Republicana de 1891 fundaram-se nos princípios liberais que dominavam a Europa. Era o período em que inexistia qualquer intervenção estatal nas relações entre capital e trabalho. Ou seja, a característica principal do liberalismo prevaleceu no Brasil até 1930, isto é, o não intervencionismo do Estado nas relações empregado-empregador.

A partir da Revolução de 1930 é que realmente se inicia a fase contemporânea do Direito do Trabalho no Brasil, sob influência de fatores externos e internos.

Os fatores externos foram as transformações que ocorriam na Europa com a proliferação de diplomas legais de proteção ao trabalhador e o ingresso do nosso país na Organização Internacional do Trabalho — OIT, criada pelo Tratado de Versalhes de 1919.

Os fatores internos foram basicamente o movimento operário influenciado por imigrantes (final de 1800 e início de 1900), o surto industrial (pós-Primeira Guerra) e a política de Getúlio Vargas, a partir de 1930.

A Primeira Constituição a tratar da legislação do trabalho foi a de 1934, garantindo a liberdade sindical, a isonomia salarial, o salário mínimo, a jornada de oito horas de trabalho, a proteção ao trabalho das mulheres e menores, o repouso semanal remunerado, as férias anuais e remuneradas (§ 1º do art. 121). Porém, a expressão Direito do Trabalho surge com a Constituição de 1946, no art. 5º, XV, *a*.

O Decreto-Lei n. 5.452, de 1º.5.1943, aprova a Consolidação das Leis do Trabalho — CLT. A CLT não é um código, apenas reúne as normas já existentes de forma sistematizada.

A Carta Magna de 1988 trata de direitos trabalhistas e sindicais nos arts. 7º a 11.

1.7.2. Conceito e denominação do direito do trabalho

1.7.2.1. Conceito

Leciona o professor Sergio Pinto Martins (2003) que Direito do Trabalho é o conjunto de princípios, regras e instituições atinentes à relação de trabalho e às situações análogas, visando a assegurar melhores condições de trabalho e sociais ao trabalhador; de acordo com as medidas de proteção que lhes são destinadas.

Para Evaristo de Moraes Filho (1971), o Direito do Trabalho é o conjunto de princípios e normas que regulam as relações jurídicas oriundas da prestação de serviço subordinado e outros aspectos desse último, como consequência da situação econômico-social das pessoas que o exercem.

Octavio Bueno Magano (1980) define o Direito do Trabalho como o conjunto de princípios, normas e instituições, aplicáveis à relação de trabalho e às situações equiparáveis, tendo em vista a melhoria da condição social do trabalhador, através de medidas protetoras e da modificação das estruturas sociais.

O professor Carlos Henrique Bezerra Leite (1997) o conceitua como o ramo da ciência jurídica constituído de um conjunto de normas, princípios e institutos destinados à regulação das relações individuais e coletivas entre empregados e empregadores, bem como do trabalho avulso, tendo por escopo a proteção e a melhoria das condições do trabalhador.

1.7.2.2. Denominação

Como se pode observar, o Direito do Trabalho constitui um novo ramo da ciência jurídica e, por isso, ainda não possui um nome plenamente consolidado. Eis as principais denominações:

- Legislação do Trabalho — utilizou-se inicialmente a denominação Legislação do Trabalho pelo fato de que havia muitas leis esparsas tratando sobre o tema. O § 1º do art. 121 da Constituição de 1934 usava essa expressão.

- Direito Operário — é originário da França. Lá é empregada a expressão *Droit Ouvrier* (Direito Operário). Dispunha a Constituição de 1937 sobre a competência da União para legislar sobre Direito Operário (art. 16, XVI). Peça por restringir a abrangência do direito a um tipo de trabalhador em cuja atividade predomina o esforço físico, e não a qualquer trabalhador subordinado.

• Direito Industrial — Surge a expressão Direito Industrial após a Revolução Industrial. Inicialmente, utilizava-se a nomenclatura legislação industrial. As questões trabalhistas atualmente não dizem respeito apenas à indústria, mas ao comércio, aos bancos, às empresas prestadoras de serviços etc., sendo certo que a expressão Direito Industrial goza, hoje, de autonomia e é reservada às questões relacionadas à propriedade industrial, como: patentes de invenção, modelos de utilidade, marcas, nomes comerciais etc.

• Direito Corporativo — Nos regimes totalitários, era utilizada a expressão Direito Corporativo, como em Portugal ou na Itália. No Brasil, esse nome aparece com o corporativismo implantado por Getúlio Vargas a partir de 1937, criando a Justiça do Trabalho atrelada ao executivo, aos sindicatos únicos etc. O Direito do Trabalho não irá estudar apenas as corporações, mas as relações entre empregados e empregadores. Pode-se dizer que essa denominação alberga quase que exclusivamente o direito sindical de índole corporativista.

• Direito Social — É denominação que decorre do fato de a disciplina em estudo ter sido oriunda de questões sociais.3 O Direito por natureza já é social, feito para estabelecer regras para a sociedade. Todos os ramos do Direito têm essa característica.

• Direito Sindical — O Direito Sindical serve apenas para estabelecer as relações dos sindicatos. Não tem o condão de justificar a denominação de nossa matéria. Envolve apenas um dos segmentos do Direito do Trabalho.

• Direito do Trabalho — A partir da Constituição de 1946, a expressão utilizada passou a ser Direito do Trabalho (art. 5º, XV, *a*). Atualmente, é empregada na Constituição de 1988, no inc. I do art. 22. O Direito do Trabalho vai estudar principalmente o trabalho subordinado, mas também irá analisar o trabalho temporário, os trabalhadores avulsos, os domésticos etc. É a denominação mais difundida no mundo, inclusive adotada pela OIT.

1.7.2.3. AUTONOMIA CIENTÍFICA DO DIREITO DO TRABALHO

Para o professor e juiz do Trabalho Francisco Tavares Noronha Neto (2010)[3], um ramo jurídico alcança autonomia quando, por possuir princípios, objeto,

---

(3) NORONHA NETO, Francisco Tavares. Noções fundamentais de direito do trabalho. *Jus Navigandi*, Teresina, ano 10, n. 904, 24 dez. 2005. Disponível em: <http://jus2.uol.com.br/doutrina/texto.asp?id=7686> Acesso em: 2.9.2010.

instituições, normas próprias e maturidade doutrinária, desprende-se do ramo em que foi originado, nesse caso, do direito civil.

Destaca o ilustre magistrado que, atualmente, não há dúvidas quanto à autonomia do Direito do Trabalho. Essa autonomia tem sido abordada pelos doutrinadores sob cinco perspectivas: **autonomia legislativa ou legal, autonomia doutrinária, autonomia didática, autonomia jurisdicional e autonomia científica.**

1.7.2.3.1. Autonomia legislativa

O Brasil não possui um Código de Trabalho como possui a França e Portugal. No entanto, em virtude da existência da Consolidação das Leis do Trabalho — CLT, que representa um estatuto próprio e independente, além da publicação de um grande número de leis esparsas tratando de matéria trabalhista, diversos doutrinadores, a exemplo de Amauri Mascaro Nascimento, Arnaldo Süssekind, Evaristo de Moraes Filho, Mozart Victor Russomano, Orlando Gomes e Sergio Pinto Martins, entre outros, têm reconhecido a autonomia legislativa do Direito do Trabalho brasileiro.

1.7.2.3.2. Autonomia doutrinária

A autonomia doutrinária traduz-se na existência de uma bibliografia própria. É notória a existência de grande número de obras doutrinárias sobre Direito do Trabalho no Brasil, incluindo obras clássicas de reconhecimento nacional e internacional.

1.7.2.3.3. Autonomia didática

A autonomia didática do Direito do Trabalho revela-se na inclusão de sua matéria no currículo acadêmico das faculdades de Direito, assim como sua exigência nos Exames de Ordem, obrigatórios para a habilitação do bacharel em Direito como advogado.

1.7.2.3.4. Autonomia jurisdicional

A autonomia jurisdicional evidencia-se pela existência de um órgão especializado do Poder Judiciário que aplica o ramo jurídico em estudo: a Justiça do Trabalho.

1.7.2.3.5. Autonomia científica

Demonstra-se a autonomia científica do Direito do Trabalho pela formulação de institutos e princípios próprios, distintos dos institutos e princípios do Direito Civil e dos demais ramos jurídicos, como o princípio da proteção ao trabalhador, da continuidade dos contratos de trabalho, da irrenunciabilidade de direitos etc.

1.7.2.3.6. Gráfico

Autonomia Científica do Direito do Trabalho

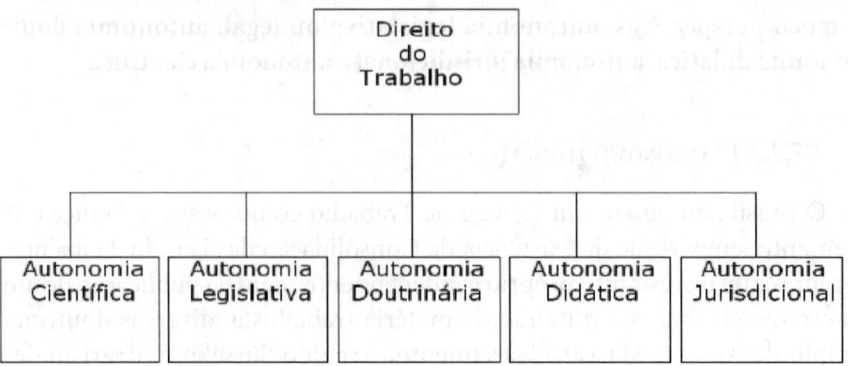

1.7.3. Divisão da matéria

Acompanhando o professor Carlos Henrique Bezerra Leite (1997), preferimos adotar um critério mais simplificado e objetivo, exclusivo para o Direito Material do Trabalho, dividindo-o em quatro partes:

>1. Introdução ao Estudo do Direito do Trabalho — trata da teoria geral do Direito do Trabalho. A preocupação aqui reside no estudo dos aspectos gerais da disciplina, através do exame e da compreensão dos aspectos relativos à história do trabalho e do Direito do Trabalho, ao seu conceito e a sua denominação, às fontes e aos princípios e à eficácia das normas trabalhistas.
>
>2. Direito Individual do Trabalho — tem por objeto o estudo das relações individuais de trabalho.
>
>3. Direito Coletivo do Trabalho — diz respeito ao estudo do fenômeno de grupo que deu origem à associação profissional, aos sindicatos, às comissões de empresas, aos Acordos e às Convenções Coletivas de Trabalho, às sentenças normativas da Justiça do Trabalho[4].
>
>4. Direito Administrativo do Trabalho — desde o advento das primeiras normas trabalhistas, todos compreenderam que sua eficácia, como ocorre com as leis de proteção em geral, ia depender da fiscalização exercida sobre o fiel cumprimento dos deveres impostos aos empregadores.

O Direito Processual do Trabalho não faz parte do Direito do Trabalho, pois é um ramo do Direito Público — Processual.

---

[4] Será tratado na Unidade 8 — Direito Coletivo do Trabalho.

A Previdência e a Assistência Social estão afetas, no nosso sistema, a outro ramo da árvore jurídica (Direito Previdenciário) e constituem, ao lado da saúde, o que se denomina Direito da Seguridade Social, nos termos dos arts. 194 a 204 da Constituição Federal de 1988.

1.7.4. Fontes do direito do trabalho

Entende-se por fonte a origem, a causa, o nascedouro de alguma coisa, ou de fundamento da validade das normas jurídicas e da própria exteriorização do Direito.

Para o Direito em geral, e particularmente para o Direito do Trabalho, interessa bastante o estudo de suas fontes. Isso porque a interpretação das variadas situações que o Direito do Trabalho experimenta está diretamente ligada à fonte da obrigação.

Délio Maranhão (1976) faz uma distinção básica, afirmando que as fontes se classificam em materiais e formais. As materiais são os fatores sociais que contribuem para a formação da norma jurídica. Já as formais, segundo o autor, são os meios pelos quais se estabelece a norma jurídica.

Assim, as fontes materiais são os fatos sociais trabalhistas, como a necessidade social de intervenção estatal em favor da parte mais fraca na relação entre capital e trabalho, ou seja, o trabalhador.

As fontes formais subdividem-se em:

a) Heterônomas, que são as provenientes de terceiro ou do empregador, unilateralmente (ex.: lei, sentença normativa, arbitragem, regulamento de empresa instituído exclusivamente pelo empregador);

b) Autônomas, que são decorrentes da vontade dos próprios interlocutores sociais, sem interferência de um terceiro (ex.: convenções e acordos coletivos, contrato individual de trabalho, regulamento de empresa oriundo de participação efetiva dos trabalhadores ou do sindicato da categoria profissional respectiva).

O professor Pedro Paulo Teixeira Manus (2005) agrupa as fontes em três blocos distintos, em razão de sua origem: as fontes de origem estatal, as fontes de origem internacional e as fontes de origem contratual.

1.7.4.1. Fontes de origem estatal

a) Constituição Federal — Trata-se de fonte de maior importância também para o Direito do Trabalho, porque dela emanam todas as normas, independentemente de sua origem de formação. No mundo jurídico, só tem validade e eficácia o ato praticado de acordo com as regras básicas ditadas pela Constituição Federal. Desde a Constituição de 1934, existem regras trabalhistas especificadas nesse tipo de norma. A Constituição de 1988 traz vários direitos trabalhistas nos arts. 7º a 11. E compete privativamente à União legislar sobre Direito do Trabalho (art. 22, I).

b) Leis Complementares — Há vários dispositivos constitucionais que não têm aplicação imediata, isto é, não são autoaplicáveis, pois dependem de outra norma que lhes venha dar aplicação prática.

c) Atos do Poder Executivo (Medidas Provisórias) — São instrumentos de iniciativa do presidente da República, nos casos relevantes e urgentes, com força de lei, nos termos do art. 62 da Constituição Federal. Vêm substituir os Decretos-Leis da Constituição anterior, mas com a garantia democrática da necessidade de serem convertidas em lei pelo Congresso Nacional.

d) Leis Ordinárias — Lei é a norma emanada do Poder Legislativo, procurando regular condutas e impor sanções.

e) Decretos — São os instrumentos legais aptos a regulamentar as leis, explicando-as e detalhando-as, mas sem o poder de alterá-las.

f) Sentença Normativa — É a decisão dos tribunais trabalhistas que estabelece normas e condições de trabalho aplicáveis às partes envolvidas (§ 2º do art. 114 da CF).

g) Jurisprudência — É o conjunto das decisões dos tribunais sobre determinado tema. Para alguns doutrinadores, a jurisprudência não é fonte de direito, porque não tem aplicação obrigatória. Os Enunciados do TST não são de observância obrigatória para os juízes, mas representam a orientação da jurisprudência predominante daquela corte.

h) Doutrina — A doutrina não pode ser considerada como fonte, pois os juízes não estão obrigados a observá-la para proferir as decisões.

1.7.4.2. Fontes de origem internacional

São as Convenções e Recomendações da OIT, organismo de âmbito internacional que edita estas normas. Por força do art. 49, I, da Constituição Federal, é da competência exclusiva do Congresso Nacional a ratificação, ou não, das Convenções da Organização Internacional do Trabalho.

a) As Convenções são normas jurídicas provenientes da Conferência da OIT, objetivando estabelecer regras gerais obrigatórias para os Estados que as ratificarem, passando a fazer parte do seu ordenamento jurídico interno. São aprovadas pela Conferência Internacional por maioria de dois terços dos delegados presentes. A vigência internacional de uma Convenção da OIT passa a ocorrer geralmente a partir de 12 (doze) meses após o registro de duas ratificações por Estados-membros na Repartição Internacional do Trabalho.

b) Recomendação é a norma da OIT em que não houve um número suficiente de adesões para que ela viesse a se transformar numa convenção. É uma mera sugestão ao Estado, de modo a orientar seu direito interno.

1.7.4.3. Fontes de origem contratual

a) **Convenções Coletivas de Trabalho** — É o acordo de caráter normativo pelo qual dois ou mais sindicatos representativos de categorias econômicas e profissionais estipulam condições de trabalho aplicáveis, no âmbito das respectivas representações, às relações individuais de trabalho.

b) **Acordo Coletivo de Trabalho** — É o pacto de caráter normativo celebrado entre sindicato representante de categoria profissional e uma ou mais empresas da correspondente categoria econômica, que estipulem condições de trabalho aplicáveis, no âmbito da empresa ou das empresas acordantes, às respectivas relações de trabalho.

c) **Regulamento de Empresa** — São as normas internas de uma empresa, que determinam a conduta de empregados e empregador na estruturação interna da empresa, os procedimentos, as vantagens e as obrigações de ambas as partes.

d) **Contrato Individual de Trabalho** — É o instrumento que celebra a negociação individual entre empregado e empregador, fixando direitos e obrigações de ambas as partes, sendo, também, fonte de Direito do Trabalho.

e) **Usos e Costumes** — Trata-se do procedimento usual em determinada comunidade, o que acaba por se tornar, na prática, a norma jurídica em que este mesmo grupo acredita. Embora não faça parte do ordenamento jurídico formal, há quem afirme que usos e costumes não são fontes de Direito do Trabalho, assim como o Direito Comparado, a equidade, a jurisprudência, a analogia e os princípios gerais de direito, mas, sim, regras de interpretação e solução de problemas jurídicos.

1.7.4.4. Classificação das normas no sistema brasileiro

Não há uniformidade doutrinária no que se refere ao estudo da natureza jurídica do Direito do Trabalho:

Direito Público — Para o professor Sergio Pinto Martins (2003), há entendimento de que o Direito do Trabalho faz parte do Direito Público, pois, no Direito do Trabalho, há normas de natureza administrativa, principalmente as de fiscalização trabalhista, visando a proteger o trabalhador. São regras imperativas, que não podem ser desprezadas pelo empregador, como as relativas a férias, descanso semanal, jornada de trabalho etc.

Direito Privado — O contrato de locação de serviços desenvolve-se, transformando-se no contrato de trabalho. Sua natureza é privada. Seus sujeitos são dois particulares: o empregado e o empregador. Para Amauri Mascaro Nascimento (1996), historicamente, o direito do trabalho provém do direito civil e o contrato de trabalho, da locação de serviços do Código Civil. Também o fato do intervencionismo estatal não desfigura essa característica do Direito do Trabalho.

Direito Social — Cesarino Júnior, *apud* Sergio Pinto Martins (2003), prefere que o Direito do Trabalho seja chamado de Direito Social. Seria um *tertium genus*, que nem seria público nem privado. Visa a amparar os hipossuficientes, que seriam as pessoas economicamente desprotegidas na relação de emprego. O Direito, contudo, é Social, sendo estabelecido para regular a vida humana em sociedade, não se justificando que um de seus ramos tenha esse nome, pois todos os ramos do Direito têm natureza social, sendo destinados a promover o bem-estar dos indivíduos perante a sociedade.

Direito Misto — É a natureza preferida por Orlando Gomes, pois o Direito do Trabalho é constituído tanto de normas de direito público (tutela administrativa exercida pelo Ministério do Trabalho e Emprego) como de direito privado (contratos de trabalho, acordos e convenções coletivas de trabalho).

Direito Unitário — A coexistência de preceitos de direito público e de direito privado — com inquestionável prevalência dos primeiros —, para Arnaldo Süssekind (2002), não desfigura a **concepção unitária** do Direito do Trabalho, ou seja, as normas de direito público e de direito privado estariam fundidas, nascendo uma outra realidade: o Direito Unitário. Pois, para o mencionado mestre, as normas de Direito do Trabalho podem ser:

> I — como de direito privado, as normas alusivas ao contrato individual de trabalho, que correspondem a preceitos de índole dispositiva (propriamente dita ou interpretativa) e imperativa;
>
> II — como de direito público:
>
> a) as normas gerais e especiais concernentes à proteção ao trabalhador, com as quais o Estado coloca os indivíduos e grupos, sobre quem incidem, subordinados à própria vontade, estabelecendo limites mínimos de proteção, em que prevalece, intensamente, o interesse coletivo que encarna;
>
> b) as normas atinentes à Inspeção do Trabalho (Auditoria Fiscal do Trabalho), que impõem aos órgãos do Ministério do Trabalho e Emprego a tarefa de fiscalizar a observância das regras de natureza pública do Direito

do Trabalho, aplicar penalidade aos seus infratores e decidir os recursos interpostos pelos interessados;

c) as normas relativas à Organização Judiciária do Trabalho, aos conflitos do trabalho e ao processo para solução destes; eis que a Justiça do Trabalho integra o Poder Judiciário e as regras relativas aos dissídios e processos do trabalho regulam atividades públicas.

1.8. Eficácia da norma trabalhista — no tempo e no espaço

A eficácia da lei trabalhista há de ser analisada sob dois aspectos: a) eficácia no tempo; b) eficácia no espaço.

Entende-se por eficácia da lei a produção de seus efeitos relativamente aos efeitos que a ela estão submetidos. Trata-se de questão relativa, a saber, da obrigatoriedade de aplicação da lei, após sua promulgação.

Quanto à eficácia no tempo, observam-se dois princípios fundamentais: o da irretroatividade e o do efeito imediato, conforme CF, art. 5º, § 1º. A eficácia da lei no tempo diz respeito ao momento a partir do qual a lei passa a ser obrigatória.

No que diz respeito à eficácia no espaço, o princípio que prevalece é o da territorialidade, isto é, a lei nacional é aplicada tanto a trabalhadores nacionais quanto a estrangeiros. Ou pode dizer respeito aos limites territoriais ou geográficos da atuação da lei.

1.8.1. Eficácia da lei no tempo

Dispõe o art. 1º da Lei de Introdução ao Código Civil que a lei começa a vigorar 45 dias após sua publicação oficial, salvo disposição em contrário. Atente-se, também, ao art. 5º, § 1º, da Constituição Federal, que diz que as normas definidoras de garantias e direitos fundamentais têm aplicação imediata, aí dispensando regulamentação. Atualmente, as leis dispõem em contrário, determinado sua vigência a partir da publicação oficial, o que vem se tornando regra geral. Já o artigo seguinte determina que, não se tratando de lei de vigência temporária, o que vier a ser expresso terá vigor até que outra lei o revogue.

A revogação de uma lei pode estar expressa na lei posterior, ou ser implícita, quando a nova lei é incompatível com a anterior, ou mesmo quando regule toda a matéria tratada na lei revogada. Por fim, o § 3º do mesmo dispositivo assinala que a perda da vigência da nova lei não faz restaurar a anterior, já revogada.

1.8.2. Eficácia da lei no espaço

Trata-se, como visto, da questão relativa aos limites geográficos de aplicação da lei.

Leciona Octavio Bueno Magano (1991) que a orientação vitoriosa no Brasil é a de considerar que o regime jurídico do contrato de trabalho deve corresponder ao país onde esteja sendo executado. Nesse sentido, a Súmula n. 207 do TST expressa que a relação jurídica trabalhista é regida pelas leis vigentes no país da prestação de serviço, e não por aquelas do local da contratação. Esse verbete é aplicável, por exemplo, na hipótese de o trabalhador brasileiro ser contratado para prestar serviços no Iraque, ou seja, a lei que regerá a relação será a iraquiana. É o que se denomina de princípio da *lex loci executionis*.

No Brasil, a legislação do trabalho é de competência privativa da União, conforme dispõe o art. 22 da Constituição Federal. Assim, tem aplicação a legislação laboral em todo o território nacional. Desse modo, ainda que os Estados-membros, a municipalidade e os particulares venham a estipular normas de Direito do Trabalho, como visto, deverão essas normas estar em consonância com a lei federal, sob pena de invalidade. Os poderes públicos Estadual e Municipal, obviamente, só poderão editar normas de Direito do Trabalho a seus próprios servidores, submetidos a tal regime de trabalho. Já os particulares podem editar normas para si, por meio dos contratos coletivos e individuais do trabalho.

Note-se, assim, que, em razão da eficácia da lei no tempo e no espaço, surgem conflitos de leis, tanto no tempo, quando há choque entre a lei anterior e a lei nova, quanto no espaço, para saber se a lei aplicável é a de uma região ou de outra.

1.9. Princípios de direito do trabalho

Princípio é uma proposição que se coloca na base da ciência, informando-a e orientando-a.

Américo Plá Rodriguez (1978) leciona que os princípios de Direito do Trabalho são as linhas diretrizes que informam algumas normas e inspiram direta ou indiretamente uma série de soluções, pelo que podem servir para promover e embasar a aprovação de normas, orientar a interpretação das existentes e resolver casos não previstos.

Segundo Orlando Gomes (1957), princípios são enunciados genéricos que devem iluminar a elaboração das leis, a criação de normas jurídicas autônomas e a estipulação de cláusulas contratuais, com a interpretação e a aplicação do direito.

1.9.1. Funções dos princípios

Os princípios gerais de direito cumprem tríplice função: a) Informadora — inspiram o legislador, servindo de fundamento para o ordenamento jurídico; b) Normativa

— atuam como fonte supletiva, no caso de ausência da lei (lacuna), como meios de integração do direito; c) Interpretadora — operam como critério orientador do juiz ou do intérprete. No mesmo sentido estão os princípios do Direito do Trabalho.

1.9.2. ENUMERAÇÃO DOS PRINCÍPIOS DE DIREITO DO TRABALHO

São princípios do Direito do Trabalho: Proteção do Trabalhador; Irrenunciabilidade de Direitos; Continuidade da Relação de Emprego; Primazia da Realidade.

1) **Princípio de Proteção do Trabalhador** — Visa a compensar a superioridade econômica do empregador em relação ao empregado, dando a esse último uma superioridade jurídica. Esse princípio desdobra-se em três outros princípios: *in dubio pro operario*; norma mais favorável e condição ou cláusula mais benéfica.

a) In dubio pro operario — Trata-se de princípio que auxilia a interpretação da norma trabalhista. Na dúvida, deve-se interpretar a norma favorável ao trabalhador.

b) **Princípio de Aplicação da Norma mais Favorável** — Se houver mais de uma norma a ser aplicável, deve-se observar a mais favorável ao obreiro, seja em sua elaboração, na hierarquia entre normas ou em sua interpretação. Ex.: se a Constituição diz que o adicional de hora extra será de, no mínimo, cinquenta por cento e o Acordo Coletivo de Trabalho fixa tal adicional em cem por cento, será esta última norma trabalhista que deverá ser aplicada ao caso em análise.

c) **Condição ou Cláusula mais benéfica** — Assegura ao empregado a manutenção, durante a relação de emprego, de direitos mais vantajosos, de forma que vantagens adquiridas não podem ser excluídas nem pioradas, como indica a Súmula n. 51 do TST:

"I — As cláusulas regulamentares, que revoguem ou alterem vantagens deferidas anteriormente, só atingirão os trabalhadores admitidos após a revogação ou alteração do regulamento.

II — Havendo a coexistência de dois regulamentos da empresa, a opção do empregado por um deles tem efeito jurídico de renúncia às regras do sistema do outro. (ex-OJ n. 163 da SBDI-1 — inserida em 26.3.1999)".

2) **Princípio da Irrenunciabilidade ou Indisponibilidade** — Tendo em vista a grande quantidade de normas de ordem pública no ramo do Direito do Trabalho, não se admite, em princípio, que o trabalhador renuncie a direitos trabalhistas.

Não confundir renúncia com transação. A primeira diz respeito ao direito já reconhecido, inquestionável, restando absolutamente claro que o renunciante está abrindo mão de algo que lhe pertence em troca de nada. A transação, ao contrário, presume a controvérsia, a dúvida, a incerteza do direito. Aqui, cada parte abre mão de algo que supõe lhe pertencer.

O trabalhador não poderá renunciar, por exemplo, ao recebimento de suas férias, ou do 13º salário, em razão de que a empresa esteja passando por dificuldades financeiras ou mesmo em caso de crise econômica. Se ocorrer tal situação, não terá qualquer validade o ato do trabalhador nos termos do art. 9º da CLT, que diz que "Serão nulos de pleno direito os atos praticados com o objetivo de desvirtuar, impedir ou fraudar a aplicação dos preceitos trabalhistas".

> **3) Princípio da Continuidade da Relação de Emprego** — O contrato de trabalho, em regra, deve ter a maior duração possível. Este princípio constitui base para o instituto da estabilidade, agora substituído pelo da proteção da relação empregatícia contra dispensa arbitrária ou sem justa causa, previsto no art. 7º, inc. I, da Constituição Federal. Presume-se, assim, que o contrato de trabalho vigora por tempo indeterminado. Essa é a regra. A exceção ocorre nos contratos por tempo indeterminado, consoante Súmula n. 212 do TST.

> **4) Princípio da Primazia da Realidade** — A realidade fática na execução do contrato de trabalho prevalece sobre o aspecto formal das condições nele avençadas, ou seja, vale a verdade real. Assim, pouco importa se na CTPS do empregado conste que ele recebe, por exemplo, um salário mínimo, quando, na realidade, há pagamento de comissões por fora ou alguma gratificação. Valerão no Direito do Trabalho muito mais os fatos do que a forma empregada pelas partes.

Aqui, incluímos também o seguinte princípio constitucional:

> Princípio da não discriminação — Proíbe diferença de critério de admissão, de exercício de funções e salário por motivo de sexo, idade, cor ou estado civil (art. 7º, XXX), ou de critério de admissão e de salário em razão de deficiência física (art. 7º, XXXI).

1.9.2.1. Princípios gerais aplicados ao Direito do Trabalho

Os Princípios Gerais do Direito Comum são aplicáveis ao Direito do Trabalho somente quando forem compatíveis com as finalidades e os princípios fundamentais desse setor do mundo jurídico.

Princípio da Razoabilidade — Embora seja também princípio geral do direito, no Direito Laboral encontra aplicação específica. Exemplo: Não é razoável que, numa única vez, alguns minutos de atraso na chegada ao local de trabalho seja motivo de aplicação, pelo empregador, da pena máxima (justa causa) a um empregado com mais de dez anos de serviço.

Princípio da Boa-Fé — Este princípio decorre da moral e da ética, que devem presidir as relações jurídicas em geral. Consiste no respeito mútuo que as partes devem ter para o fiel cumprimento das condições ajustadas.

1.9.2.2. Gráfico — Princípios do Direito do Trabalho

Princípios do Direito do Trabalho

1 — Princípio de proteção ao trabalhador
- *In dubio pro operatio*
- Princípio da aplicação da norma favorável
- Condição ou cláusula mais benéfica

2 — Princípio da irrenunciabilidade

3 — Princípio da continuidade de relação de emprego

4 — Princípio da primazia da realidade

1.10. Hierarquia das fontes formais de Direito do Trabalho

É comum afirmar-se que, no campo do Direito do Trabalho, se verifica a inversão da hierarquia das normas jurídicas, a fim de beneficiar o trabalhador. Afigura-se-nos, porém, que a questão deve ser equacionada de forma diversa: aplica-se a disposição mais favorável ao trabalhador (Princípio da Norma mais Favorável), desde que compatível com o respectivo sistema e com as normas hierarquicamente superiores, porque estas estabelecem limites imperativos, acima dos quais será lícito melhorar o nível de proteção. É o que ocorre, comumente, com os instrumentos de autonomia privada coletiva (convenções e acordos coletivos) e da autonomia da vontade nos contratos individuais de trabalho (inclusive adesão do empregado ao regulamento de empresa); e, bem assim, com as sentenças normativas dos tribunais do trabalho, que devem respeitar as disposições convencionais e legais mínimas de proteção ao trabalho, nos termos do art. 114, § 2º, da Constituição. Destarte, o fato de aplicar-se a norma ou a cláusula contratual mais favorável ao trabalhador não significa inversão da escala hierárquica da ordem jurídica. O tratado internacional não despenca nessa escala por aplicar-se, à hipótese por ele regida, cláusula de convenção coletiva que, sobre a questão, disponha de maneira mais favorável ao trabalhador. Aliás, a Constituição da Organização Internacional do Trabalho é explícita a respeito.

Amauri Mascaro Nascimento (1996) admite a existência de hierarquia entre as normas trabalhistas, mas, no seu entender, o critério fixado deve ser o aspecto teleológico. Para esse autor, no ápice da pirâmide normativa trabalhista deve estar a norma mais favorável, salvo se existir norma proibitiva imposta pelo Estado.

1.11. Relação de trabalho

Leciona Odilon de Lima Fernandes Coelho (2010)[5] que a relação de trabalho possui um cunho de generalidade, pois engloba todas as relações jurídicas caracterizadas por terem sua prestação essencial centrada em uma obrigação de fazer consubstanciada em labor humano, em troca de um valor pecuniário ou não pecuniário.

Para Coelho (2010), Relação de Emprego, por sua vez, é uma espécie de relação de trabalho, firmada por meio de contrato de trabalho. Compõe-se da reunião de uma série de elementos fático-jurídicos em torno dos quais se construiu o Direito do Trabalho pátrio.

A relação de Emprego (ou relação de trabalho subordinado típica) compõe-se da reunião de cinco elementos fático-jurídicos ou requisitos, prescritos nos arts. 2º e 3º da CLT. Vejamos:

 a) *prestação de trabalho por pessoa física* (pessoa natural) — não pode o empregado ser pessoa jurídica, mas apenas pessoa física;

 b) *Pessoalidade* — em regra, a pessoa do empregado não poderá ser substituída de maneira intermitente na execução dos serviços contratados. Caso isso ocorra, o vínculo poderá ser formalizado com o substituto;

 c) *Não eventualidade* — a prestação do serviço deve ser realizada de forma contínua;

 d) *Subordinação* — o serviço é efetuado sob subordinação jurídica ao tomador de serviços que, através do poder de direção que possui, espera ver o empregado cumprindo suas orientações;

---

(5) Disponível em: <http://www.odilonfernandes.com/index.php?p=artigos&id=90> Acesso em: 2.9.2010.

e) *Onerosidade* — a prestação de trabalho efetuada tem como contraprestação o recebimento da remuneração;

f) *Alteridade* — os riscos da atividade econômica pertencem única e exclusivamente ao empregador, independentemente de a empresa ter auferido lucros ou prejuízos.

Para um melhor entendimento do leitor destacamos, a seguir, as principais diferenças existentes entre o empregado e as demais espécies de relações de trabalho:

Diferença entre empregado e trabalhador autônomo: o elemento fundamental que os distingue é a subordinação[6]; empregado é trabalhador subordinado; autônomo trabalha sem subordinação; para alguns autores, autônomo é quem trabalha por conta própria e subordinado é quem trabalha por conta alheia; outros, ainda, sustentam que a distinção será efetuada verificando-se quem suporta os riscos da atividade; se os riscos forem suportados pelo trabalhador, ele será autônomo.

Diferença entre empregado e trabalhador eventual: há mais de uma teoria que procura explicar essa diferença: **Teoria do evento**, segundo a qual eventual é o trabalhador admitido numa empresa para um determinado evento; **dos fins da empresa**, para qual, eventual é o trabalhador que vai desenvolver numa empresa serviços não coincidentes com os seus fins normais; **da descontinuidade**, segundo a qual eventual é o trabalhador ocasional, esporádico, que trabalha de vez em quando; **da fixação**, segundo a qual eventual é o trabalhador que não se fixa a uma fonte de trabalho; devendo sempre lembrar que a fixação é jurídica.

Diferença entre empregado e trabalhador avulso: são características do trabalho avulso a **intermediação** do sindicato do trabalhador ou do Órgão Gestor de Mão de obra — OGMO —, na colocação da mão de obra, ou seja, não haverá o requisito da pessoalidade, a **curta duração** do serviço prestado a um beneficiado e a remuneração paga basicamente em forma de rateio procedido pelo sindicato; pela CF/88, art. 7º XXXIV, foi igualado ao trabalhador com vínculo empregatício, todavia, não há a celebração de contrato de trabalho.

Diferença entre empregado e estagiário: o estagiário não é empregado e se diferencia desse outro pela existência da **finalidade educacional**, além de ser regulado por legislação própria (Lei n. 11.788/08).

Diferença entre empregado e trabalhador voluntário: nos termos da Lei n. 9.608/98, sempre estará presente a **gratuidade** na prestação do trabalho voluntário.

---

(6) Na visão de Renato Saraiva (2006), o empregado é **subordinado** ao empregador. No entanto, essa **subordinação** não é econômica, pois o empregado pode, muitas vezes, possuir situação financeira superior a do seu empregador, como acontece com alguns atletas profissionais de futebol. Também, não se trata de subordinação técnica, considerando que o obreiro, por vezes, detém a técnica de trabalho que seu empregador não possui. Logo, a subordinação apontada é a subordinação jurídica, que advém da relação jurídica estabelecida entre empregado e empregador.

Isto posto, pode-se considerar como relação de trabalho toda aquela em que haja um vínculo entre um trabalhador e uma pessoa física ou jurídica, que o remunera ou não pelo serviço prestado.

1.11.1. Gráfico — relação de trabalho

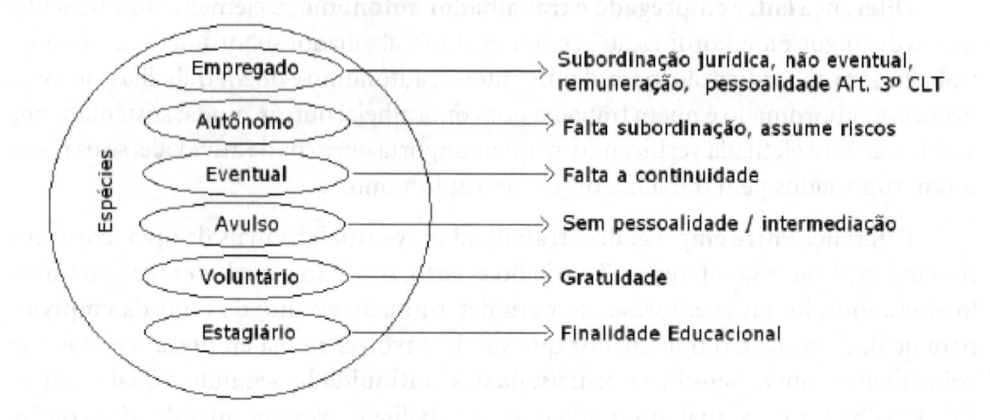

Espécies:
- Empregado → Subordinação jurídica, não eventual, remuneração, pessoalidade Art. 3º CLT
- Autônomo → Falta subordinação, assume riscos
- Eventual → Falta a continuidade
- Avulso → Sem pessoalidade / intermediação
- Voluntário → Gratuidade
- Estagiário → Finalidade Educacional

2

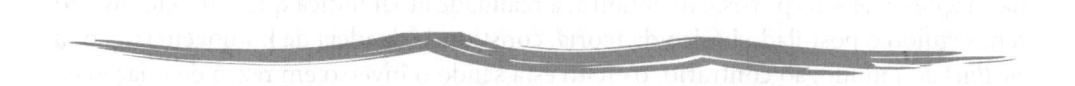

Mundialização — Globalização e a Desregulação e Regulação

2.1. Introdução

Para Arnaud (1999), na década de 1980, os anglo-saxões começaram a tratar abundantemente do assunto globalização. Porém, um fato é certo: naquele período, o mundo mudou de forma radical. Uma nova ordem se impôs, desconcertante, na medida em que nações erigidas em Estados soberanos, pelo menos em relação aos países centrais, pouco acostumados a dobrar a espinha, passaram a mostrar-se cada vez menos capazes de controlar suas economias e suas moedas. Momento em que os modelos tradicionais de regulação deixaram de preencher sua função, em que o direito deixou de ter a mesma capacidade de assegurar a função para a qual ele havia sido erigido, a de ser um modo privilegiado de regulação social. Na França, o momento histórico foi denominado mundialização, levando alguns a, erroneamente, dizer que o fenômeno da globalização não teria sido ainda descoberto na França.

Em sua publicação *A mundialização do capital*, Chesnais (1996) explica o caráter ideológico da terminologia usada pelos economistas da modernidade, o termo globalização, de origem anglo-saxônica, que se deslocou, na língua francesa, para mundialização, termo mais próximo da realidade. Porém, mais usado pela mídia sob influência inglesa, o termo globalização quer indicar uma internacionalização econômica livre, supostamente não submetida a intervenções institucionais ou nacionais, usando, por isso, a raiz de conotação geográfica globo, entendendo este como esfera com habitantes indiferenciados, espalhados por sua superfície.

No que tange ao vocábulo, Arnaud (1999) assegura que a palavra internacionalização seria um termo mais familiar para os juristas do que globalização, ou até mesmo mundialização. Entretanto, quando se diz que o comércio é hoje em dia internacionalizado, a expressão faz referência a toda uma rede de noções, cujo núcleo é a ideia de nação. Internacional (com o prefixo inter e o radical nação) supõe a existência de relações necessárias entre nações — ideia que precisamente a globalização desafia.

A globalização, como fenômeno que transcende largamente a ideia de mundialização do comércio, tem provocado notáveis efeitos sobre múltiplos aspectos da vida das nações e de seus povos. No entanto, a realidade atual indica que esses efeitos não têm seguido o postulado básico da teoria, constituída da ideia de homogeneização *in mellius* do mundo; ao contrário, o efeito está sendo o inverso em razão da criação de disparidades crescentes em termos de países e regiões, consoante palavras de Misailidis (2001).

2.2. Mundialização

Fatos históricos marcantes, ocorridos entre o final da década de 1980 e o início da de 1990, determinaram um processo de rápidas mudanças políticas e econômicas no mundo. Até mesmo os analistas e cientistas políticos internacionais foram surpreendidos pelos seguintes acontecimentos[7]:

* A queda do Muro de Berlim em 1989;

* O fim da Guerra Fria;

* O fim do socialismo real;

* A desintegração da União Soviética, em dezembro de 1991, e seu desdobramento em novos Estados Soberanos (Ucrânia, Rússia, Lituânia etc.);

* A explosão étnica ou das nacionalidades em vários lugares, acompanhada de guerra civil: antiga Iugoslávia, Geórgia, Chechênia etc.;

* O fim da política do *apartheid* e a eleição de Nelson Mandela para presidente, na África do Sul;

* O acordo de paz entre Israel, OLP — Organização para Libertação da Palestina — e Jordânia;

* A formação de blocos econômicos regionais (União Europeia, Nafta, Mercosul etc.);

* O grande crescimento econômico de alguns países asiáticos, como Japão, Taiwan, China, Hong Kong (Cingapura), levando a crer que constituirão a região mais rica do século XXI;

* O fortalecimento do capitalismo em sua atual forma, ou seja, o neoliberalismo;

---

(7) Disponível em: <http://www.netsaber.com.br/apostilas/apostilas/503.doc> Acesso em: 7.6.2010.

* O grande desenvolvimento científico e tecnológico ou Terceira Revolução Industrial ou Tecnológica.

Seguindo os rumos da história, vimos claramente que a humanidade decidiu substituir a construção antiga de "muros" pela construção de "pontes", facilitada pelos modernos meios de comunicação, pela automação, pela cibernética, pela tecnologia que, como consequência, trouxeram também a quebra de barreiras comerciais, a ruptura de culturas ideológicas e políticas, além do desemprego, da marginalidade social, da deteriorização da qualidade de vida e, especificamente nos países periféricos, o crescimento da dívida externa.

Em seu artigo "Mundialização, Reestrutura e Competitividade: a emergência de um novo regime econômico e as barreiras às economias periféricas", Furtado (2002) explana que, desde os anos 1980, a progressão de vários fenômenos novos, envolvendo uma dimensão que ultrapassa as fronteiras nacionais, deu origem a uma série de interpretações que incorporaram os termos mundialização e globalização. E que estaríamos numa fase nova do desenvolvimento do sistema econômico, caracterizada pelo predomínio da dimensão que ultrapassa o quadro nacional e que vai além da dimensão internacional tradicional. Então a mundialização não seria um fenômeno inédito, mas estaria inscrita numa linha de continuidade com a evolução do sistema econômico internacional.

Para o citado mestre, os autores que negam à mundialização o seu caráter novo recuam ao passado para encontrar, por exemplo, no fim do século XIX e no início do século XX, um grau semelhante de abertura aos fluxos comerciais e aos fluxos de investimento, adicionando-lhes, ainda, como medida de abertura e de integração mundial, os fluxos migratórios, importantes naquele período e nesta visão histórica. A fase atual de desenvolvimento do sistema econômico estaria apenas restabelecendo, depois de três decênios de crescimento e de expansão, aquilo que o período entre guerras subtraiu ao sistema internacional. Mas aqueles que afirmam a tese da mundialização/globalização estão também amparados em evidências robustas. Ao contrário dos negacionistas, o seu período de referência corresponde aos anos de crescimento acelerado do pós-Segunda Guerra Mundial. Assim, essas duas teses chegam a conclusões opostas, mas têm o mérito da clareza. De modo supostamente equidistante de ambas, uma terceira posição pretende, de forma muito ambígua, afirmar que os contornos atuais de funcionamento do sistema não permitem estabelecer a existência de um novo sistema marcado sobre a dimensão mundial/global, pois faltaria para isso que se estabelecesse um quadro de regulação correspondente.

2.3. CONCEITO DE GLOBALIZAÇÃO

A globalização não é um acontecimento recente. Ela se iniciou já nos séculos XV e XVI, com a expansão marítimo-comercial europeia, consequentemente a do próprio capitalismo, e continuou nos séculos seguintes. O que diferencia aquela globalização ou mundialização da atual é a velocidade e a abrangência de seu processo, muito maior hoje. Mas o que chama a atenção na atualidade é, sobretudo, o fato de generalizar-se em vista da falência do socialismo real. De repente, o mundo tornou-se **capitalista** e **globalizado.**

Globalização é um fenômeno que pode ser definido como intensificação das relações sociais em escala mundial, que ligam localidades distantes de tal maneira que acontecimentos locais são modelados por eventos que ocorrem a muitas milhas de distância e vice-versa (GIDDENS, 1991. p. 69).

Para Barral (1998), pode-se definir o termo globalização como o processo de internacionalização dos fatores produtivos, impulsionado pela revolução tecnológica e pela internacionalização dos capitais.

Leciona Alves (2001) que a globalização é um processo sócio-histórico caracterizado por três dimensões totalizantes e contraditórias — primeiro, a *globalização como ideologia;* segundo, *a globalização como mundialização do capital* e, terceiro, a *globalização como processo civilizatório humano-genérico.* A globalização como fenômeno sócio-histórico, intrinsecamente contraditório e complexo, caracteriza, em sua perspectativa, uma nova etapa de desenvolvimento do capitalismo moderno e é resultado de múltiplas determinações sócio-históricas (e ideológicas). Portanto, a globalização tende a constituir novas determinações sócio-históricas no plano da ideologia e da política (a globalização como ideologia); no plano da economia e da sociedade (a globalização como mundialização do capital) e no plano do processo civilizatório humano-genérico, vinculado ao desenvolvimento das forças produtivas humanas. E conclui-se que as dimensões da globalização são contraditórias entre si, tendo em vista que a ideologia (e a política) da globalização tende a ocultar e legitimar a lógica desigual e excludente da mundialização do capital e a mundialização do capital tende a impulsionar, em si, o processo civilizatório humano-genérico, isto é, o desenvolvimento das forças produtivas humanas, que são limitadas ou obstaculizadas pelo próprio conteúdo da mundialização. (grifos nossos)

Expressa Caldas (2002) que definir com precisão o que seja globalização é tarefa das mais árduas, pois é um fenômeno antigo que somente nos últimos anos vem sendo sentido e absorvido por nós, brasileiros, e que pode ser explicado como um misto de interligação acelerada de mercados nacionais e internacionais, com a possibilidade de movimentar bilhões por computador em alguns segundos (como ocorre nas Bolsas de todo o mundo), e ainda, como a terceira revolução tecnológica (processamento, difusão e transmissão de informações).

As características da globalização podem ser assim resumidas:

• internacionalização da produção, com uma mudança nos modelos de produção. Observa-se um deslocamento da atividade econômica, que facilita as transferências de uma parte das operações de trabalho de um país para outro, contribuindo para a emergência de uma nova divisão do trabalho;

- internacionalização ou globalização das finanças, com o desenvolvimento de mercados de capitais ligados fora do âmbito das nações e um fluxo livre de investimentos que ocorre sem fronteiras;

- alteração na divisão internacional do trabalho, ou, antes, criação de uma nova divisão de trabalho dentro das próprias empresas transnacionais, nas quais a distribuição das funções produtivas não se encontra mais concentrada num único país, mas espalhada por vários países e continentes (por exemplo, um país fabrica um componente do produto, um segundo fabrica outro, um terceiro faz a montagem, enquanto o centro financeiro e contábil da empresa está sediado num quarto país);

- o grande movimento migratório do Hemisfério Sul para o Norte;

- a questão ambiental e a sua importância nas discussões internacionais;

- o Estado passa, de protetor das economias nacionais e de provedor do bem-estar social, a adaptar-se à economia mundial ou às transformações do mundo que a própria economia e a exaltação do livre mercado provocam.

Nesse quadro de globalização, hoje, as empresas transnacionais apresentam as seguintes características:

- atuam em vários países ao mesmo tempo, com uma expansão crescente das multinacionais. Estas são capazes de fazer explodir sua produção graças ao seu poder de transação e de barganha, reforçado no nível de uma economia que se tornou planetária;

- compram a melhor matéria-prima pelo menor preço e em qualquer lugar do mundo;

- instalam-se onde os governos oferecem mais vantagens (terrenos, infraestrutura, isenção ou redução de tributos etc.) e a mão de obra é mais barata;

- com um eficiente sistema de distribuição, enviam seus produtos para todos os cantos do mundo;

- fazem uma intensa publicidade de seus produtos, convencendo-nos da necessidade de adquiri-los, criando necessidades humanas inimagináveis, num mundo onde não foram resolvidas questões básicas de sobrevivência de centenas de milhões ou bilhões de seres humanos (fome, emprego, moradia, educação, saúde etc.);

- têm um faturamento gigantesco, que chega a ser superior à soma do PIB de vários países.

A globalização apresenta os seguintes efeitos:

- transformação dos modelos de produção;

- desenvolvimento transnacional dos mercados de capitais;

- surgimento de um fluxo livre de investimento;

- expansão das multinacionais;

- crescente importância dos blocos econômicos regionais (União Europeia, Mercosul, Nafta, Alca);

- privatização dos mercados: um ajuste estrutural passando pela privatização e pela redução do papel do Estado;

- livre mercado internacional;

- desregulamentação e desengajamento do Estado;

- ajuste estrutural;

- vocação expansionista dos regimes democráticos. O vínculo político com o que precede está na preferência das economias liberais por Estados não dirigistas, que se preocupam em desenvolver constituições e corpos de direito que asseguram o respeito da democracia;

- tendência a uma proteção generalizada dos direitos humanos;

- aparecimento de atores supranacionais e transnacionais (organizações não governamentais) promovendo a democracia e a proteção dos direitos humanos;

- aumento do tráfico de drogas, terrorismo e tráfico de materiais nucleares;

- liberalização financeira favorecendo também criminosos internacionais.

2.4. REGULAÇÃO

Para Arnaud (1999), admitir o intervencionismo do Estado no "jogo" social é abrir a porta a intervenções ilimitadas, a regulações hiperdesenvolvidas. E observa que, com efeito, na história do direito francês dos séculos XIX e XX, houve um aumento do número de leis e de regulamentos destinados a organizar as relações sociais, e essa regulação atingiria seu ápice com a reivindicação de uma justiça social que coloca em questão o próprio conceito de equidade em sua acepção tradicional, oriunda do direito civil e voltada para o indivíduo, atomizada. Contra essa hiper-regulação, era inevitável que se elevasse a reivindicação de uma desregulação, cujo píncaro se situa bem perto de nós, na segunda metade de nosso século, e tal desregulação caminhará ombro a ombro com a proclamação da necessidade de um retorno a uma economia de mercado regulamentada essencialmente pela equidade[8].

A regulamentação e instrumentalização jurídica de novas formas de trabalho requerem necessariamente a presença da lei como limite, em função da natureza dos direitos em questão, considerados direitos humanos fundamentais. E o grande desafio será elaborar um marco regulador das relações de trabalho, contemplando adequadamente as novas necessidades dos trabalhadores e das empresas, deixando aberta a possibilidade de que certas variáveis determinadas e limitadas possam ser articuladas por meio da negociação coletiva (MISAILIDIS, 2001).

Ao analisarmos a não intervenção do Estado nas relações de trabalho, enfocamos a importância do Estado na criação de normas mínimas de proteção, que servirão de base para a negociação de normas autônomas provindas dos interlocutores sociais representantes do capital e do trabalho.

Outrossim, o movimento contemporâneo de globalização do comércio é acompanhado por um retorno da sociedade civil que desempenha um papel cada vez mais importante na regulação social.

Como exemplo de regulação, citamos que, em 22.12.1994, o Conselho da União Europeia aprovou, em nome da Comunidade Europeia, o Acordo que instituiu a Organização Mundial do Comércio — OMC, cuja função é facilitar a aplicação, a gestão e o funcionamento do citado Acordo e de acordos comerciais multilaterais e o desenvolvimento dos seus objetivos.

A escola da regulação surge na França dos anos 1970 e privilegia o estudo do impacto das mudanças nas relações sociais sobre a regularidade dos processos de acumulação de capital (COUTINHO, 1990).

Para Sampaio (2002), a escola francesa de regulação reside na análise da chamada crise do fordismo e dos desdobramentos que lhe sucedem, permitindo assim uma compreensão do modelo atual (toyotismo), o da emergência de novas práticas e modelos de recursos humanos.

A organização industrial fordista é marcada pela rigidez, seja a rigidez das organização do trabalho, seja a rigidez do pacto salarial, seja a rigidez da concepção de organizações e das relações hierárquicas. Dentro da fábrica, o fordismo se caracteriza, também, pela divisão acentuada do processo de trabalho em três níveis: o primeiro envolve a concepção, a organização dos métodos e a engenharia; o segundo envolve a fabricação qualificada, e no terceiro encontra-se a execução e a montagem.

2.5. DESREGULAÇÃO OU DESREGULAMENTAÇÃO

Desregulamentação significa deixar que o mundo e o sistema econômico estabeleçam as condições de contratação comercial, laboral e outras.

---

(8) *Equidade* s. f. 1. Justiça natural. 2. Igualdade, justiça, retidão.

Para Franco Filho (1998), é evidente que a adoção pura e simples da desregulamentação importaria em graves danos aos trabalhadores, e o excesso de regulamentação, inclusive pela via constitucional (caso brasileiro), é outro embaraço que deve ser afastado. Assegura o autor que é preciso que enfrentemos a realidade e não devemos contemplar o corporativismo que caracteriza o passado das relações de trabalho no Brasil. Complementa também que, para desregulamentar, é imperioso preservar o mínimo, adotando, com a necessária cautela, o neoliberalismo que preconiza o afastamento do Estado como gestor do desenvolvimento econômico e social e apresenta as seguintes tendências atuais de desregulamentação:

1. reduzir as normas regulamentadoras;

2. dar mais autoridade aos parceiros sociais;

3. garantir apenas o mínimo fundamental.

A almejada desregulamentação ou desregulação para o livre jogo da oferta e da procura está retornando sobre seus passos originários. Registre-se que isso não acontece só em matéria de direito laboral e social, de onde resulta a mais flagrante e absoluta desproteção, que supõe deixar à mercê das leis do mercado a tutela do trabalhador, mas, sim, no próprio campo do comércio internacional, pois a OMC constitui o exemplo mais claro de um neointervencionismo em matéria comercial.

O presente tema ganha relevância no momento em que se fala da flexibilização[9] ou desregulamentação de princípios norteadores do Direito Laboral, oportunidade em que se vislumbra a possibilidade de se utilizar, em grandes proporções, nos países periféricos e em vias de desenvolvimento, espécies de contratação de trabalhadores de forma precarizada onde seus direitos serão diminuídos ou eliminados.

Fala-se ao mesmo tempo de desregulamentação ou desregulação, ou seja, da progressiva supressão de regras imperativas, com o correspondente alargamento da liberdade de estipulação através da via negocial. Verifica-se um significativo recuo da força imperativa das leis do trabalho, admitindo-se que as convenções coletivas as adaptem com vista a setores ou empresas em crise. Em suma, a legislação do trabalho deverá estar mais aberta à economia e às necessidades de adaptação conjuntural no sentido de garantir o pleno emprego para toda a população.

2.6. Conclusões

Partindo do entendimento de que a globalização ou mundialização tende a aproximar os Estados, essa ideologia também tenta esconder que o globo terrestre

---

[9] Flexibilização — Terminologia e Conceito — Adaptabilidade, flexibilidade, capacidade de acomodação, versatilidade, todos são vocábulos que estudiosos procuram utilizar para caracterizar o fenômeno que alguns juristas italianos chegaram a chamar de Direito Emergencial do Trabalho (SOARES, Ronald. Flexibilização — um tema atual no direito do trabalho. In: *Revista do TST*, São Paulo: LTr, v. 59-60).

continua sendo um mundo humano de nações desiguais, com países desenvolvidos, em vias de desenvolvimento e outros totalmente periféricos, onde a livre atuação dos mais fortes, pregada pela globalização, submete os restantes a uma hierarquia de fragilidade, na qual os Estados Unidos da América se encontram em posição absolutamente privilegiada, com sua moeda nacional funcionando como moeda mundial.

Assim, existem várias controvérsias quanto ao grau em que o processo de globalização/mundialização afetaria o Estado-nação. Concluímos que existe um conjunto de elementos limitadores da liberdade de ação de Governos e Estados. Isso se deve ao fato de que fronteiras não são nítidas; os processos decisórios são influenciados por diversos elementos que não os próprios interesses e valores daqueles neles envolvidos de modo mais direto; verificam-se modificações na comunidade internacional, com o surgimento de novos atores. Desse modo, os Estados-nações têm sua autonomia limitada e sua soberania afetada. Talvez seja mais adequado pensar que o Estado divide com outros atores parcelas de soberania limitada nesse contexto plural e diverso (SOUZA, 2002).

As novas formas de organização do trabalho caminham no sentido de total desregulação ou flexibilização, adaptabilidade ou capacidade de acomodação, ou ainda no sentido de versatilidade, como fatores essenciais da mundialização. Na esfera produtiva, a mundialização tem seu eixo dinâmico centrado numa ofensiva contrária às conquistas trabalhistas.

As organizações empresariais da atualidade e as práticas de terceirização da força de trabalho (toyotismo) têm como eixo a criação de uma solidariedade empregado-patrão dominada por esse útlimo e o rebaixamento da situação social da mão de obra terceirizada. Isso significa a apropriação da mente dos trabalhadores com melhor qualificação e estáveis pelas empresas, a precarização do emprego para a maioria e a desregulamentação dos contratos de trabalho para todos. Em suma, no âmago da mundialização está uma nova norma de direitos flexíveis para o trabalho e os poderes inflexíveis para o capital.

Nesse contexto, segundo Rudiger (2001), os trabalhadores estão diante da amarga escolha entre o desemprego, o subemprego ou o emprego com condições de trabalho mais precárias com:

- empregados *just-in-time:* os trabalhadores não têm chance de se fixar numa atividade. As constantes mudanças de emprego ou de serviço não contribuem, necessariamente, para uma melhor qualificação profissional e o progresso do trabalhador numa carreira, como geralmente se alega;

- os salários em empresas "satélites" costumam ser mais baixos, pois essas empresas possuem menos capital para arcar com bons salários e com seus reflexos;

- a comercialização das relações de prestação de serviços cria novas formas de dependência econômica e jurídica não contempladas nem pelo direito comum nem pelo direito do trabalho;

- o deslocamento da fonte do direito do trabalho do poder público para a autonomia privada coletiva contribui para a insegurança e instabilidade nas relações de trabalho.

Finalmente, concluímos que a globalização neoliberal elevou a concorrência entre produtos e serviços de países de estrutura e economia diferentes, provocando consequentemente falências em diversas empresas nacionais. Por isso, defendemos a regulação ou intervenção do Estado na criação de regras mínimas de proteção ao trabalhador prescritas nas convenções e recomendações da Organização Internacional do Trabalho — OIT —, além de um controle por parte dos blocos econômicos regionais no que tange ao narcotráfico, ao crime organizado, à política de proteção ao meio ambiente, ao excesso de automação e aos direitos humanos.

3

A Informalidade e Formas Atípicas de Trabalho

3.1. Introdução

Em todas as oportunidades em que debatemos o trabalho informal, lembramos suas demais denominações: Subemprego, Desemprego Disfarçado, Estratégia de Sobrevivência — designações essas relativamente antigas, datando dos primórdios da Revolução Industrial.

A categoria da população relativamente excedente, a estagnada, forma parte de um exército ativo do trabalho, mas com ocupação inteiramente irregular. Ela oferece assim ao capital uma fonte inesgotável de força de trabalho disponível. Um padrão de vida abaixo do nível normal da classe trabalhadora é exatamente o que a torna uma ampla base para ramos de exploração específica do capital. Caracterizam-na o máximo de tempo e o mínimo de salário (SINGER, 2001).

Notadamente, o trabalho informal corresponde ao segmento estagnado da população trabalhadora. Uma de suas características principais é sua restrição a poucos ramos de atividade produtiva ou de serviços. A grande maioria desse contingente se dedica ao pequeno comércio e a serviços de baixa qualificação, inclusive o doméstico. Pois esses serviços, muitas vezes, ou quase sempre, não exigem escolaridade elevada.

Segundo o Programa Regional de Emprego para a América Latina e Caribe — PREALC —, da Organização Internacional do Trabalho, o setor informal é composto por pequenas atividades urbanas, geradoras de renda, que se desenvolvem fora do âmbito normativo oficial, em mercados desregulamentados e competitivos, em que é difícil distinguir a diferença entre capital e trabalho. Essas atividades se utilizam de pouco capital, técnicas rudimentares e mão de obra pouco qualificada, que proporcionam emprego instável, de reduzida produtividade e baixa renda. O setor também se caracteriza pela falta de acesso aos financiamentos e créditos normalmente disponíveis ao setor formal e pela baixa capacidade de acumulação de capital e riquezas (JAKOBSEN, 2001).

Também o setor informal é caracterizado pelo baixo tempo de permanência no trabalho por parte dos trabalhadores, indicando que a incerteza é uma das marcas conjunturais do setor, que se agrava pelo fato de que a grande maioria dos trabalhadores informais não contribui com a Previdência Social.

3.2. Definição de trabalho informal

O fenômeno da informalidade vem sendo tratado de acordo com a área de interesse da pesquisa acadêmica. Uma das vertentes analisa a informalidade sob o enfoque da atividade econômica, de acordo com o qual se conceitua como informal a atividade econômica que não está legalmente constituída perante o Estado, sem o seu registro no aparelho estatal (Junta Comercial, Receitas Federal, Estadual e Municipal). O outro enfoque analisa o fenômeno da informalidade sob o prisma do mercado de trabalho, segmentado entre empregados sujeitos à legislação trabalhista, e, portanto, cobertos pelas regras estabelecidas pela Consolidação das Leis do Trabalho — CLT, e o mercado de trabalho informal propriamente dito, que agrega os trabalhadores "por Conta Própria" ou "Autônomos" aos empregados sem registro sujeitos às regras da CLT, constituindo-se em um conceito mais amplo para a informalidade (SANTOS, 2002 *apud* PINHEIRO; MIRANDA, 2000).

Em uma leitura dos arts. 442, *caput*, e 443, *caput*, da CLT, percebe-se que os conceitos de informalidade apresentados acima não refletem o prescrito no ordenamento jurídico pátrio. Ou seja, eles tratam da *Teoria do Contrato Realidade*, que é a teoria preconizada pelo professor Mário de La Cueva, para quem a relação jurídica de trabalho se forma com a prestação de serviço a determinado empregador. Nosso entendimento é de que o contrato individual de trabalho pode ser celebrado *verbalmente*. As anotações efetuadas na CTPS do trabalhador pelo empregador refletem apenas uma obrigação acessória do respectivo contrato de trabalho.

Art. 442. Contrato individual de trabalho é o acordo tácito ou expresso, correspondente à relação de emprego.

Art. 443. O contrato individual de trabalho poderá ser acordado tácita ou expressamente, verbalmente ou por escrito e por prazo determinado ou indeterminado.

3.2.1. Fiscalização do atributo registro

Sob a óptica legal, no que concerne à informalidade da mão de obra, a fiscalização do trabalho tem seu campo de ação limitado aos trabalhadores em que o vínculo empregatício é obrigatório, ou seja, naquelas situações onde exista trabalho não eventual, remunerado, e a subordinação do trabalhador às ordens de um empregador. Nesse sentido, são excluídos da ação da fiscalização do MTE os trabalhadores autônomos (Conta Própria). Aos demais trabalhadores aplica-se o procedimento fiscal do livre acesso às dependências da empresa previsto na CLT (sem a necessária concordância prévia do empregador), para a efetivação do "flagrante" de trabalhador laborando sem registro, elemento essencial (formal) para a lavratura do auto de infração pela falta de registro (SANTOS, 2002).

Não podemos deixar de acrescentar os estagiários, cooperados etc. Ademais, seria interessante, para efeito de análise da "informalidade", que as empresas fossem obrigadas a declarar no Caged (que seria Cadastro de Relação de Trabalho) os trabalhadores retromencionados, pois, após edição da Medida Provisória n. 1.709-4, de 27.11.1998, o empresariado nacional passou a utilizar a mão de obra de falsos estagiários em substituição aos contratos formais. Percebe-se, assim, que nossa ação fiscal foi inócua graças a uma ação governamental.

3.3. FORMAS ATÍPICAS DE TRABALHO

Para Donato (1992), a partir da década de 1970, vem-se proclamando com insistência a crise do direito do trabalho, sob o impacto das transformações socioeconômicas na vida produtiva. Se é curial que esse direito tende a reger a prestação do trabalho *lato sensu*, é de verificação crescente, por outra parte, que a relação de trabalho subordinado tem-se manifestado e tende a ampliar-se sob novas formas ou novas feições da atividade profissional.

Ainda conforme Donato *apud* Laroque (1992), as formas atípicas de trabalho subordinado representam uma das tônicas das transformações e justapõem-se à forma típica de trabalho subordinado, sedimentada no que se denominou de Contrato de Direito Comum do Trabalho.

No plano doutrinário, a forma típica de trabalho repousa no trabalho assalariado, que se traduz no trabalho produtivo à conta alheia, mediante relação de emprego. Seu suporte é o contrato de trabalho, de trato sucessivo, duração indeterminada, cuja cessação normal só ocorreria pela resilição/rescisão, por morte ou por aposentadoria do trabalhador. Pressupõe, da parte do empregado ou trabalhador, a permanência no emprego; do lado patronal ou do empregador, a existência de uma mão de obra estável, dentro do organograma do empreendimento.

Registra-se que as formas atípicas de trabalho subordinado fixam-se na precarização ou flexibilização das modalidades de trabalho, em particular de emprego. Essa modalidade de trabalho resulta da temporariedade no emprego, cuja utilização da mão de obra está ora ancorada em medidas do Estado, ora imposta pelas necessidades do mercado competitivo. Estão inteiramente relacionadas com a possibilidade de redução ou de aumento (improvável) de salários, intensificação na mobilidade da mão de obra, aproveitamento máximo das qualificações profissionais.

O avanço tecnológico e o crescimento impiedoso da competição no mercado globalizado fizeram com que o capital deixasse de ter pátria e as empresas fossem obrigadas a ampliar seus mercados e/ou introduzir-se noutros, aperfeiçoar as técnicas produtivas e de gestão de recursos humanos, cuja busca sempre constante é a rentabilidade ou o lucro. Resultado dessa disputa desenfreada foi a mudança estrutural baseada nos três Rs — Rentabilidade, Racionalização e Reestruturação. Afinal, o modelo de produção baseado em Ford (fordista) tornou-se inoperante, dando lugar ao modelo toyotista, que prega a troca da rigidez legislativa pela mágica da flexibilidade.

Para Ferrari (1992), no fundo, o que há mesmo de grave na economia informal é a fraude ao sistema de proteção articulado pelo Direito do Trabalho, o qual tem sempre à sua frente um inimigo antagônico e bem visível, que é o desemprego, porque com ele não há sequer direito ao trabalho. Com esse problema, que é, sobretudo, social e econômico, torna-se difícil a obtenção do trabalho e mais difícil ainda será se o trabalho for subordinado, pelas implicações onerosas resultantes. A verdade é que tanto o direito ao trabalho como o direito do trabalho, fulcrados no trabalho subordinado, estão passando por um período que já se alonga no tempo de crise e está a desafiar nossa inteligência.

3.4. Utilização dos contratos atípicos

Para Carrogi (1992), quando se liga a possibilidade de maior utilização de contratos atípicos que autorizem a contratação temporária para substituição daquela por tempo indeterminado e a contratação por interpostas empresas, surge o receio, diante do quadro nacional, de se legitimar a fraude e a injustiça. A vulgarização da contratação atípica deve ser analisada com muitas reservas, porque poderá não significar modernização nas relações do trabalho, mas a destruição de garantias mínimas ao trabalhador.

Para a autora, a Lei n. 6.019/74, que trata dos trabalhadores temporários, não só deve ter seus tentáculos ampliados, como deve ser rigidamente aplicada nos seus exatos termos, ou seja, apenas quando for necessária a substituição de pessoal efetivo, pelos motivos que alinha, e quando houver anormal e temporal acréscimo de trabalho. Abordou, ainda, que a Lei n. 7.102/83, que autoriza a contratação, por instituições financeiras, de vigilantes para a guarda e o transporte de numerários, relegou a segundo plano a questão trabalhista.

Em 3.1.1974, foi sancionada a Lei n. 6.019, que tratou sobre o trabalho temporário. Leciona Carelli (2003) que nessa lei, pela primeira e única vez, dispôs o Direito brasileiro sobre intermediação lícita de mão de obra. Atendendo a interesses e preocupações das empresas para atendimento de necessidade transitória de substituição de seu pessoal regular e permanente ou a acréscimo extraordinário de serviços, foi permitida a inserção de trabalhadores contratados de empresas fornecedoras de mão de obra.

O ordenamento jurídico recebeu, em 20.6.1983, a Lei n. 7.102, dispondo sobre o serviço de transporte de valores, vigilância patrimonial e pessoal, autorizando a prestação de serviços por empresas especializadas nessas atividades para empresas, pessoas particulares e a Administração Pública. É caso nítido de terceirização onde, conforme ensinamento de Castro (2000), aparecer a importância da ausência de pessoalidade e subordinação direta entre o tomador e o trabalhador, a fim de que não seja estabelecido vínculo empregatício entre esses. Presentes esses elementos de formação da relação de emprego, haverá nítido propósito de fraude à aplicação das normas tutelares do trabalhador.

No Direito nacional, a principal síntese jurisprudencial sobre a terceirização é representada pela Súmula n. 331 do Tribunal Superior do Trabalho, aprovada em 17.12.1993, que faz revisão da Súmula n. 256.

Contrato de prestação de serviços. Legalidade (Revisão da Súmula n. 256 — Res. n. 23/ 93, DJ 21.12.1993. Inc. IV alterado pela Res. n. 96/00, DJ 18.9.2000)

I — A contratação de trabalhadores por empresa interposta é ilegal, formando-se o vínculo diretamente com o tomador dos serviços, salvo no caso de trabalho temporário (Lei n. 6.019, de 3.1.1974).

II — A contratação irregular de trabalhador, mediante empresa interposta, não gera vínculo de emprego com os órgãos da administração pública direta, indireta ou fundacional (art. 37, II, da CF/88).

III — Não forma vínculo de emprego com o tomador a contratação de serviços de vigilância (Lei n. 7.102, de 20.6.1983) e de conservação e limpeza, bem como a de serviços especializados ligados à atividade-meio do tomador, desde que inexistente a pessoalidade e a subordinação direta.

IV — O inadimplemento das obrigações trabalhistas, por parte do empregador, implica a responsabilidade subsidiária do tomador dos serviços, quanto àquelas obrigações, inclusive quanto aos órgãos da administração direta, das autarquias, das fundações públicas, das empresas públicas e das sociedades de economia mista, desde que hajam participado da relação processual e constem também do título executivo judicial (art. 71 da Lei n. 8.666, de 21.6.1993).

Dentre as possibilidades de contratação atípica, no que tange às relações de trabalho, além das previstas na Súmula n. 331, incluímos também a contratação de estagiários e de serviços por intermédio de cooperativas de trabalho.

3.5. Propostas ou medidas para regulação das formas de contratação atípica

A) Trabalho temporário (Lei n. 6.019/74) — alterar o art. 2º, estabelecendo o prazo mínimo de 30 dias; Ficha de Registro; obrigatoriedade de entrega de Caged, através de alteração no art. 8º; no art. 10, especificar melhor o prazo — em vez de 3 meses, 90 dias — e estabelecer penalidade para o caso da falta de solicitação de prorrogação de prazo ao Ministério do Trabalho.

Vigilância e transporte de numerários (Lei n. 7.102/83), conservação e limpeza — estabelecer cláusula de depósito prévio das provisões de verbas rescisórias, de caução e de seguro.

B) Adequar aos padrões da legislação vigente:

1) Denominação do Caged — Lei do Caged — art. 1º da Lei n. 4.923, de 23.12.1965.

Sugestão de alteração: passar a denominar-se Cadastro Geral de Relações do Trabalho.

Justificativa: a alteração tem por objetivo consolidar, num mesmo cadastro, os seguintes trabalhadores: cooperados, estagiários, domésticos, trabalhadores em regime de economia familiar, trabalhadores temporários, trabalhadores avulsos etc.

2) Relativamente ao art. 41 da Consolidação das Leis do Trabalho:

a) Sugere-se a inclusão de mais dois parágrafos ao artigo citado, quais sejam:

• O Auditor Fiscal do Trabalho deverá comunicar a irregularidade à sua chefia imediata, através de relatório circunstanciado. E esta remeterá notícia ao Ministério Público, para efeito de cumprimento do que prevê o art. 297 do Código Penal Brasileiro.

• O empregador autuado por infringência ao *caput* deste artigo, será submetido a reiterada ação fiscal, em prazo não inferior a três meses.

b) Transportar para a legislação laboral a previsão de crime contida no art. 297 do Código Penal, de modo que o Auditor Fiscal do Trabalho e o operador do direito venha a comunicar a irregularidade encontrada ao seu chefe imediato ou a autoridades, para que este remeta ao órgão competente a notícia, que dará início a uma ação penal.

3.6. A INSPEÇÃO DO TRABALHO E A EMENDA CONSTITUCIONAL N. 45

A Inspeção do Trabalho, entendida como a realização de visitas a estabelecimentos para verificar o cumprimento das normas trabalhistas, tem como antecedentes remotos as Corporações de Ofício, na Idade Média, nas quais cabia ao mestre a atribuição de verificar o cumprimento das normas e impor sanções aos faltosos.

Entretanto, somente após a Revolução Industrial é que ela cria corpo nos moldes atuais, com pessoal próprio para fiscalizar a legislação trabalhista, e decorre principalmente do surgimento das primeiras leis de proteção ao trabalho.

Merece especial atenção a criação da Organização Internacional do Trabalho — OIT, que surgiu na Parte XIII do Tratado de Versalhes, que pôs fim à Primeira Guerra Mundial (1914/1918). O art. 427 mencionava que cada Estado deverá organizar um serviço de inspeção, que inclua mulheres, a fim de assegurar a aplicação das leis e dos regulamentos para a proteção dos trabalhadores.

Já na sua primeira reunião, em 1919, a OIT adotou a Recomendação n. 5 sobre a inspeção do trabalho e, posteriormente, a Recomendação n. 20 e, em 1947, adota a Convenção n. 81, que representa um progresso considerável por conter a regulamentação da matéria em âmbito internacional. Em 1969, a OIT adota a Convenção n. 129, aplicável ao trabalho na agricultura (área rural).

A Inspeção do Trabalho no Brasil tem seu marco inicial no Decreto n. 1.313, de 17.1.1891, que, em seu art. 1º, previa:

"É instituída a fiscalização permanente de todos os estabelecimentos fabris em que trabalharem menores."

Em 1943, ao ser aprovada a CLT, Consolidação das Leis do Trabalho, a Inspeção do Trabalho foi fixada no Título VII — Do Processo de Multas Administrativas.

Em 25.4.1957, foi ratificada pelo Brasil a Convenção n. 81 da OIT. Em 15.3.1965, é expedido o Decreto n. 55.841, que aprova o Regulamento da Inspeção do Trabalho, que possui o seu embasamento na respectiva norma internacional. Em 23.6.1971, houve denúncia da Convenção. E somente em 11.12.1987 ela tornou a virgir no ordenamento brasileiro (repristinação).

A Carta Constitucional de 1988, em seu art. 21, inc. XXIV, atribui à União competência para organizar, manter e executar a inspeção do trabalho.

3.6.1. Panorama atual da inspeção do trabalho

A carreira de Inspetor do Trabalho foi criada pela Lei n. 6.470, de 9.4.1944. A seguir, alterou-se a denominação do cargo para Fiscal do Trabalho e, por força da Medida Provisória n. 2.175, de 30.8.1999, passou a integrar as carreiras do fisco federal (Auditor Fiscal do Trabalho).

A Lei n. 10.593, de 6.12.2002, dispôs sobre a organização da Carreira de Auditoria Fiscal do Trabalho. Em seu art. 11, prescreve:

"Art. 11. Os ocupantes do cargo de Auditor-Fiscal do Trabalho têm por atribuições assegurar, em todo o território nacional:

I — o cumprimento de disposições legais e regulamentares, inclusive as relacionadas à segurança e à medicina do trabalho, no âmbito das relações de trabalho e de emprego;

II — a verificação dos registros em Carteira de Trabalho e Previdência Social — CTPS, visando à redução dos índices de informalidade;

III — a verificação do recolhimento do Fundo de Garantia do Tempo de Serviço — FGTS, objetivando maximizar os índices de arrecadação;

IV — o cumprimento de acordos, convenções e contratos coletivos de trabalho celebrados entre empregados e empregadores;

V — o respeito aos acordos, tratados e convenções internacionais dos quais o Brasil seja signatário;

VI — a lavratura de auto de apreensão e guarda de documentos, materiais, livros e assemelhados, para verificação da existência de fraude e irregularidades, bem como o exame da contabilidade das empresas, não se lhes aplicando o disposto nos arts. 17 e 18 do Código Comercial."

Por sua vez, o Decreto n. 4.552, de 27.12.2002, aprova o Regulamento da Inspeção do Trabalho, estabelecendo, em seu art. 18, a competência dos Auditores Fiscais do Trabalho, em todo o território nacional.

Dentre as atribuições do auditor fiscal, a lavratura de autos de infração por inobservância de disposições legais merece destaque especial, cuja lavratura obedece ao padrão estabelecido em Portaria do Ministério do Trabalho e Emprego.

Encontra-se em vigor o Ementário — Elementos para lavratura de autos de infração — Brasília, MTE, SIT, 2008, onde estão catalogadas as principais ementas correspondentes a situações fáticas de infração a dispositivos constantes da legislação trabalhista.

Após lavratura do respectivo auto de infração, é organizada a tramitação do Processo Administrativo-Fiscal, com fundamento na Lei n. 9.784, de 29.1.1999, e na Portaria n. 148, de 25.1.1996.

Ao Setor de Multas e Recursos das Superintendências Regionais do Trabalho e Emprego, por delegação do Superintendente Regional do Trabalho e Emprego, compete a organização do processo administrativo, consoante art. 13 da Portaria n. 148, de 25.1.1996.

A imposição de multas administrativas previstas na legislação trabalhista está normatizada na Portaria n. 290, de 22.4.1997.

Também merece registro a instituição dos Precedentes Administrativos, a partir de 21.2.2002, para orientar a ação dos Auditores Fiscais do Trabalho no exercício de suas atribuições. Como exemplo:

PRECEDENTE ADMINISTRATIVO N. 61

ESTÁGIO. REQUISITOS LEGAIS. DESCUMPRIMENTO.

I — A existência de termo de compromisso e a compatibilidade da jornada de estágio com o horário escolar do aluno não são elementos suficientes para a configuração da regularidade do contrato de estágio, uma vez que devem ser atendidos todos os requisitos legais, em especial a complementação do ensino e da aprendizagem.

II — Os estágios devem ser planejados, executados, acompanhados e avaliados em conformidade com os currículos, programas e calendários escolares.

III — Presentes os elementos da relação de emprego sob a roupagem do contrato de estágio, procede a descaracterização dessa contratação especial.

REFERÊNCIA NORMATIVA:

Lei n. 6.494/77 e Decreto n. 87.497/82

Por fim, com a Emenda Constitucional n. 45, de 8.12.2004, que ampliou a competência da justiça laboral, ficou estabelecido que compete à Justiça do Trabalho processar e julgar (...)

"VII — as ações relativas às penalidades administrativas impostas aos empregadores pelos órgãos de fiscalização das relações de trabalho."

Para dar impulso a essa nova carga de atribuições, a Justiça do Trabalho de Alagoas, por intermédio da 7ª Vara (de execução fiscal), recebeu da Justiça Federal mais de 2 mil processos decorrentes da aplicação de multas administrativas pela Delegacia Regional do Trabalho em Alagoas.

Essa nova competência nos faz refletir sobre os caminhos a serem trilhados na busca da celeridade processual, bem como uma integração entre a magistratura e a auditoria fiscal do trabalho.

4

ATAQUE AO MUNDO DO TRABALHO: A TERCEIRIZAÇÃO NO SERVIÇO PÚBLICO

4.1. Introdução

O termo terceirização, se analisado o significado encontrado nos dicionários, indica a entrega a terceiro de atividades que seriam realizadas por uma empresa. Termo de origem brasileira (em Portugal, a denominação utilizada é subcontratação), demonstra a real intenção do empresariado pátrio de repassar a terceiro a posição de empregador na relação empregatícia e, consequentemente, as responsabilidades sobre os encargos previdenciários e trabalhistas com seus trabalhadores.

Explica Carelli (2003) que, mundialmente, não é dessa forma denominado o instituto. Nos Estados Unidos, é conhecido como *outsourcing*, na França, por *soustraitance* ou *extériorisation*, na Itália, *subcontrattazione*, e na Espanha, *subcontratación*. Todas essas denominações, exceto a brasileira, demonstram a existência de um contrato civil de entrega de atividades a outra empresa.

A terceirização não é um fenômeno pertencente exclusivamente ao Direito Laboral. Não é nem mesmo um instituto de Direito, sendo na realidade pertencente a diversas outras áreas do conhecimento, como a Administração, a Economia e a Sociologia.

Faria (2001) leciona que a terceirização é entendida como a contratação de empresas especializadas para a execução de atividades que não constituem o objeto principal da entidade contratante.

No ordenamento jurídico brasileiro, a primeira norma sobre o tema foi, sem dúvida, o Decreto-Lei n. 200, de 25.2.1967, que dispôs sobre a organização da Administração Pública Federal e estabeleceu diretrizes para a Reforma Administrativa brasileira.

No capítulo III do mencionado Decreto-Lei, ao dispor sobre a descentralização do serviço público, um dos princípios fundamentais da Administração, prescreve, no art. 10, § 7º, que,

> Para melhor desincumbir-se das tarefas de planejamento, coordenação, supervisão e controle e com o objetivo de impedir o crescimento desmensurado da máquina administrativa, a Administração procurará desobrigar-se da realização material de tarefas executivas, recorrendo, sempre que possível, à execução indireta, mediante contrato, desde que exista, na área, iniciativa privada suficientemente desenvolvida e capacitada a desempenhar os encargos de execução.

Percebe-se que em nenhum momento se menciona fornecimento de pessoal, o que seria até mesmo incabível. Nos dias atuais, há a exigência na Carta constitucional de concurso público para a inserção de trabalhador na Administração Pública.

Assim, em observação ao enunciado acima, registra-se que o inc. II é o único que faz distinção quanto à pessoalidade do tomador dos serviços para distinguir da situação geral o caso particular em que o tomador dos serviços é ente da Administração Pública de forma direta ou indireta. Nessas circunstâncias, mesmo a contratação irregular de trabalhador, mediante empresa terceirizada ou interposta, não é capaz de caracterizar vínculo empregatício, visto que a Constituição Federal, nos termos de seu art. 37, II, condiciona o ingresso no serviço público à prévia aprovação em concurso de provas ou de provas e títulos.

Para Fernandes (1996), a redução da atividade do Estado, além da privatização, encontra diversos caminhos, como esquematicamente segue:

I — delegação do serviço público:

    a) Concessão;

    b) Permissão.

II — de atividade-meio da Administração:

    a) para outra pessoa jurídica — integrante da Administração;

    b) para outra pessoa jurídica — não integrante da Administração;

        b.1) o serviço passa a ser prestado no estabelecimento do contratado;

        b.2) o serviço passa a ser prestado no estabelecimento da Administração;

    c) para pessoa física, com as mesmas possibilidades indicadas na alínea *b*.

O presente trabalho, sem a pretensão de esgotar o estudo sobre a terceirização no serviço público, irá tratar especificamente sobre a contratação de serviços por meio de Cooperativas de Trabalho, Estágios de Estudantes desvirtuados na Administração Pública e também sobre os serviços de vigilância, conservação e limpeza e serviços especializados ligados à atividade-meio do tomador.

4.2. CONTRATAÇÃO NA ADMINISTRAÇÃO PÚBLICA

Faria (2001) relata que, embora a contratação de serviços pela Administração Pública já fosse prática há muito mais tempo, a orientação favorável à transferência da execução de tarefas auxiliares para a iniciativa privada passou a constituir norma legal, no âmbito federal, apenas a partir da vigência do Decreto-Lei n. 200, de 25.2.1967.

Porém, não demorou muito para que o contratado, mediante alguma interposta pessoa, viesse a pleitear a relação de emprego diretamente com o tomador dos serviços. Naquela oportunidade, a Justiça Federal acompanhava o entendimento da Súmula n. 214 do Tribunal Federal de Recursos que dispõe: "A prestação de serviços em caráter continuado em atividades de natureza permanente com subordinação, observância de horário e normas da repartição, mesmo em grupo-tarefa, configura relação empregatícia". Entendimento inaplicável após a Carta Política de 1988.

O normativo de 1967 teve sua matéria regulamentada pelo Poder Executivo, nos termos do Decreto n. 2.271, de 7.7.1997, que dispõe sobre a contratação de serviços pela Administração Pública Federal direta, autárquica e fundacional e dá outras providências. O *caput* do art. 1º do Decreto admite a execução indireta de atividades materiais acessórias, instrumentais ou complementares, enquanto que seu § 1º contém enumeração de atividades a serem preferencialmente executadas mediante contratação, e seu § 2º, em oposição, exclui a execução indireta para as atividades inerentes às categorias funcionais abrangidas por plano de cargos e salários do órgão ou da entidade. *Verbis*:

> Art. 1º No âmbito da Administração Pública Federal direta, autárquica e fundacional poderão ser objeto de execução indireta as atividades materiais acessórias, instrumentais ou complementares aos assuntos que constituem área da competência do órgão ou entidade.
>
> § 1º As atividades de conservação, limpeza, segurança, vigilância, transportes, informática, copeiragem, recepção, reprografia, telecomunicações e manutenção de prédios, equipamentos e instalações serão, de preferência, objeto de execução indireta.
>
> § 2º Não poderão ser objeto de execução indireta as atividades inerentes às categorias funcionais abrangidas pelo plano de cargos do órgão ou entidade, salvo expressa disposição legal em contrário ou quando se tratar de cargo extinto, total ou parcialmente no âmbito do quadro geral de pessoal.

Constata-se, assim, a consonância entre o conteúdo desse dispositivo e o do inc. III da Súmula n. 331 do colendo TST. É inegável que não só o rol das atividades consignadas no § 1º vai bem além da vigilância, conservação e limpeza, como também não traduz somente uma admissibilidade legal, mas, sim, uma preferência administrativa pela execução indireta das atividades relacionadas. Mas, mesmo assim, não há divergência entre o Decreto e a Súmula n. 331. Em ambos, a execução indireta, mediante contratação de serviços de terceiros, fica restrita às atividades-meio.

Percebe-se que, embora o Decreto não vincule as demais esferas de governo (Estados, Distrito Federal e Municípios), a possibilidade de terceirização de suas atividades-meio está prevista em outro diploma legal, ou seja, nos termos da Lei n. 8.666, de 21.6.1993, que regulamenta o art. 37, inc. XXI, da Constituição Federal, instituindo normas para licitação e contratos da Administração Pública e dando outras providências. Assim, foi regulamentada a contratação de serviços de terceiros pelos órgãos e pelas entidades da administração pública nos três níveis de governo.

A contratação desses serviços está prescrita no inc. II de seu art. 6º, que contém relação, de caráter exemplificativo, dos serviços cuja execução a Administração Pública deve preferencialmente repassar a terceiros, mediante contrato.

Art. 6º Para os fins desta Lei, considera-se:

(...)

II — Serviço — toda atividade destinada a obter utilidade de interesse para a Administração, tais como: demolição, conserto, instalação, operação, conservação, reparação, adaptação, manutenção, transporte, locação de bens, publicidade, seguro ou trabalhos técnico-profissionais;

(...)

A terceirização sem limites configuraria fraude[10] à disciplina constitucional para o provimento de cargos na administração pública, assentada na livre acessibilidade e na seleção mediante concurso. Assim, o grande problema surgido em torno da terceirização na administração pública, principalmente a partir da vigência da Carta Constitucional de 1988, foi, sem dúvida, a sua utilização como válvula de escape à realização de concursos públicos, com vistas a atender à regra prevista no art. 37, II.

Nesse sentido, para Faria (2001), cabe a análise de no mínimo três possíveis diretrizes para a fixação de limites à terceirização na Administração Pública, a saber: a primeira diretriz reside na exclusão da possibilidade de terceirização da própria atividade-fim do órgão da administração. Mesmo no que concerne às atividades-meio, a contratação de serviços deve obedecer a algumas limitações. Assim é que a segunda

---

(10) **Súmula n. 363 do TST** — Res. n. 97/00, DJ 18.9.2000 — Republicação — DJ 13.10.2000 — Republicação DJ 10.11.2000 — Nova Redação — Res. n. 111/02, DJ 11.4.2002 — **Nova redação** — Res. n. 121/03, DJ 21.11.2003 (**Contratação de Servidor Público sem Concurso — Efeitos e Direitos**).

A contratação de servidor público, após a CF/88, sem prévia aprovação em concurso público, encontra óbice no respectivo art. 37, II e § 2º, somente lhe conferindo direito ao pagamento da contraprestação pactuada, em relação ao número de horas trabalhadas, respeitado o valor da hora do salário mínimo e dos valores referentes aos depósitos do FGTS.

diretriz, para excluir a viabilidade de execução indireta de algumas atividades, é a existência de cargos permanentes, no quadro funcional do órgão ou da entidade, cujas atribuições sejam exatamente as de exercer essas atividades. Essa diretriz é consequência direta da exigência constitucional de concurso público, que poderia ser burlada caso a administração, em vez de realizar o certame da espécie, pudesse optar pela contratação externa de serviços. Sob essa hipótese, a fraude ao concurso seria eventualmente completada quando o prestador dos serviços aquiescesse em empregar pessoas recomendadas pela autoridade contratante. Apesar de tratada com maior flexibilidade, notadamente em relação às empresas estatais, a diretriz de proibição de contratação de terceiros para a execução indireta de atividade do quadro funcional do órgão ou entidade foi explicitada, no âmbito do Executivo federal, pelo § 2º do art. 1º do Decreto n. 2.271/97. A terceira diretriz impeditiva de execução indireta de atividades próprias dos órgãos e das entidades públicas reside no exercício do poder de polícia e na prática de atos administrativos em geral. E aqui, especificamente, encontram-se as auditorias que dispõem de legislação própria para o provimento e exercício das funções fiscalizadoras, e dos quais faz parte a Auditoria Fiscal do Trabalho, nos termos da Lei n. 10.593, de 6.12.2002.

4.3. Terceirização como precarização das relações de trabalho

O presente tema ganha relevância no momento em que se fala na flexibilização ou desregulamentação de princípios norteadores do Direito Laboral, que informam a contratação tradicional, visto que se vislumbra a possibilidade de se utilizar, em grandes proporções, outros tipos ou outras modalidades de contratos nos quais os direitos dos trabalhadores serão diminuídos ou eliminados.

Explica Carrogi (1992) que flexibilizar importa no abrandamento da rigidez de princípios que informam o Direito do Trabalho, em especial o que consagra o protecionismo do trabalhador. Significa a troca de garantias de condições de emprego pela manutenção do próprio emprego, em face da ocorrência de situações socioeconômicas adversas, que atingem a sociedade.

Para o professor Barros (1994), a flexibilidade do Direito do Trabalho consiste nas medidas ou nos procedimentos de natureza jurídica que têm a finalidade social e econômica de conferir às empresas a possibilidade de ajustarem a sua produção, seu emprego e suas condições de trabalho às contingências rápidas ou contínuas do sistema econômico.

Em seu livro o *Moderno direito do trabalho*, Robortella (1994) define a flexibilização do Direito do Trabalho como o instrumento de política social caracterizado pela adaptação constante das normas jurídicas à realidade econômica, social e institucional, mediante intensa participação de trabalhadores e empresários, para eficaz regulação do mercado de trabalho, tendo como objetivos o desenvolvimento econômico e o progresso social.

A flexibilização ou precarização do trabalho para nós significa o impasse entre o princípio protecionista do Estado e a liberdade empresarial, exigindo cada dia menos interferência do Estado. Nossa opinião parte do princípio de que na Europa os partícipes das relações trabalhistas — Estado, empregadores e empregados — tinham posições jurídicas fortes e definidas, enquanto no Brasil prevalece a insegurança social, decorrente de um fragilíssimo arcabouço jurídico e entidades sindicais subordinadas ao Estado devido à existência de um tributo para sua manutenção, a contribuição sindical, e um número inexpressivo de filiados.

Um aspecto bastante relevante sobre a flexibilização nos foi bem apresentado por Süssekind (1997), que relata não ser a desregulamentação do Direito do Trabalho considerada uma das formas de flexibilização, como asseguram alguns autores. No processo de desregulamentação, temos um Estado absenteísta, baseado na autonomia privada, sem qualquer intervenção estatal para proteção do trabalhador, deixando ao alvedrio dos interlocutores sociais estabelecer direitos e garantias. Na flexibilização, há um Estado intervencionista, embora regulando as condições mínimas e básicas, proporcionando uma vida com dignidade ao trabalhador.

No Brasil, a flexibilização é um fenômeno concreto ou que se concretizou. Apresenta-se há alguns anos, tanto no plano jurisprudencial quanto no plano legislativo. Jurisprudencialmente, identificamos a flexibilização ou desregulamentação, por exemplo, na Súmula n. 331 do Colendo Tribunal Superior do Trabalho — TST, que disciplina a chamada terceirização, fenômeno flagrantemente incompatível com as noções clássicas de pessoalidade, subordinação e não eventualidade, que caracterizam a relação típica de emprego. Já como exemplo de flexibilização legislativa, temos: o advento do Fundo de Garantia por Tempo de Serviço — FGTS, em substituição ao regime da estabilidade decenal, a partir de 1966; a jornada compensatória anual ou banco de horas (Lei n. 9.601/98); novas formas de contratação a prazo através da Lei n. 6.019/74 e a contratação em regime de tempo parcial nos termos do art. 58-A da Consolidação da Leis do Trabalho — CLT.

Outras formas de precarização ou iniciativas flexibilizadoras no Brasil são:

➢ 1 — Lei n. 5.107, de 13.9.1966, que cria o Fundo de Garantia por Tempo de Serviço — FGTS para os trabalhadores urbanos;

➢ 2 — Lei n. 6.019, de 3.1.1974, que dispôs sobre o trabalho temporário nas empresas urbanas;

➢ 3 — Medida Provisória n. 794/94, que institui regras de Participações nos Lucros ou Resultados das Empresas, cujo objetivo foi substituir a política salarial e flexibilizar a remuneração (Lei n. 10.101, de 19.12.2000);

➢ 4 — Lei n. 8.949/94, que impulsionou a criação das cooperativas de trabalho;

➢ 5 — Portaria n. 865/95 do Ministério do Trabalho e Emprego, que impedia autuação pela fiscalização do trabalho de cláusula de convenções ou acordos coletivos que contrariem legislação em vigor;

➢ 6 — Medida Provisória n. 1.053/95, que introduziu a Desindexação Salarial e facilitou a adoção do efeito suspensivo nos Dissídios Coletivos;

➢ 7 — Decreto n. 2.100/96, que denunciou a Convenção n. 158 da Organização Internacional do Trabalho, que estabelece normas limitadoras do poder absoluto do empregador em demitir;

➢ 8 — Medida Provisória n. 1.906/97, que desvinculou a correção do salário mínimo de qualquer índice de reposição da inflação;

➢ 9 — Medida Provisória n. 1.709/98, que estende estágio aos estudantes do ensino médio e abre a possibilidade para estágios sem conteúdo profissionalizante;

➢ 10 — Lei n. 9.958/00, que possibilitou a criação das Comissões de Conciliação Prévia;

➢ 11 — Lei n. 9.957/00, que estabeleceu o Procedimento Sumaríssimo para a solução de conflitos individuais na Justiça do Trabalho;

➢ 12 — Medida Provisória n. 2.164/01, que estabeleceu a possibilidade de adoção de Termo de Compromisso firmado entre a Fiscalização do Trabalho e a empresa inadimplente, enquanto mecanismo de prevenção e saneamento de infrações cometidas pela empresa (CLT, art. 627-A).

Passemos, então, a tratar de algumas relações de trabalho que poderíamos considerar como institutos de precarização do trabalho, tanto na iniciativa privada quanto, e principalmente, na Administração Pública.

4.4. Terceirização trabalhista

No entendimento de Dorneles (2002), a filosofia do toyotismo (modelo de produção enxuta) prega que não mais o mercado deve se adaptar ao ritmo da produção, mas o contrário. Com o intuito de reduzir o máximo de custos, as empresas abandonam a estrutura vertical típica do taylorismo/fordismo (Taylor propôs a divisão e a especialização das tarefas produtivas, enquanto Ford introduziu em suas fábricas a esteira rolante, de forma a retirar do trabalhador o ritmo da produção e reduzir o tempo ocioso) e se horizontalizam. Atividades consideradas não essenciais passam a ser **terceirizadas** (grifo nosso), ou seja, delegadas a outras empresas especializadas que oferecem o mesmo serviço a preços menores. Ainda, o ritmo da produção passa a ser ditado a partir do mercado e se flexibiliza. O toyotismo opera com a ideia de estoque mínimo, e, nos períodos de baixa demanda de mercado, a produção diminui, da mesma forma que aumenta na alta demanda, de modo a oscilar constantemente. Dessa forma, um sistema jurídico que consagra uma inserção estável de trabalhadores no sistema produtivo passa a ser visto como entrave e, assim, surge a doutrina da flexibilização do Direito do Trabalho.

A terceirização é a contratação de serviços por meio de empresa intermediária entre o tomador de serviços e a mão de obra, mediante contrato de prestação de serviços. Aí a relação de emprego acontece entre o trabalhador e a empresa prestadora de serviços, e não diretamente com o contratante destes.

Consoante legislação consolidada e complementar, a terceirização é permitida nos seguintes casos:

➢ Atividades de segurança e vigilância;

➢ Atividades de conservação e limpeza;

➢ Serviços especializados ligados à atividade-meio do tomador de serviços;

➢ Trabalho temporário, para atender à necessidade transitória de substituição de pessoal regular e permanente ou a acréscimo extraordinário de serviços.

Conforme o *Manual de orientação ao tomador de serviços*: terceirização — trabalho temporário (2001), um ponto comum à terceirização, nas atividades de asseio, conservação, segurança, vigilância e de serviços especializados relacionados com as atividades--meio, é a proibição expressa de existência de pessoalidade e subordinação com o tomador de serviços, sendo que, constatada a presença de tais requisitos, a relação de emprego também passa a existir com esse tomador. Tal fato não ocorre, contudo, quando o tomador for ente integrante da administração pública, diante da necessidade de aprovação prévia em concurso público, como determina a Constituição Federal. Da mesma forma, a subordinação se manifesta entre o trabalhador e as empresas fornecedoras a cliente.

4.5. COOPERATIVAS DE TRABALHO NO SERVIÇO PÚBLICO FEDERAL

O tema Cooperativa de Trabalho e sua aplicabilidade na contratação de trabalhadores na iniciativa privada será detalhado na próxima unidade.

A contratação de trabalhadores por meio de cooperativas de mão de obra recebeu, através do acordo homologado na Vigésima Vara do Trabalho de Brasília — Distrito Federal, entre o Ministério Público do Trabalho e Advocacia Geral da União, as seguintes definições[11]:

Cooperativa de mão de obra: Considera-se cooperativa de mão de obra aquela associação cuja atividade precípua seja a mera intermediação individual de trabalhadores de uma ou várias profissões (inexistindo vínculo de solidariedade entre seus

---

(11) *MPT Notícias*. Arquivo disponível em: <http://www.pgt.gov.br/noticias> Acesso em: 5.6.2003, categoria: Regularização dos Contratos.

associados), que não detenham qualquer meio de produção e cujos serviços sejam prestados a terceiros de forma individual, e não coletiva, pelos seus associados.

Serviços que não poderão ser contratados via cooperativa de mão de obra: limpeza; conservação; segurança, vigilância e de portaria; recepção; copeiragem; reprografia; telefonia; manutenção de prédios, de equipamentos e de instalações; secretariado e secretariado executivo; auxiliar de escritório; auxiliar administrativo; *office boy* (contínuo); digitação; assessoria de imprensa e de relações públicas; motorista, no caso de os veículos serem fornecidos pelo próprio órgão licitante; ascensorista; enfermagem, e agentes comunitários de saúde.

A conciliação entre o MPT e a AGU foi celebrada nos autos da Ação Civil Pública movida pelo *parquet* laboral contra a União por contratação de empregados por meio de cooperativas fraudulentas. Pelo acordo, a União também deverá recomendar o estabelecimento das mesmas diretrizes às autarquias, fundações públicas, empresas públicas e sociedades de economia mista, casos em que se enquadram, por exemplo, a Caixa Econômica Federal e o Banco do Brasil, sendo válido em todo o território nacional. As atividades elencadas só poderão ser objeto de terceirização se houver previsão legal; para tanto, as partes podem, a qualquer momento, ampliar a lista de serviços cuja contratação por meio de cooperativa de mão de obra é proibida.

Para os representantes do Ministério Público do Trabalho, vale a Súmula n. 331 do Tribunal Superior do Trabalho — TST. Segundo o texto, no momento em que fica caracterizada a relação de subordinação entre o tomador de serviços e o cooperado, obrigando o contratante do serviço terceirizado a arcar com os encargos trabalhistas, a atuação da cooperativa se transforma em fraude.

A Recomendação n. 193 da Organização Internacional do Trabalho — OIT, aprovada em julho de 2002, também dispõe taxativamente que os governos devem garantir que cooperativas não sejam usadas para estabelecer relações de emprego disfarçadas.

4.6. Estágios de estudantes no serviço público

A Conferência Internacional do Trabalho, em sua sexagésima reunião, adotou, em 22.6.1975, a Recomendação n. 150 sobre a Orientação Profissional e a Formação Profissional no Desenvolvimento dos Recursos Humanos.

> **Art. 18.** Os programas de formação inicial para jovens com pouca ou nenhuma experiência profissional deveriam compreender, em particular:
>
> — ensino geral coordenado com a formação prática e a instrução teórica correspondente;
>
> — formação básica em conhecimentos teóricos e práticos comuns a diversas ocupações afins, que podia dar-se em um instituto de ensino ou de formação profissional ou na empresa, no posto de trabalho ou fora dele;

— especialização em conhecimentos teóricos e práticos diretamente utilizados nos empregos existentes ou que serão criados;

— iniciação controlada nas condições em que se desenvolve normalmente o trabalho.

Art. 19. 1) Os cursos de formação inicial a tempo completo deveriam incluir, sempre que fosse possível, uma adequada sincronização entre o ensino teórico nas instituições de formação e a formação prática nas empresas de forma que se assegure que esse ensino teórico corresponda a uma situação de trabalho real; assim mesmo, a formação prática fora das empresas deveria, na medida do possível, corresponder a situações de trabalho real.

2) A formação no trabalho, organizada como parte integrante do ensino que se dá em instituições de formação, deveria ser planejada conjuntamente pelas empresas, instituições e pelos representantes dos trabalhadores interessados, com o objetivo de:

a) permitir que os educandos utilizem os conhecimentos que são adquiridos fora de seu emprego em situação de trabalho;

b) dar formação nos aspectos da ocupação que não podem ser ensinados fora das empresas;

c) familiarizar os jovens com pouca ou nenhuma experiência profissional com as exigências e condições em que provavelmente virão a trabalhar e com suas responsabilidades no trabalho em grupo[12].

O instituto está regulamentado no Serviço Público Federal pela Portaria n. 8, de 22.1.2001, na qual se prevê que os órgãos da Administração Pública Federal direta, autárquica e fundacional que tenham condições de proporcionar experiência prática

---

(12) Texto original: 18. *Los programas de formación inicial para jóvenes con poca o ninguna experiencia profesional deverían comprender, en particular:*
a) enseñanza general coordinada con la formación práctica y la instrucción teórica correspondiente;
b) formación básica en conocimientos teóricos y prácticos comunes a diversas ocupaciones afines, que podría impartir-se en un instituto e enseñanza o de formación profesional o en la empresa, en el puesto de trabajo o fuera de él;
c) especialización en conocimientos teóricos y prácticos directamente utilizables en los empleos existentes o que se han de crear;
d) iniciación controlada a las condiciones en que se desarolla normalmente el trabajo.
19.1) Los cursos de formación inicial a tiempo completo deberían incluir, siempre que sea posible, una adecuada sincronización entre la enseñanza teórica en las instituciones de formación y la formación práctica en las empresas de forma que se asegure que esa enseñanza teórica corresponde a una situación de trabajo real; asimismo, la formación práctica fuera de las empresas debería, en lo posible, corresponder a situaciones de trabajo reales.
2) La formación en el trabajo organizada como parte integrante de la enseñada que se da en instituciones de formación debería ser planificada conjuntamente por las empresas, las instituciones y los representantes de los trabajadores interesados, con objeto de:
a) permitir que los educandos utilicen los conocimientos que han adquirido fuera de su empleo en situaciones reales de trabajo;
b) dar formación en los aspectos de la ocupación que no pueden enseñarse fuera de las empresas;
c) familiarizar a los jóvenes con poca o ninguna experiencia profesional con las exigencias y condiciones en que probablemente habrán de trabajar y con sus responsabilidades en el trabajo en grupo.

na linha de formação podem aceitar como estagiários, pelo prazo máximo de vinte e quatro meses, alunos regularmente matriculados e que venham frequentando, efetivamente, cursos de educação superior, de ensino médio, de educação profissional de ensino médio ou de educação especial, vinculados à estrutura do ensino público e particular, oficiais ou reconhecidos.

O normativo também prescreve que o estágio, sob a responsabilidade e coordenação da instituição de ensino e controlado pela unidade de recursos humanos do órgão ou da entidade solicitante, será planejado, executado, acompanhado e avaliado em conformidade com os currículos e deverá propiciar complementação de ensino e aprendizagem aos estudantes, constituindo-se em instrumento de integração, de aperfeiçoamento técnico-cultural e de relacionamento humano.

O § 2º do art. 1º da Portaria prevê, ainda, que

somente poderão ser aceitos estudantes de cursos cujas áreas estejam relacionadas diretamente com as atividades, programas, planos e projetos desenvolvidos pelo órgão ou entidade nos quais se realizar o estágio. (grifo nosso)

4.6.1. Estágio na legislação brasileira

Historicamente, a primeira regra disciplinadora da relação entre as empresas e os estagiários, no que diz respeito a seus direitos e suas obrigações, foi a Portaria n. 1.002, de 29.9.1967, que institui a categoria de estagiário nas empresas, a ser integrada por alunos oriundos das Faculdades ou Escolas Técnicas de nível colegial. Destaca, em seu art. 2º, que nas condições acordadas e fixadas em contratos-padrão deveriam constar obrigatoriamente: a) a duração e o objeto da bolsa, que deveriam coincidir com programas estabelecidos pelas Faculdades ou Escolas Técnicas; b) o valor da bolsa oferecida pela empresa; c) a obrigação da empresa de fazer, para os bolsistas, seguro de acidentes pessoais que eventualmente possam ocorrer no local do estágio; d) o horário do estágio.

O estágio supervisionado previsto na Resolução CFE n. 9, de 10.10.1969, fixava a formação pedagógica das licenciaturas e prescrevia: Será obrigatória a Prática de Ensino das matérias que sejam objeto de habilitação profissional, sob a forma de estágio supervisionado a desenvolver-se em situação real, de preferência em escola da comunidade.

O Decreto n. 66.546, de 11.5.1970, instituiu a coordenação do projeto integração, destinada à implementação de programas de estágios práticos para estudantes do sistema de ensino superior de áreas prioritárias, especialmente as de engenharia, tecnologia, economia e administração, e a propiciar a oportunidade de os alunos praticarem, em órgãos e entidades públicos e privados, o exercício de atividades pertinentes às respectivas especialidades.

A Lei n. 5.692, de 11.8.1971, determinou regras sobre diretrizes e bases para o ensino de 1º e 2º graus, prevendo o estágio como forma de cooperação entre empresas e escola, já estabelecendo a inexistência de vínculo empregatício.

O Decreto n. 75.778, de 26.5.1975, dispôs sobre o estágio de estudantes de estabelecimento de ensino superior e de ensino profissionalizante de 2º grau no Serviço Público Federal.

A Lei n. 6.494, de 7.12.1977, regulamentada pelo Decreto n. 87.497, de 18.8.1982, normatizou o estágio em instituições públicas e privadas até a edição da lei atual.

Encontra-se em vigor a Lei n. 11.788, de 25.9.2008, que dispõe sobre o estágio de estudantes; altera a redação do art. 428 da Consolidação das Leis do Trabalho — CLT, aprovada pelo Decreto-Lei n. 5.452, de 1º de maio de 1943, e a Lei n. 9.394, de 20 de dezembro de 1996; revoga as Leis ns. 6.494, de 7 de dezembro de 1977, e 8.859, de 23 de março de 1994, o parágrafo único do art. 82 da Lei n. 9.394, de 20 de dezembro de 1996, e o art. 6º da Medida Provisória n. 2.164-41, de 24 de agosto de 2001.

O Conselho Federal da Educação, em questionamento sobre a aplicabilidade do Decreto n. 87.497/82, que regulamentou o estágio curricular, respondeu afirmativamente por meio do Parecer n. 630, de 4.8.1987, nos seguintes termos:

> Os argumentos apresentados, entretanto, não procedem, pois, na maioria dos casos, confundem o estágio curricular com prática de ensino, quando, na realidade, num curso de licenciatura, durante a realização do estágio curricular, a prática de ensino estará presente (nos momentos em que o estagiário estiver ministrando as aulas referentes à disciplina para a qual esteja se habilitando), mas não será a única atividade a ser desenvolvida pelo aluno, conforme já dissemos anteriormente. Assim, o trabalho de estágio poderá ser diário, sem que isso signifique que o estagiário todos os dias estará ministrando aulas. A preparação das aulas tem que estar incluída no trabalho supervisionado de estágio.

A Lei n. 8.859, de 23.3.1994 (revogada pela Lei n. 11.788, de 25.9.2008), veio modificar dispositivos da Lei n. 6.494/77, para aplicação aos alunos de ensino especial, alterando, especialmente, o art. 1º. Ao acrescentar a esse artigo o § 3º, registrou a necessidade de planejamento, acompanhamento e avaliação do estágio em conformidade com os currículos, programas e calendários. Torna-se obrigatória a atividade de estágio nas grades curriculares dos cursos de nível superior, profissionalizante de 2º grau ou em escolas de educação especial.

Em 20.12.1996, toda a legislação nacional que dispõe sobre a educação foi consolidada na Lei n. 9.394, que estabelece as diretrizes e bases da educação nacional, com destaque ao art. 82, *verbis*:

> Art. 82. Os sistemas de ensino estabelecerão as normas de realização de estágio em sua jurisdição, observada a lei federal sobre a matéria.(redação dada pela Lei n. 11.788, de 25.9.2008)

4.6.2. Conceito de estágio e estagiário

Inicialmente, recorreremos ao dicionário, que traz o seguinte conceito:

Estágio s.m[13]. Período de estudos práticos, exigido dos candidatos ao exercício de certas profissões liberais: estágio de engenharia; estágio pedagógico. Período probatório, durante o qual uma pessoa exerce uma atividade temporária numa empresa. Aprendizagem, experiência. (KOOGAN-HOUAISS, 1998).

De acordo com o que consta do *Boletim IOB* — Mapa Fiscal — Trabalho e Previdência, n. 34 (2001):

> Considera-se estágio curricular as atividades de aprendizagem social, profissional e cultural proporcionadas ao estudante pela participação em situações reais de vida e trabalho de seu meio, sendo realizadas na comunidade em geral ou com pessoas jurídicas de direito público ou privado, sob responsabilidade e coordenação da instituição de ensino. Os estágios devem propiciar a complementação do ensino e da aprendizagem e ser planejados, executados, acompanhados e avaliados em conformidade com os currículos, programas e calendários escolares.

Para Luz (1999), estágio é a permanência do estudante na empresa, com o objetivo de tomar os primeiros contatos com o ambiente de trabalho, complementando a sua formação profissional. E continua: o estágio é uma atividade de interesse curricular, com objetivos educacionais, que permite ao aluno aprendizagem, nos campos social, profissional e cultural. É sem dúvida uma estratégia de profissionalização. Como forma de colocar em prática os conhecimentos teóricos recebidos na escola, o estágio é um instrumento de integração do estudante ao mundo do trabalho, por meio do qual ele tem a oportunidade de aperfeiçoamento técnico, cultural, científico e social.

Em relação ao estagiário, o autor retromencionado leciona que estagiário é o aluno regularmente matriculado que frequenta, efetivamente, curso vinculado à estrutura do ensino público ou particular, de nível superior, profissionalizante de 2º grau ou supletivo, aceito por pessoa jurídica de direito privado, órgão da administração pública ou instituição de ensino, para o desenvolvimento de atividades relacionadas à área de formação profissional.

Em sua publicação bimestral, a *Revista Agitação*, editada pelo Centro de Integração Empresa-Escola — CIEE, de n. 40 (2001), registrou a seguinte definição:

> estágio é um conjunto de atividades que o estudante desenvolve na comunidade ou nas empresas, relacionado à sua futura área profissional. Ele deve acontecer sob a responsabilidade e coordenação das instituições de ensino. A maioria delas e dos estudantes recorre ao agente de integração CIEE, que se responsabiliza pela captação de oportunidades junto às empresas e pela administração dos programas de estágio, incluindo a formalização da

---

(13) S.m. substantivo masculino.

situação do estagiário, estabelecendo uma relação jurídica, em conformidade com a legislação vigente.

O Centro de Orientação, Atualização e Desenvolvimento Profissional — COAD (1999) conceitua o estagiário nos seguintes termos: Caracterizam-se como estagiários os estudantes regularmente matriculados e com frequência comprovada nos cursos vinculados ao ensino público ou particular, de educação superior, ensino médio, de educação profissional de nível médio ou superior ou escolas de educação especial, aceitos por empresa para complementação do ensino e da aprendizagem.

Segundo o Centro de Orientação e Encaminhamento Profissional — COEP (2001), estágio é o período de aprendizagem na empresa sedimentando, na prática, os conhecimentos adquiridos na escola. É a oportunidade de familiarizar-se com o ambiente de trabalho, melhorando, assim, seu relacionamento humano e contribuindo com sua formação profissional. Dessa forma, propicia a complementação do ensino e da aprendizagem, tornando-se elemento de integração, em termos de treinamento prático de aperfeiçoamento técnico, cultural e científico.

Para Donato (1979), tem o estágio duplo objetivo: o de complementar o ensino e a aprendizagem e o de servir de instrumento de integração em termos de treinamento prático, de aperfeiçoamento técnico-cultural, científico e de relacionamento humano (art. 1º, § 2º). Pode o estágio ser direto, específico, em termos de interesse individual, ou assumir caráter comunitário, por meio de atividades de extensão, pela participação do estudante em empreendimentos ou projetos de interesse social.

No entendimento de Oliveira (1993), o estágio é uma fase de aprendizagem escolar que se realiza na empresa. É definido pela Unesco como: Estágio prático designa o período — geralmente obrigatório — durante o qual as qualificações adquiridas no correr da formação prática dada pelo ensino técnico e profissional podem ser experimentadas e evidenciadas nas empresas. E, conforme ainda Oliveira (1993), no Direito Brasileiro, o estágio implica necessariamente uma relação triangular que tem seus ângulos: a escola que encaminha, a empresa que recebe e o aluno que pratica; relação que se documenta em um termo de compromisso, sublinhando-se a interveniência da instituição de ensino, que é obrigatória no termo de compromisso.

A Lei n. 11.788, de 25.9.2008, prescreve o seguinte conceito:

Art. 1º Estágio é ato educativo escolar supervisionado, desenvolvido no ambiente de trabalho, que visa à preparação para o trabalho produtivo de educandos que estejam frequentando o ensino regular em instituições de educação superior, de educação profissional, de ensino médio, da educação especial e dos anos finais do ensino fundamental, na modalidade profissional da educação de jovens e adultos.

Para nós, portanto, estágio de estudantes é o período durante o qual o estudante exerce uma atividade prática de aprendizagem dos conhecimentos adquiridos na instituição de ensino, em conformidade com os currículos, programas e calendários escolares, podendo ser realizada no estabelecimento de ensino, na comunidade em geral ou em empresas públicas e privadas, sob responsabilidade e coordenação/supervisão[14] da instituição de ensino.

Estágio de estudantes é o período — Trata-se de tempo destinado à realização de atividades que propiciem aplicação de conhecimentos teóricos.

Durante o qual o estudante — Para ser estagiário, faz-se necessário sua frequência a cursos de nível médio profissionalizante ou nível superior. O aluno/estagiário deverá estar devidamente matriculado e frequentar as aulas; do contrário poderá o estágio ficar descaracterizado.

Exerce uma atividade prática de aprendizagem dos conhecimentos adquiridos na instituição de ensino — O objetivo do estágio é propiciar experiência prática em sua área de formação e jamais ser o primeiro emprego.

Em conformidade com os currículos, programas e calendários escolares[15] — As atividades do estágio deverão estar estabelecidas no plano da instituição de ensino, elaborado pelo estudante em conjunto com seu supervisor/coordenador.

Podendo ser realizada no estabelecimento de ensino, na comunidade em geral ou em empresas públicas e privadas — O ambiente de realização das atividades do estagiário deverá permitir a aplicação prática dos conhecimentos teóricos adquiridos no curso e ou nas disciplinas. Para a realização do estágio, é celebrado termo de compromisso, escrito, entre o estudante e a entidade concedente, com interveniência obrigatória da instituição de ensino, salvo o caso de estágio em projetos sociais. A interveniência da instituição de ensino e a forma escrita são requisitos essenciais à sua validade, o que pode gerar sua nulidade, constituindo um verdadeiro contrato de trabalho subordinado.

Sob responsabilidade e coordenação/supervisão da instituição de ensino — A participação da instituição de ensino será sempre obrigatória no planejamento, na realização ou na execução e avaliação do estágio.

4.6.3. Modalidades

Dentre as diversas classificações de modalidades ou tipos de estágio de estudantes, merecem destaque as formuladas pelos professores Ricardo Luz, Sergio Pinto Martins e Djalma Pacheco de Carvalho, a saber:

---

(14) "O Estágio Supervisionado é uma atividade em que o aluno revela sua criatividade, independência e caráter, proporcionando-lhe oportunidade para perceber se a escolha da profissão para a qual se destina corresponde a sua verdadeira aptidão." (BIANCHI, 2005)

(15) "Como requisito para a contratação, a Lei do estágio estabelece também a necessidade de que o estágio proporcione ao aluno experiência prática em sua linha de formação educacional, complementação do ensino e aprendizagem. Devendo ser planejado, executado, acompanhado e avaliado conforme os currículos, programas e calendários escolares. Apresentados os requisitos que legitimam o pacto, merece atenção a disposição contida no art. 4º da Lei, segundo o qual, não existe vínculo de emprego entre o estagiário e a empresa. Porém, a disposição legal, sem dúvida, vem servindo de base legal para a prática de atos fraudulentos, através dos quais as empresas buscam desonerar-se dos encargos sociais próprios do contrato de trabalho. É notório que grande parte dos estagiários realiza as mesmas tarefas que os demais empregados registrados, nas mesmas condições, como jornada de trabalho, responsabilidade, volume de trabalho e hierarquia, embora não possuam direitos mínimos assegurados àqueles." (GONÇALVES, 2004).

O professor Luz (1999) classifica o estágio de estudantes por tipos, assim denominados:

a) **Curricular;**

b) **Extracurricular.**

No primeiro caso, é obrigatório, é parte integrante da estrutura curricular e visa a um treinamento complementar de caráter profissionalizante.

No segundo caso, o estágio não é obrigatório, não faz parte da estrutura curricular e é independente do aspecto profissionalizante, direto e específico. Pode ainda assumir a forma de atividades de extensão, mediante a participação do estudante em projetos de interesse social.

Para o professor Martins (1999), o estágio pode ser tanto o curricular como o realizado na comunidade. O curricular é desenvolvido de forma a propiciar a complementação do ensino e da aprendizagem, a ser planejado, executado, acompanhado e avaliado em conformidade com currículos, programas e calendários escolares (Lei n. 6.494/77, § 1º do art. 3º, c/c § 3º do art. 1º). O estágio na comunidade é realizado em atividades comunitárias ou de fim social que proporcionam atividade prática profissional, como acontece na área de saúde, assistência social e educação. Poderá ser realizado em entidades privadas ou públicas. Permite o art. 2º da Lei n. 6.494/77 o estágio em atividades de extensão, com participação do estudante em projetos de interesse social. O Decreto n. 87.497/82 não regulamentou a lei nesse ponto, apenas o fez no que se refere ao estágio curricular.

Em seu artigo *Apontamentos sobre o estágio curricular*, o professor Carvalho (2001), do Departamento de Educação da Faculdade de Ciências — UNESP/Bauru, leciona que o estágio, independentemente do aspecto profissionalizante, direto e específico, poderá assumir a forma de atividade de extensão, mediante a participação do estudante em empreendimentos ou projeto de interesse social (art. 2º da Lei). Essas disposições, combinadas com o art. 3º, configuram duas modalidades de estágio: o estágio curricular e o estágio de ação comunitária. Esse último está isento da celebração do Termo de Compromisso, mas, como diz a lei, deve resultar de empreendimentos ou projetos de interesse social (art. 3º).

O estágio deve acontecer conforme previsão curricular; assim, a época de sua realização depende da grade curricular do curso. O estágio realizado fora de época será caracterizado como extracurricular, pois não substitui nem convalida o estágio curricular obrigatório.

Assinala-se que o entendimento doutrinário classificava o estágio apenas na modalidade curricular, esteja ele previsto ou não no projeto pedagógico da instituição de ensino, ou seja, todo estágio deverá atender aos preceitos estabelecidos na Lei n. 6.494/77.

A partir da edição da Lei n. 11.788, de 25.9.2008, o Estágio de estudantes passa a ser classificado conforme abaixo:

> Art. 2º O estágio poderá ser obrigatório ou não obrigatório, conforme determinação das diretrizes curriculares da etapa, modalidade e área de ensino e do projeto pedagógico do curso.
>
> § 1º Estágio obrigatório é aquele definido como tal no projeto do curso, cuja carga horária é requisito para aprovação e obtenção de diploma.
>
> § 2º Estágio não obrigatório é aquele desenvolvido como atividade opcional, acrescida à carga horária regular e obrigatória.
>
> § 3º As atividades de extensão, de monitorias e de iniciação científica na educação superior, desenvolvidas pelo estudante, somente poderão ser equiparadas ao estágio em caso de previsão no projeto pedagógico do curso.

4.6.4. Doutrina e jurisprudência

Objetiva-se demonstrar a seguir que o desvirtuamento do instituto do estágio na Administração Pública, em total desrespeito ao que estabelecia a Lei n. 6.494/77, o Decreto n. 87.497/92 e a Portaria n. 8, de 23. 1.2001, têm abarrotado o Judiciário de ações com objetivos de descaracterização do falso estágio de estudantes:

> Estágio. Concurso Público. Quando uma entidade cujos quadros são preenchidos mediante concurso público admite estagiários, não submetidos a dito concurso e não dá cumprimento aos dispositivos legais que regem o estágio, não podemos simplesmente enquadrar o pseudoestagiário no quadro de empregados em prejuízo de todos que estariam aguardando concurso para provimento dos cargos na entidade. É evidente, no caso, que se houve mau emprego da atividade do estagiário, este está ciente do seu direito como tal e do seu não direito à inserção nos quadros da empresa na condição de empregado. (Acórdão unânime da 3ª Turma do TST — RR 128.650/94 — Rel. Min. José Luiz Vasconcelos — DJU 1 de 22.11.1996, p. 46.014).

Alguns autores patrícios, como Maranhão e Carvalho (1993), destacam que, para que não se configure um contrato de trabalho, é necessário que os requisitos consignados nos mencionados dispositivos legais sejam atendidos, e o estágio cumpra seu objetivo principal, qual seja, complementar o ensino recebido pelo estudante, com treinamento prático, aperfeiçoamento técnico-cultural e científico e relacionamento humano.

Preleciona o professor Martins (1999) que a contratação de estagiário não deve ter por objeto apenas o aproveitamento de mão de obra mais barata, sem pagamento de qualquer encargo social, mascarando a relação de emprego. Deve realmente proporcionar o aprendizado ao estagiário. Estando o estagiário em desacordo com as regras da Lei n. 6.494/77, haverá vínculo entre as partes, atraindo a aplicação do art. 9º da CLT — Consolidação das Leis do Trabalho.

Salientamos que não se coaduna com os princípios do contrato de estágio a redução do desemprego com a utilização do mencionado instituto. A professora Neubauer (2000), em palestra proferida no Fórum Permanente de debates sobre a realidade brasileira, promovida pelo CIEE, faz a seguinte consideração:

> Portanto, uma parcela expressiva dos alunos do ensino médio já é adulta, sendo muito importante sua participação como estagiário, que em boa parte resolve o problema do desemprego do jovem, que acaba dando na estrada da violência. Aí, inclui-se o jovem de catorze a dezesseis anos, que não pode ser empregado, mas pode ser aprendiz. Quando falo a esse respeito tenho até medo, mas acho que, em regiões violentas, impedir o menino de ter uma atividade produtiva (nem falo de trabalho) muitas vezes é a pior coisa que se pode fazer. Deixá-lo sem atividade perto de atos impróprios é facilitar seu ingresso na marginalidade.

Assim, reitero que o estágio de estudante é atividade de complementação do ensino e não política de redução do desemprego.

Art. 1º da Lei n. 11.788/08 — Estágio é ato educativo escolar supervisionado, desenvolvido no ambiente de trabalho, que visa à preparação para o trabalho produtivo de educandos que estejam frequentando o ensino regular em instituições de educação superior, de educação profissional, de ensino médio, da educação especial e dos anos finais do ensino fundamental, na modalidade profissional da educação de jovens e adultos.

§ 1º O estágio faz parte do projeto pedagógico do curso, além de integrar o itinerário formativo do educando.

§ 2º O estágio visa ao aprendizado de competências próprias da atividade profissional e à contextualização curricular, objetivando o desenvolvimento do educando para a vida cidadã e para o trabalho.

A professora Panizzi (2001) responde com segurança ao seguinte questionamento: Sobre o estágio curricular, qual é a opinião da Universidade? Para formar um bom profissional, é evidente que temos que propiciar o contato com a realidade, o que passa também pela possibilidade de ter contato com o mundo do trabalho. Aí é preciso promover ao máximo possível as oportunidades de estágio e de experiência profissional nas suas respectivas áreas de trabalho. Nós temos buscado, sempre que possível, propiciar isso aos nossos alunos através de bolsas de iniciação científica e da participação na pesquisa, mas também com bolsas de oportunidades as empresas. É comprovado que todo estudante que faz estágio desde a sua formação terá mais sucesso, maior oportunidade de encontrar emprego, porque o mundo não começa na formatura. **O estágio tem que ser inserido como atividade de caráter acadêmico** (grifo nosso). Não pode ser encarado como uma simples experiência. Mas o estágio por si só não é garantia de emprego. Se o estudante não for capaz de buscar uma boa formação teórica, metodológica e científica, ele não terá condições de compreender o mundo.

O Conselheiro Relator do Parecer CEE n. 1.191, aprovado em 30.7.1987, Arthur Fonseca Filho, diz que, passados alguns anos, podemos constatar que a mesma legislação que visava a proteger o aluno estagiário acaba por permitir que empresas, e até órgãos públicos, criem a figura do empregado estagiário, transformando aquilo que fora uma conquista dos alunos numa espécie de algoz dos formandos, que ingressam na força de trabalho, sem as defesas da legislação trabalhista.

Em análise dos atuais termos de compromisso de estágio no serviço público, nos três níveis de governo, na administração direta e indireta, percebe-se claramente a utilização dos estagiários para suprir as deficiências do quadro de pessoal. Inexistem planejamento, acompanhamento e avaliação. Os estudantes são submetidos a tarefas muitas vezes sem nenhuma relação com sua futura formação ou área de atuação.

4.7. TRIBUNAIS DE CONTAS

Consoante o art. 71 da Constituição Federal, o controle externo, a cargo do Congresso Nacional, será exercido com auxílio do Tribunal de Contas da União e nos termos do art. 75 do mesmo diploma legal. Tal papel será exercido nos Estados, no Distrito Federal e nos Municípios pelos Tribunais de Contas dos Estados e do Distrito Federal e pelos Tribunais e Conselhos de Contas dos Municípios.

Assim, a Administração Pública está sujeita ao controle externo por parte dos Tribunais ou dos Conselhos de Contas, que são responsáveis pelo exame das licitudes e legalidades de terceirização. Registra-se que, em reiteradas decisões, o Tribunal de Contas da União vem julgando irregular a contratação de empresas para prestação de serviços quando as tarefas a serem desenvolvidas integram o elenco das atribuições dos cargos permanentes.

Nesse sentido, destacamos o julgamento dos Processos TC n. 225.096/93-5, TC n. 475.054/95-4, TC n. 000.384/90-9, entre outros inúmeros, entendendo aquela Corte que, em razão dos Decretos ns. 71.236/72, 74.448/74 e Leis ns. 5.645/70 e 5.845/72, não é possível terceirizar atividades típicas de cargos permanentes (FERNANDES, 1996).

Em decisão recente, o Tribunal de Contas da União determinou que o INSS — Instituto Nacional do Seguro Social — realizasse concurso público para substituição de trabalhadores ocupantes de atividades típicas de servidores concursados, cujos cargos estão previstos na legislação vigente, ou seja, os de técnicos e analistas.

4.8. CONCLUSÃO

A terceirização na Administração Pública constitui tema desafiador, exigindo dos que almejam alcançar essa fronteira uma visão integrada da doutrina, da legislação e da jurisprudência, além, especificamente, de um esforço coordenado de diversos segmentos do serviço público.

Vê-se, neste trabalho, que o Decreto-Lei n. 200/67 foi seu marco inicial. Surgiram depois as Cooperativas de Trabalho, o Instituto do Estágio de Estudantes e as demais espécies elencadas na Súmula n. 331 do colendo TST e em legislação complementar.

Assevera-se que a terceirização de serviços por parte da Administração Pública, quando praticada sem o devido respaldo legal, ou seja, desvirtuada, acarreta consequências distintas para o contratado pela empresa prestadora, para esta e principalmente para a autoridade contratante. Na contratação de forma irregular, apesar de não gerar vínculo empregatício com o órgão público tomador do serviço, nos termos do item II da Súmula n. 331, o ente público contratante não se poderá eximir de efetuar o pagamento correspondente aos serviços efetivamente prestados, consoante Súmula n. 363 do TST, e recolhimento do FGTS. Afinal, não pode a administração enriquecer ilicitamente às custas do prestador de serviços ou de empregados.

Para Faria (2001), se a lei não veda a constituição de cooperativas cuja atividade primordial seja a prestação de serviços a terceiros, não cabe ao administrador discricionariamente excluí-las do procedimento licitatório para contratos com a Administração Pública, nem efetuar equiparações ou compensações sem expressa determinação legal.

No cumprimento de suas atribuições legais, o Ministério Público do Trabalho, através de Ação Civil Pública, firmou acordo na vigésima Vara do Trabalho, em 5.6.2003, com a União vedando a utilização de mão de obra de cooperados na Administração Federal Direta e Indireta.

Em larga utilização, o Instituto do Estágio de Estudantes tornou-se mecanismo de "substituição de pessoal", estando presente e desvirtuado nos poderes executivo, legislativo e judiciário, haja vista a inexistência para ele de planejamento, acompanhamento, supervisão e avaliação, e as instituições de ensino desconhecem suas responsabilidades e atribuições na orientação, no acompanhamento e na avaliação das atividades de seus alunos estagiários, devendo ser adaptado à norma legal vigente.

Em resumo, quanto à viabilidade legal de terceirização de serviços, diz-se que é lícita apenas no que se refere às atividades-meio dos entes públicos, não sendo cabível adotá-la para o exercício de atividades pertinentes a atribuições de cargos efetivos próprios de seus quadros, nem para funções que impliquem o exercício de Poder de Polícia ou a prática de atos típicos da administração.

5

COOPERATIVAS DE TRABALHO

5.1. Introdução

Com a globalização da economia, o empresariado de todo o Brasil buscou mecanismos de redução de custos na oferta de seus produtos no mercado interno e externo, uma vez que o mercado competitivo caminha em direção ao menor preço.

Assim, com a inclusão do parágrafo único no art. 442 da Consolidação da Leis do Trabalho pela Lei n. 8.949, de 9.12.1994, com os seguintes termos: "Qualquer que seja o ramo de atividade da sociedade cooperativa, não existe vínculo empregatício entre ela e seus associados, nem entre estes e os tomadores de serviços daquela", iniciou-se o processo de substituição dos trabalhadores empregados pelo regime celetista por trabalhadores cooperados.

A implementação das Cooperativas de Trabalho trouxe, tanto no cenário político como no jurisdicional, diversos debates sobre a sua legalidade e os efeitos futuros, inspirando novos conflitos na relação capital *versus* trabalho. Conforme o professor Márcio Túlio Viana,

> A partir do instante em que surgiu a nova regra, as cooperativas passaram a se reproduzir como ratos, especialmente onde a mão de obra é desqualificada e ignorante. Muitas atuam como braços invisíveis das tomadoras de serviços. Quem as cria são profissionais liberais, comerciantes ou fazendeiros, pessoas que nada têm a ver com os supostos cooperados, e que se utilizam de testas-de-ferro para explorar o trabalho[16].

Invadindo, assim, os centros de produção urbanos e rurais, geram controvérsias e demandas judiciais e tornam-se uma realidade na vida social.

---

(16) VIANA, Márcio Túlio. *O que há de novo em direito do trabalho*. São Paulo: LTr, 1997.

Marcadamente, o episódio das cooperativas é mais uma fraude aos Direitos dos Trabalhadores. Porém, se o objetivo é reduzir o desemprego, a razão evidente é o lucro, e o resultado final, o subemprego.

5.2. Histórico

Em seu artigo *Cooperativas de trabalho: um caso de fraude através da lei*, o professor Márcio Túlio Viana leciona:

> Quem lançou as bases do cooperativismo foi Robert Owen, um gênio que aos nove anos já tinha lido os clássicos e filosofava. Mas a primeira cooperativa que realmente funcionou foi a de Rochdale, Inglaterra, em 1844. Vinte e oito tecelões abriram uma pequena mercearia, num beco escuro da cidade, e o negócio se expandiu por todo o país. A novidade era que — pela primeira vez — aqueles tecelões trabalhavam para si próprios. A cooperativa era uma coisa deles[17].

No Brasil, a Lei n. 5.764, de 16.12.1971, define a Política Nacional de Cooperativismo e institui o regime jurídico das sociedades cooperativas, com as alterações dadas pela Lei n. 7.231, de 23.10.1984. A Constituição Federal de 1988, em seu art. 174, § 2º, prescreve que deverá a lei apoiar e estimular o cooperativismo e outras formas de associativismo. O trabalho em cooperativas alavancou-se com a inclusão de parágrafo único no art. 442 da CLT, introduzido pela Lei n. 8.949, de 9.12.1994. "É fruto da ação política por parte dos assentados rurais do Sul do País — que visavam ao afastamento dos riscos inerentes à relação de emprego"[18], conforme esclarece o professor Ricardo Tadeu Marques da Fonseca.

O professor Irany Ferrari nos informa: "No Brasil, a mais antiga associação cooperativa é a Unimed, fundada em Santos, em 18.12.1967, e hoje constituída de diversas sociedades integrantes formadoras do Complexo Empresarial Unimed, composto de cooperativas singulares, federações e confederações"[19].

5.3. Definição

O conceito de cooperativa está prescrito no art. 4º da Lei n. 5.764, de 16.12.1971 — "As cooperativas são sociedades de pessoas, com forma e natureza jurídica próprias, de natureza civil, não sujeitas a falência, constituídas para prestar serviços aos associados". Distinguem-se das demais sociedades pelas seguintes características: adesão voluntária; singularidade de voto; direito de todos os associados de votar e serem votados.

---

(17) Juiz do Tribunal Regional do Trabalho da 3ª Região. Professor adjunto da Faculdade de Direito da UFMG.
(18) Uma alternativa imediata para a empregabilidade. *Boletim Informativo O Elo*, a. XIX, n. 220.
(19) FERRARI, Irany. *Cooperativas de trabalho*: existência legal. São Paulo: LTr, 1999. p. 28.

Salienta Walmor Franke, na sua obra *Direito das cooperativas* (São Paulo: Saraiva, 1993. p. 3-4):

> É, pois, essencial ao próprio conceito de cooperativas que as pessoas que se associam exerçam, simultaneamente, em relação a ela, o papel de sócio e usuário ou cliente. É o que em direito cooperativo se exprime pelo nome de princípio de dupla qualidade, cuja realização prática importa, em regra, a abolição da vantagem patrimonial, chamada lucro, que, não existisse a cooperativa, seria auferida pelo intermediário[20].

Leciona o Juiz do Trabalho Osmair Couto "que o cooperativismo visa apenas à reunião voluntária de pessoas que juntam seus esforços e suas economias para a concretização de um objetivo comum"[21].

Destacamos no *Manual de cooperativas* (Brasília: MTb, SEFIT, 1997) as seguintes considerações:

> O próprio diploma regulador da sociedade cooperativa incumbe-se de conceituá-la. Assim, de seu exame, temos que sociedade cooperativa é modalidade de sociedade de pessoas com forma e natureza jurídica próprias, não sujeitas à falência, e de natureza civil. As sociedades cooperativas têm por finalidade a prestação de serviços aos associados, para o exercício de uma atividade comum, econômica, sem que tenham elas fito de lucro.

A cooperativa é uma estrutura de prestação de serviços voltada ao atendimento de seus associados, sem objetivo de lucro, condição essa contida no art. 3º da citada Lei n. 5.764/71.

Diante do exposto, entendemos ser a cooperativa de trabalho uma associação de pessoas de mesma identidade profissional ou ofício, de mesma atividade econômica, que juntam seus esforços para a prestação de serviços a seus associados, e não a terceiros. As cooperativas guardam as seguintes características:

- não objetivam o lucro;

- são sociedades ou associações de pessoas;

- são democráticas, visto que cada cooperado tem direito a um voto, independentemente de sua cota;

- não estão sujeitas à falência;

Seus cooperados ou associados são cadastrados perante a Previdência Social como autônomos.

---

(20) BASTOS, Guilherme Augusto Caputo; COUTO, Osmair (orgs.). *Sentenças trabalhistas e artigos doutrinários*. Cuiabá: Tribunal Regional do Trabalho da 23ª Região, v. 2, n. 1, 1999.
(21) Juiz Presidente da Vara do Trabalho de Tangará da Serra (MT).

Para melhor definição de Cooperativas de Trabalho, utilizamos, também, o conceito insculpido no art. 24 do Decreto n. 22.239/32 (já revogado):

> **Art. 24.** São cooperativas de trabalho aquelas que, constituídas entre operários de uma determinada profissão, ou de ofício, ou de vários ofícios de uma mesma classe, têm como finalidade primordial melhorar os salários e as condições de trabalho pessoal de seus associados e, dispensando a intermediação de um patrão ou empresário, se propõem contratar obras, tarefas, trabalhos ou serviços, públicos ou particulares, coletivamente ou por grupos de alguns[22].

Hoje, contamos com as seguintes modalidades de cooperativas de trabalho em diversas espécies: cooperativa de serviços; de prestação de serviços; de profissionais liberais; de profissionais autônomos; de fornecimento de mão de obra; de múltiplas funções; de trabalhadores rurais; de trabalho portuário, todas passíveis de irregularidades. Afinal, encontram-se em evidência as expressões **Cooperfraude, Coopergato, Fraudoperativa** etc.

5.4. COOPERATIVA DE TRABALHO E RELAÇÃO DE EMPREGO

Consoante o art. 90 da Lei n. 5.764/71, "qualquer que seja o tipo de cooperativa, não existe vínculo empregatício entre ela e seus associados", e, nos termos do art. 91 do mesmo diploma legal, "as cooperativas igualam-se às demais empresas em relação aos seus empregados para os fins da legislação trabalhista e previdenciária".

Objetivando a redução dos encargos sociais e do desemprego, a Lei n. 8.949/94 acrescentou o parágrafo único ao art. 442 da CLT, cuja finalidade era evitar a caracterização do vínculo empregatício entre os associados de cooperativas e os tomadores de serviços dela, *verbis*: "Qualquer que seja o ramo de atividade da sociedade cooperativa, não existe vínculo empregatício entre ela e seus associados, **nem entre estes e os tomadores de serviços daquela**" (grifo nosso). Percebe-se no destaque ao preceito legal que o legislador, naquela oportunidade, pretendia instituir uma nova espécie de terceirização, a de "fornecimento de mão de obra" via cooperativa.

Num primeiro instante, não se vislumbrou que tal mandamento legal seria utilizado pelo mercado global para a complexa desregulamentação da legislação laboral ou flexibilização do Direito do Trabalho. Mas a aplicação do instituto foi devastadora, e as cooperativas cresceram em progressão geométrica, obrigando os operadores do direito a analisar sua legalidade e aplicação.

Os critérios, ou condições, ou, ainda, os elementos essenciais para a caracterização da relação de emprego ou do vínculo empregatício laboral estão estampados nos arts. 2º e 3º da Consolidação das Leis do Trabalho, a saber:

---

(22) VIANA, Maria Julieta Mendonça. Fiscalização de cooperativas — a experiência de Manaus. In: *A importância da inspeção do trabalho* — uma experiência pioneira — trabalhos premiados. Brasília: Sinait, 1999.

a) pessoalidade: o contrato de trabalho dispõe de dois sujeitos, empregador e empregado, sendo este último necessariamente pessoa física, uma vez que a prestação de serviços é pessoal, *intuitu personae*;

b) não eventualidade: o art. 3º, *caput*, da CLT preceitua que "considera-se empregado toda pessoa física que presta serviços de natureza não eventual...", ou seja, exige uma prestação de serviço de forma constante, de trato sucessivo, de duração;

c) subordinação: o trabalhador exerce suas atividades dirigido por um empregador ou seu preposto. Leciona o professor Carlos Henrique Bezerra Leite — "a atividade laboral do empregado fica num estado de sujeição ao comando do empregador, sendo que este critério é, para a maioria dos autores, o mais relevante"[23].

d) onerosidade; é preciso haver salário, entendido não como um valor efetivamente pago ao empregado, mas considerado por este, ao celebrar o contrato, como contraprestação pelo serviço prestado.

Pontificamos que o novel parágrafo único do art. 442 da CLT declarou que não existe vínculo empregatício entre a sociedade cooperativa e seus associados, nem entre estes e os tomadores de serviços daquela. Trata-se, no entanto, de uma presunção relativa da inexistência do vínculo.

Entretanto, em diversas situações este restará configurado, principalmente depois de analisadas pelo operador do direito as irregularidades básicas com os seguintes questionamentos:

a) A filiação foi espontânea?

b) A data da filiação coincide com a data do início da atividade laboral?

c) Os associados pertencem ao mesmo ofício, à mesma classe, têm a mesma identidade econômica?

d) Os associados são ex-empregados da tomadora?

e) Há equivalência de nível cultural?

f) O instrumento de conhecimento da cooperativa foi anúncio de emprego em jornais?

g) Assinou o associado diversos papéis ao iniciar suas atividades?

h) Tinha conhecimentos de seus direitos como associado?

i) Alguém lhe informou sobre a inexistência de direitos trabalhistas e previdenciários?

j) Quem lhe dá ordens e por quê?

k) Foi efetuada sua inscrição na Previdência Social?

---

(23) LEITE, Carlos Henrique Bezerra. *Direito do trabalho*: primeiras linhas. 2. ed. Curitiba: Juruá, 1997. p. 42.

E, conforme o *Manual de Cooperativas*, 1997, do Ministério do Trabalho, o Auditor Fiscal do Trabalho deverá:

Subordinação: verificar se o cooperado adquiriu o *status* de empresário, tornando-se autogestionário de suas atividades. Para tanto, deve-se observar se o obreiro está em situação de receber ordens (de quem?), sujeito a horário de trabalho, a regulamentos da empresa tomadora, se já foi por ela advertido etc.

Pessoalidade: verificar se o serviço pode ser prestado por qualquer cooperado (obviamente, com a mesma qualificação) ou se a empresa tomadora exige que seja realizado por determinados cooperados, em algumas hipóteses, seus ex-empregados.

Eventualidade: verificar se a atividade desempenhada é eventual, se surge em decorrência de circunstância excepcional (cessa definitivamente?) ou se está intrinsecamente relacionada à atividade principal da empresa tomadora[24].

5.5. Doutrina e jurisprudência

A vedação na intermediação de uma terceira empresa na execução dos serviços pertencentes à atividade-fim da tomadora vem prevista na Súmula n. 331 do Colendo TST:

Contrato de prestação de serviços. Legalidade (Revisão da Súmula n. 256 — Res. n. 23/93, DJ 21.12.1993. Inc. IV alterado pela Res. n. 96/00, DJ 18.9.2000)

I — A contratação de trabalhadores por empresa interposta é ilegal, formando-se o vínculo diretamente com o tomador dos serviços, salvo no caso de trabalho temporário (Lei n. 6.019, de 3.1.1974).

II — A contratação irregular de trabalhador, mediante empresa interposta, não gera vínculo de emprego com os órgãos da administração pública direta, indireta ou fundacional (art. 37, II, da CF/88).

III — Não forma vínculo de emprego com o tomador a contratação de serviços de vigilância (Lei n. 7.102, de 20.6.1983) e de conservação e limpeza, bem como a de serviços especializados ligados à atividade-meio do tomador, desde que inexistente a pessoalidade e a subordinação direta.

IV — O inadimplemento das obrigações trabalhistas, por parte do empregador, implica a responsabilidade subsidiária do tomador dos serviços, quanto àquelas obrigações, inclusive quanto aos órgãos da administração direta, das autarquias, das fundações

---

(24) MINISTÉRIO DO TRABALHO. Setor de Fiscalização do Trabalho. *Manual de cooperativas*. Brasília, 1997. p. 40-41.

públicas, das empresas públicas e das sociedades de economia mista, desde que hajam participado da relação processual e constem também do título executivo judicial (art. 71 da Lei n. 8.666, de 21.6.1993).

O TRT de Campinas (SP) proferiu o seguinte acórdão:

A cooperativa, na sua essência, visa a ajuda mútua dos associados, e não de terceiros. Fornecer mão de obra sob o manto de cooperativa de trabalhadores rurais é burlar a lei trabalhista. (RO 1523/87 — Rel. Juiz José Pedro de Camargo R. de Souza. In: *Jurisprudência Brasileira Trabalhista*, n. 29, Juruá, 1990. p. 159-160).

Também, no mesmo sentido, decidiu o TRT do Rio Grande do Sul:

Inadequada a intermediação na contratação de trabalho entre cooperativado e destinatário da prestação, a pretexto de locação de serviços, em aberta infração à ordem jurídica. Reconhecimento da relação de emprego entre o prestador e o beneficiário do serviço, segurada a sua eficácia legal. (TRT 4ª Região — RO 7789/93 — Ac. 4ª Turma — Rel. Juiz Petrônio Rocha Volino — in: *LTr* 49-7/839-840).

O Tribunal Regional do Trabalho da 23ª Região proferiu o seguinte acórdão:

Terceirização. Não se admite a terceirização para a execução de atividades diretamente relacionadas com o fim social da empresa (aplicação dos Enunciados ns. 256 e 331 do Colendo TST) (TRT 23ª Região — RO 1880/94 — Ac. TP 2111/94 — Rela. Juíza Maria Berenice — JCJ de Tangará da Serra/MT — DJMT 19.12.1994 — p. 9)[25].

Outros Pretórios Trabalhistas têm acompanhado a doutrina dominante, como se vê nos seguintes julgados:

Cooperativa. Relação de Emprego. Quando o fim almejado pela cooperativa é a locação de mão de obra de seu associado, a relação jurídica revela uma forma camuflada de um verdadeiro contrato de trabalho (TRT-2ª Região — 1ª T. — RO 029304638000 — Ac. 029550210648 — Rel. Juiz Floriano Corrêa Vaz da Silva — DOSP 7.6.1995 — p. 41).

Cooperativa. Vínculo Empregatício. Se a criação de cooperativa enquadra-se no que preceitua o art. 9º da Consolidação das Leis do Trabalho, sendo evidente a tentativa de burlar aos direitos de quem, em verdade, é empregado, impõe-se o reconhecimento do vínculo empregatício. Recurso Ordinário desprovido (TRT-17ª Região — RO 3.775/96 — Rel. Juiz Danilo Augusto Abreu de Carvalho).

Cooperativa. Relação de Emprego. Quando o fim almejado pela cooperativa é a locação de mão de obra do seu associado, a relação jurídica revela uma forma camuflada de verdadeiro contrato de trabalho. (Proc. TRT-2ª Região (São Paulo) — 1ª Turma — n. 0293046800 — decisão de 31.5.1995 — publicação 7.6.1995 — Rel. Juiz Floriano Corrêa Vaz da Silva)[26].

Vínculo Empregatício. Sociedades Cooperativas. De acordo com o disposto no art. 90 da Lei n. 5.764, de 16.12.1971, que regula as sociedades cooperativas, não existe vínculo

---

(25) *Sentenças trabalhistas e artigos doutrinários*. Cuiabá: TRT 23ª Região, 1998.
(26) *Cooperativas*. Texto do Ministro do Tribunal Superior do Trabalho Almir Pazzianotto Pinto.

empregatício entre ela e seus associados. Ressalte-se que, de acordo com a lei supracitada, as cooperativas de trabalho não podem atuar como intermediadoras de mão de obra, sendo inócua a parte final do parágrafo único do art. 442 da CLT, *verbis*... nem entre estes e os tomadores de serviços daquela. (Proc. TRT-2ª Região (São Paulo) — 7ª Turma — n. 02960486921 — publicado em 31.10.1996 — Rel. Juiz Gualdo Formica)[27].

O PLC n. 3/97 (CD PL n. 2.226/96), de 7.8.1996, de autoria do Deputado Federal Aloysio Nunes Ferreira, traz a ementa: "Revoga o parágrafo único do art. 442 da Consolidação das Leis do Trabalho — CLT, aprovada pelo Decreto-Lei n. 5.452, de 1º.5.1943". No seu parecer, o Senador Jonas Pinheiro, da Comissão de Assuntos Sociais, acompanha o entendimento dominante:

> Constatei que, na realidade, o texto constante da Lei n. 8.949, de 1994, objeto da revogação pelo PLC n. 31, de 1997, estabeleceu uma generalização da prestação de trabalho cooperado, sem a observação de quaisquer limites ou pré-requisitos. Entendo que essa condição afronta os princípios consignados na legislação trabalhista, de maneira particular o dispositivo específico que caracteriza a condição de empregado e estabelece a subordinação e o vínculo empregatício.
>
> Daí se conclui que o parágrafo único do art. 442 da CLT teve o efeito de desmontar o arcabouço trabalhista, especialmente de anular o que é previsto nos arts. 2º e 3º da CLT.
>
> Identifiquei que essa liberalidade na legislação vem encorajando o surgimento e a proliferação de cooperativas de **fachada**, conhecidas como **gato-cooperativas**, que são instituídas sem o cumprimento dos pré-requisitos básicos definidos na legislação cooperativista, num processo distorcido e condenável, pois muitas delas visam a burlar a legislação trabalhista e previdenciária e a se valerem das isenções tributárias atualmente concedidas às cooperativas.
>
> Esse fato, na realidade, tem provocado sérios desgastes na imagem do movimento cooperativista brasileiro e dado prejuízos tanto à União quanto à Previdência Social e aos Estados e Municípios, por causa da evasão de arrecadação, mas, especialmente, tem prejudicado os trabalhadores brasileiros.
>
> Em muitos casos, as cooperativas de "fachada" são utilizadas, na prática, para substituir antigos empregados e relações empregatícias dos trabalhadores por outras mais precárias, privando os empregados das mais elementares garantias trabalhistas, bem como o setor de poder gerar novos postos de trabalhos.

Em seu manual de *Direito do trabalho — direito individual do trabalho*, o professor Octavio Bueno Magano preleciona que a *affectio societatis* é o principal elemento diferenciador entre o contrato de sociedade e o de trabalho, assim se expressando:

> A *affectio societatis*, entendida como disposição dos sócios de conjugarem esforços para a obtenção de objetivos comuns, constitui característica exclusiva da sociedade, pois que, na relação de trabalho, os fins a serem alcançados são fixados unilateralmente pelo empregador.

---

(27) *Cooperativas*. Texto do Ministro do Tribunal Superior do Trabalho Almir Pazzianotto Pinto.

No contrato de sociedade, prevalece a regra de igualdade entre os sócios, ao passo que, na relação de trabalho, o empregado fica subordinado ao poder diretivo do empregador[28].

O professor Sergio Pinto Martins analisa a questão da seguinte maneira:

> Para que haja a real prestação de serviços por intermédio da sociedade cooperativa e não exista o vínculo de emprego é mister que os serviços sejam geralmente de curta duração, de conhecimentos específicos. Quando a prestação de serviços é feita por prazo indeterminado (como sói ocorrer na espécie, ressaltamos), deve haver um rodízio dos associados na prestação de serviços, para não se discutir a existência do vínculo de emprego.
>
> A sociedade cooperativa não pode revestir a condição de agenciadora ou de locadora de mão de obra, pois desvirtuaria plenamente os seus objetivos, e tal procedimento contraria a Lei n. 6.019/74, que tem por objetivo disciplinar o trabalho temporário[29].

E a Declaração Sobre os Fins e Objetivos da Organização Internacional do Trabalho, anexo da Convenção n. 80 da OIT, reafirma em um dos seus Princípios Fundamentais: "a) O trabalho não é uma mercadoria"[30].

5.6. VERIFICAÇÃO FÍSICA E DEPOIMENTO PESSOAL

Em brilhante artigo, *Fiscalização de cooperativas — a experiência de Manaus*, a auditora fiscal do Trabalho doutora Maria Julieta Mendonça Viana registra a força do Princípio da primazia da realidade (ou seja, o observado no estabelecimento), nos seguintes termos:

> O Direito do Trabalho adota o princípio da primazia da realidade, razão por que prevalece a relação jurídica evidenciada pelos fatos, e não uma realidade aparente, ainda que revestida das formalidades legais. Portanto, não importa o **nomen juris** atribuído formalmente à relação. Não conta qualquer contrato — civil, comercial ou o que seja — se firmado com o objetivo de fraudar as leis de proteção ao trabalho. O princípio foi consagrado no art. 9º da CLT, que fulmina de nulidade os contratos celebrados para burlar as leis trabalhistas[31].

A Portaria n. 925, de 28.5.1995, que dispõe sobre a fiscalização do trabalho na empresa tomadora de serviço de sociedade cooperativa, com o objetivo de observar o

---

(28) MAGANO, Octavio Bueno. *Manual de direito do trabalho:* direito individual do trabalho. 3. ed. São Paulo: LTr, p. 35.
(29) MARTINS, Sergio Pinto. *A terceirização e o direito do trabalho*. São Paulo: Malheiros, 1995. p. 66-67.
(30) SENADO FEDERAL. *Direitos humanos:* instrumentos internacionais, documentos diversos. 2 ed. Brasília: Subsecretaria de Edições Técnicas, 1997. p. 68.
(31) VIANNA, Maria Julieta Mendonça. *Op. cit.*, p. 94.

cumprimento dos arts. 3º e 9º da CLT e detectar a existência de fraude à legislação trabalhista neste tipo de serviço, assim determina:

> **Art. 1º** O Agente da Inspeção do Trabalho, quando da fiscalização na empresa tomadora de serviços de sociedade cooperativa, no meio urbano ou rural, procederá levantamento físico objetivando detectar a existência dos requisitos da relação de emprego entre a empresa tomadora e os cooperados, nos termos do art. 3º da CLT.
>
> **§ 1º** Presentes os requisitos do art. 3º da CLT, ensejará a lavratura de auto de infração.

Vimos, assim, que a **verificação física** é, dentre as etapas do procedimento fiscal, a mais importante e necessária na inspeção de Sociedades Cooperativas de Trabalho. Afinal, tal modalidade de terceirização expandiu-se com o enfraquecimento da representação sindical devido ao crescimento desenfreado do desemprego, do aumento das privatizações e da abertura econômica ao capital estrangeiro.

Além das ações da auditoria fiscal do trabalho, a justiça laboral também tem, através dos depoimentos pessoais de falsos cooperados, deferido diversos vínculos empregatícios pelas circunstâncias dos fatos relatados.

Define o professor Sergio Pinto Martins que o depoimento pessoal "consiste na declaração prestada pelo autor ou pelo réu perante o juiz, sobre os fatos objeto do litígio. Não serve apenas para obter a confissão, mas também para esclarecer o juiz a respeito dos fatos do processo, delimitando a prova, para que esta possa ser avaliada"[32].

Texto produzido e apresentado pelo Ministro do Tribunal Superior e ex-Ministro do Trabalho Almir Pazzianotto Pinto apresenta a base da Justiça Laboral:

> Com efeito, no sistema jurídico-trabalhista brasileiro, ao Juiz do Trabalho compete declarar a existência ou inexistência de relação de emprego, quando provocado a fazê-lo por trabalhador contratado informal ou formalmente, se houver alegação de fraude a dispositivo contido na Consolidação ou em outra norma de direito do trabalho (art. 114 da Constituição Federal combinado com o art. 9º da CLT)[33].

5.7. Conclusão

Sob a denominação de **flexibilidade, adaptabilidade** ou ainda de **desregulamentação** com a finalidade de combater as altas taxas de desemprego, em razão da concorrência do Japão e das novas potências industriais da Ásia, e, principalmente, do aparecimento de novas tecnologias, dentre as quais a robotização, no Brasil têm surgido

---

(32) MARTINS, Sergio Pinto. *Direito processual do trabalho*. 13. ed. São Paulo: Atlas, 2000. p. 286
(33) *Cooperativas*. Trabalho apresentado no Seminário Nacional de Cooperativas do Trabalho em Fortaleza, 3 e 4.12.1998.

diversas formas atípicas de trabalho, ora ancoradas em medidas do Estado, ora impostas pelas necessidades do mercado.

Assim, a terceirização proliferou com a Lei n. 6.019/74, que trata dos "trabalhadores temporários"; com a Lei n. 7.102/83 (serviços de vigilância); com os serviços de conservação e limpeza; com a Lei n. 6.494/77, que dispõe sobre os estágios de estudantes, e, finalmente, com as **sociedades cooperativas de trabalho,** após a promulgação da Lei n. 8.949/94.

Há de se revogar a Lei n. 8.949/94 (através do PLC n. 31), para tornar explícita a proibição da intermediação de mão de obra por meio das cooperativas de trabalho, como também modificar as demais leis no sentido de disciplinar a terceirização, tornando-a exceção, e não a regra geral.

Até que o ordenamento jurídico seja alterado, é preciso uma ação contínua da Auditoria Fiscal do Trabalho, para coibir esse tipo de fraude, que vem privando nossos trabalhadores do reconhecimento de seus direitos trabalhistas e previdenciários.

Por fim, a Lei Complementar n. 75, de 20.5.1993 — Lei Orgânica do Ministério Público da União —, veio consolidar a atuação do Ministério Publico do Trabalho no campo dos interesses difusos e coletivos da sociedade no âmbito laboral, e, por igual modo, dos interesses individuais homogêneos e indisponíveis, conforme prevê expressamente a legitimidade do Ministério Público. *Verbis*:

Art. 83. Compete ao Ministério Público do Trabalho o exercício das seguintes atribuições junto aos órgãos da Justiça do Trabalho:

...

III — promover a ação civil pública no âmbito da Justiça do Trabalho, para defesa de interesses coletivos, quando desrespeitados os direitos sociais constitucionalmente garantidos.

Art. 84. Incumbe ao Ministério Público do Trabalho, no âmbito das suas atribuições, exercer as funções institucionais previstas nos Capítulos I, II, III e IV do Título I, especialmente.

...

II — instaurar inquérito civil e outros procedimentos administrativos, sempre que cabíveis para assegurar a observância dos direitos sociais dos trabalhadores.

Iniciando, então, uma parceria vitoriosa entre o Ministério do Trabalho e Emprego e o Ministério Público do Trabalho, que não tem medido esforços na promoção de ações civis públicas e instauração de inquéritos civis e outros procedimentos administrativos no combate às falsas cooperativas de trabalho. Afinal, os relatórios das ações fiscais e nossos autos de infração capitulados no art. 41 *caput* da CLT, são as provas principais das respectivas postulações judiciais.

5.8. Modelo de termo de notificação

SERVIÇO PÚBLICO FEDERAL
MINISTÉRIO DO TRABALHO E EMPREGO
SUPERINTENDÊNCIA REGIONAL DO
TRABALHO E EMPREGO

Notificação para apresentação de documetos (Nad)   n.

Empregador:

Endereço:

CNPJ: CNAE: CEP:

Empregados: Homens____ Mulheres____ Menores____ Total:____

NOTIFICO a empresa acima para apresentar às ....horas do dia ... de .... de ......, na Rua ....nº...., ...-..............................., tel.: ...., os documentos abaixo relacionados, nos termos do disposto nos §§ 3º e 4º do art. 630 da Consolidação das Leis do Trabalho.

O não cumprimento dessa notificação importará em autuação na forma da lei.

---

1 — Os seguintes Livros, conforme Lei n. 5.764, de 16.12.1971:

    a) de Matrícula;

    b) de Atas das Assembleias Gerais;

    c) de Atas dos Órgãos de Administração;

    d) de Atas do Conselho Fiscal;

    e) de Presença dos Associados nas Assembleias Gerais.

2 — Estatuto da Sociedade Cooperativa;

3 — Cartão de Inscrição no CNPJ;

4 — Contrato de Prestação de Serviços com a empresa tomadora de serviços e aditivos;

5 — Comprovantes de contribuição previdenciária dos cooperados;

6 — Relação dos cooperados que prestam serviços à tomadora, com data de início da prestação de serviços, função, data de nascimento e endereço;

7 — Controle da carga horária de trabalho e frequência dos cooperados.

Recebi a 1ª via em: __/__/____

_____,____/____/____
Local e Data

_____
Assinatura com qualificação

_____
Assinatura e carimbo do Auditor Fiscal

6

MEDIAÇÃO DE CONFLITOS INDIVIDUAIS DE TRABALHO

6.1. INTRODUÇÃO

As alterações provocadas pela atual conjuntura econômica e oriundas da globalização têm-se marcado pela busca do lucro e, consequentemente, da flexibilização ou adaptabilidade das normas de Direito Material e Processual do Trabalho.

Ademais, o princípio protetor, que objetivava equilibrar a desigualdade existente entre os interlocutores capital e trabalho, não tem conseguido o êxito almejado pelos legisladores pátrios, uma vez que as demandas judiciais aumentaram e nossa justiça trabalhista tornou-se impotente para solucionar tamanha quantidade de conflitos. Assim, a mediação como instituição jurídica surgiu da necessidade de desafogar o judiciário do volume crescente de ações e, principalmente, pela solução do conflito em tempo razoável.

6.2. CONCEITOS

Manuel Alonso Garcia define a mediação como "a instituição jurídica destinada à atuação de pretensões — ou à solução de conflitos — ante um órgão designado pelas partes ou instituído oficialmente, chamado a formular uma proposta ou recomendação que carece de valor decisório"[34].

Guilherme Augusto Caputo Bastos, Juiz togado do Tribunal Regional do Trabalho da 23ª Região, conceitua assim a mediação: "é uma técnica privada de solução de conflitos em que as partes interessadas, por meio de um mediador, compõem os seus

---

(34) GARCIA, Manuel Alonso. *Curso de derecho del trabajo*. 4. ed. Barcelona: Ariel, 1973. p. 476.

interesses através de fórmulas pacíficas, independentemente de imposições de sentenças ou de laudos"[35].

O Ministério do Trabalho e Emprego, em seu *Manual do mediador*, traz a seguinte definição: "é uma técnica de manter a negociação entre as partes litigantes sob o controle de uma terceira pessoa, neutra e preparada para superar impasses e continuar negociando, mesmo quanto tudo parece estar irremediavelmente perdido"[36].

Expostos os conceitos doutrinários acima mencionados, acreditamos ser a mediação uma técnica pública ou privada de equacionar interesses por intermédio de um terceiro imparcial à demanda.

6.3. Natureza jurídica

A doutora Lúcia Costa Matoso de Castro, Juíza de Trabalho Substituta do Tribunal Regional do Trabalho da 3ª Região, em seu artigo *Mediação: uma alternativa dramática*, relata o entendimento de Alfredo Ruprecht: "a mediação é um processo, se bem que com caracteres distintos do processo-instituição, em face do órgão que nele intervém"[37].

Entendo ser a mediação uma sequência de procedimentos de natureza contratual, administrativa ou privada, não judicial, cujos efeitos dependem da aceitação dos interessados.

6.4. Característica da mediação

Expõe o renomado autor Alfredo Ruprecht sobre a mediação: "1º) uma instituição jurídica; 2º) o órgão tem uma função ativa; 3º) o órgão faz uma proposta ou recomendação; 4º) a solução depende do comum acordo das partes"[38].

O serviço de mediação também pode ser caracterizado pela imparcialidade, voluntariedade, orientação técnico-jurídica, e por meio dele os interlocutores sociais poderão apresentar-se desprovidos de procuradores jurídicos.

Diferentemente do árbitro e do juiz, o mediador não tem poderes para decidir o impasse instaurado, uma vez que sua atividade limita-se a recomendar, orientar,, e sugerir soluções que poderão ser ou não aceitas pelas partes.

---

(35) *Sentenças trabalhistas e artigos doutrinários*. Cuiabá: TRT da 23ª Região, v. 2, n. 1, p. 294, 1999.
(36) MINISTÉRIO DO TRABALHO. Secretaria de Relações do Trabalho. *Manual do mediador*: Brasília, 1996.
(37) RUPRECHT, Alfredo *apud* VIANA, Márcio Túlio; RENAULT, Luiz Otávio Linhares. *O que há de novo em processo do trabalho*. São Paulo: LTr, 1997. p. 355.
(38) RUPRECHT, Alfredo *apud* VIANA, M. T.; RENAULT, L. O. L. *Op. cit.*, p. 355.

6.5. Mediação versus transação

A transação é ato bilateral com ônus recíprocos, sendo ainda ato jurídico que extingue obrigações litigiosas ou duvidosas, por meio de concessões recíprocas das partes interessadas[39].

Na transação, instituto do Direito Civil, são expostas as diferenças para a busca de soluções, tendo como pressuposto a igualdade das partes.

Consoante o *Manual de orientações da mediação de conflitos individuais*, a mediação administrativa para conflitos individuais busca, precípua e fundamentalmente, a solução justa, de conformidade com a legislação aplicável, a razoabilidade e a correta aplicação da norma ao caso concreto, aceita pelos litigantes, sem perquirir desistência de diretos irrenunciáveis.

Assim, na transação, os interesses são negociados pelas partes diretamente, enquanto na mediação um terceiro neutro conduz o processo ativamente na busca da solução que mais se ajuste aos anseios dos interlocutores.

6.6. Procedimentos

Na mediação privada, o interessado comparecerá ao Núcleo Intersindical de Mediação ou outro órgão de natureza idêntica para solicitação da negociação, oportunidade em que informará dados do outro interessado e os motivos que ocasionaram o impasse.

A mediação individual público-administrativa se instaura com a reclamação do trabalhador ao plantão fiscal ou seção de mediação de conflitos individuais nas Delegacias Regionais do Trabalho e Emprego, nas Subdelegacias ou nas Agências de Atendimento.

O auditor fiscal ou servidor administrativo verificará a procedência da reclamação e registrará as informações necessárias à instauração do procedimento. Convidará o reclamado, para, em dia e hora determinados previamente, comparecer à seção ou ao setor competente para dar início à negociação.

A ausência do empregado à reunião marcada para a negociação implicará o arquivamento do processo pelo auditor fiscal ou servidor administrativo que recebeu e acompanhou o processo. Na ausência do reclamado, abre-se um procedimento administrativo fiscal a ser encaminhado ao setor de fiscalização e se esclarece o reclamante sobre a possibilidade de ajuizamento da reclamação na justiça do trabalho.

Na mediação ocorrida durante a homologação da rescisão de contrato de trabalho, normalmente, o acordo fica registrado no verso do termo rescisório, cujo objetivo é subsidiar posterior denúncia por seu descumprimento.

---

(39) FERREIRA, Aurélio Buarque de Holanda. *Pequeno dicionário de língua brasileira*. 12. ed. Rio de Janeiro: RRP, 1977. v. 4, p. 1.044.

Também no processo administrativo de anotação de CTPS, o auditor fiscal atua como mediador na solução do conflito, orientando as partes para a efetivação do registro e da quitação das verbas salariais e fundiárias.

6.7. O AUDITOR FISCAL COMO MEDIADOR

Preleciona a doutora Lúcia Costa Matoso de Castro

> que o Ministério do Trabalho tem sugerido que a mediação seja desempenhada por seus servidores, mormente por inspetores ou fiscais do trabalho. Paradoxalmente, entretanto, pretende-se resolver um problema criando outro, notória que é a situação deficitária do quadro respectivo do Ministério do Trabalho, a qual tem obstado uma atitude fiscalizadora eficiente. Essa omissão, aliás, serve como estímulo à reprodução de infrações, preservando-se a impunidade das empresas refratárias às observâncias das leis[40].

Contrariando a magnífica justificativa da magistrada acima, acreditamos, ainda, que a mediação exercida pelos fiscais do trabalho, atualmente auditores fiscais do trabalho, tem-se pautado na credibilidade de sua atuação, uma vez que são conhecedores do Direito Material do Trabalho por meio do instituto da verificação física, *in locu*, das reais situações em que se encontram os estabelecimentos ou locais de trabalho. Justificar a retirada do auditor fiscal da mediação devido ao seu déficit seria obstar a própria ação fiscal, pois os interesses objetivos de negociação frequentemente são corrigidos pelos infratores.

O elevado custo da mediação privada instituída pelo Decreto n. 1.572/95, que criou o cadastro de profissionais com habilidade para o ofício de mediador perante as Delegacias Regionais do Trabalho e Emprego, transformou inteligente criação do Poder Executivo em instituto inócuo, pois as partes preferem a mediação de auditores, pelas características já mencionadas e por causa da existência de despesas, na mediação privada.

6.8. CONCLUSÃO

A globalização neoliberal elevou a concorrência entre produtos e serviços de países estrutural e economicamente diferentes, provocando, como consequência, falências e concordatas em diversas empresas, deixando, assim, o trabalhador desprotegido.

Inicialmente, acreditávamos que a justiça do trabalho seria capaz de solucionar todos os conflitos entre capital e trabalho. Porém, com a demanda crescente de recla-

---

(40) VIANA, Márcio Túlio; RENAULT, Luiz Otávio Linhares. *O que há de novo em processo do trabalho*. São Paulo: LTr, 1997. p. 358.

mações trabalhistas, isso se tornou impossível, uma vez que o quadro de magistrados cresceu em progressão aritmética e o número de reclamações cresceu em progressão geométrica.

O exercício da mediação no Brasil sempre ficou a cargo do poder público, principalmente em consequência do elevado custo da mediação privada; mas conhecemos, há mais de cinco anos, a brilhante experiência dos Núcleos Intersindicais de Conciliação Trabalhista — Ninter —, inicialmente criados pelos sindicatos rurais de Patrocínio/MG e atualmente implantados em diversas regiões do país, gerando inclusive o Projeto de Lei n. 4.694, que acrescenta a Consolidação das Leis do Trabalho — CLT —, norma que dispõe sobre as comissões de conciliação prévia, com a atribuição de tentar conciliar os conflitos individuais de trabalho.

Assim, acreditamos que as organizações representantes de empregados e empregadores na próxima década investirão na formação e no aperfeiçoamento de mediadores, para, juntamente com a mediação pública realizada pelos auditores fiscais do Trabalho, solucionar em tempo mínimo os conflitos entre interlocutores sociais representantes do capital e do trabalho.

7

REGRAS LEGAIS DE PROTEÇÃO AO SALÁRIO

7.1. INTRODUÇÃO

O contrato de trabalho, por ser oneroso e sinalagmático, resulta em prestação e contraprestação, além das obrigações recíprocas e correspondentes.

A história do salário tem seu marco na própria origem do vocábulo, que provém do latim *sal, salis*, de que se derivou *salarium*. As antigas civilizações quitavam a retribuição do trabalho dos domésticos com determinada quantidade de *sal*.

Na escravidão, inexistia contraprestação salarial, uma vez que o escravo era considerado propriedade, e seu trabalho não passava de obrigações idênticas às de uma máquina adquirida no mercado.

Assim, com o Tratado de Versalhes, o salário deixa de ser fator de produção dos bens e serviços, para ser disciplinado internacionalmente como forma de socialização, de valorização e retribuição do trabalho humano, bem como de subsistência pessoal e familiar.

7.2. PRINCÍPIOS

7.2.1. PRINCÍPIO DA IRRENUNCIABILIDADE/INDISPONIBILIDADE DO SALÁRIO

A irrenunciabilidade do direito ao salário, que equivale a sua indisponibilidade, foi inserida em nossa legislação consolidada no art. 460, o qual expressa que a falta de estipulação contratual do salário ou a impossibilidade de prova sobre o valor ajustado dão ao empregado direito de receber salário igual ao daquele que, no mesmo empreendimento, fizer serviço equivalente, ou do valor que for habitualmente pago para prestação de serviço semelhante.

A disponibilidade de remuneração salarial só é possível nos termos do art. 1º da Lei n. 9.608, de 18.2.1998, que assim define o Serviço Voluntário: "considera-se serviço voluntário, para fins desta lei, a atividade não remunerada, prestada por pessoa física a entidade pública de qualquer natureza, ou **a instituição privada de fins não lucrativos**, que tenha objetivos cívicos, culturais, educacionais, científicos, recreativos ou de assistência social, inclusive mutualidade".

7.2.2. Princípio da impenhorabilidade do salário

Consoante art. 649, inc. IV, do Código de Processo Civil, os vencimentos, os subsídios, o soldo, os salários, as remunerações, salvo para pagamento de prestação alimentícia, são absolutamente impenhoráveis. Amauri Mascaro Nascimento justifica a impenhorabilidade como medida de preservação do salário por tratar-se do meio de subsistência do empregado.

7.2.3. Princípio da inalterabilidade do salário

As cláusulas constantes do contrato de trabalho, via de regra, são modificáveis (CLT, art. 468). Inaceitáveis, no entanto, são as alterações efetuadas pelo empregador sem o consentimento do empregado; as prejudiciais serão consideradas nulas, mesmo que tiverem tido a concordância do trabalhador.

A alteração salarial, nos termos do art. 7º, inc. VI, da Constituição Federal de 1998, *in pejus*, só é possível mediante acordo ou convenção coletiva de trabalho.

7.2.4. Princípio da irredutibilidade do salário

A trajetória histórica da flexibilização no Direito do Trabalho apresentou-nos as seguintes normas que possibilitavam a redução salarial, conforme cita Ivete Cassiani Fugeratti em trabalho preparado para o Seminário Nacional sobre Modernização do Direito do Trabalho:

CLT, art. 503 — Possibilidade de redução dos salários, em até 25%, respeitado o salário mínimo, em caso de força maior ou prejuízos devidamente comprovados; o art. 4º da Lei n. 7.855/89 admite a força maior para o atraso de pagamento de salários;

Lei n. 4.923/65, art. 2º — Possibilidade de redução da jornada de trabalho e de salários (em até 25%, respeitado o salário mínimo e reduzidas proporcionalmente a remuneração e as gratificações de gerentes e diretores), mediante acordo coletivo, graças à conjuntura econômica comprovada da empresa;

Lei n. 7.855/89, art. 4º — Admite prazos para pagamento de salários previstos em acordos ou convenções coletivas e sentenças normativas;

Lei n. 8.030/90, art. 3º — Os aumentos salariais, além do reajuste mínimo previsto no art. 2º desta lei, poderão ser negociados livremente entre as partes.

Conforme afirma Ronald Soares, "os primeiros passos no sentido de uma política, vamos assim dizer, flexibilizante, estão sendo dados nitidamente pelo governo brasileiro, na tentativa de retirar a pesada tutela do Estado no que diz respeito aos reajustes salariais". (*Op. cit.*, p. 133) (grifo nosso).

CF/1988, art. 7º, inc. VI — Possibilidade de redução do salário mediante convenção ou acordo coletivo.

Objetivando ampliação da flexibilização das normas trabalhistas, a Medida Provisória n. 2.164-41, de 24.8.2001, que dispõe sobre trabalho a tempo parcial, em seu art. 2º expressa (art. 58-A da CLT): "o salário a ser pago aos empregados submetidos ao regime de tempo parcial previsto nesta medida provisória será proporcional à sua jornada semanal, em relação aos empregados que cumprem, nas mesmas funções, jornada de tempo integral".

Entendemos que a Constituição Federal de 1988 (art. 7º, VI), ao declarar que o salário é irredutível, não prevê exceções para alterações salariais além das decorrentes de acordo ou convenção coletiva de trabalho.

7.2.5. Princípio da intangibilidade dos salários

Princípio com capitulação no art. 449 do texto obreiro, objetiva proteger o salário contra credores do empregador, responsabilizando, inclusive, o empreiteiro principal pelos créditos trabalhistas não honrados pelo subempreiteiro.

Ainda, consoante Súmula n. 331, inc. IV, do TST[41],

IV — O inadimplemento das obrigações trabalhistas, por parte do empregador, implica a responsabilidade subsidiária do tomador dos serviços, quanto àquelas obrigações, inclusive quanto aos órgãos da administração direta, das autarquias, das fundações públicas, das empresas públicas e das sociedades de economia mista, desde que hajam participado da relação processual e constem também do título executivo judicial (art. 71 da Lei n. 8.666, de 21.6.1993)[42].

---

(41) Art. 71 da Lei n. 8.666/93. *O contratado é responsável pelos encargos trabalhistas*, previdenciários, fiscais e comerciais da execução do contrato.

1º **A inadimplência do contrato com referência aos encargos trabalhistas,** fiscais e comerciais **não transfere à Administração Pública a responsabilidade por seu pagamento**, nem poderá onerar o objeto do contrato ou restringir a regularização e o uso das obras e edificações, inclusive perante o registro de imóveis. (42) O STF declarou a constitucionalidade do § 1º do art. 71 da Lei n. 8.666/93, que diz que a inadimplência dos encargos trabalhistas, fiscais e comerciais pelo contrato, não transfere à Administração a responsabilidade por seu pagamento. O Supremo Tribunal Federal (STF), ao julgar a Ação Declaratória de Constitucionalidade (ADC) n. 16, na Seção Plenária de 24.11.2010, declarou, por maioria, a constitucionalidade do § 1º do art. 71 da Lei n. 8.666/93, a chamada Lei de Licitações e Contratos (Informativo STF n. 610, de 22 a 26.11.2010).

A finalidade desse dispositivo é proteger o empregador das contratações de serviços de empresas sem acompanhamento do tomador de cumprimento das obrigações legais.

7.3. Proteção dos salários

7.3.1. Em face do empregador

Ao empregador é vedado expressamente efetuar descontos nos salários (CLT, art. 462). Exceções a essa redação deverão estar, via de regra, previstas na lei.

A liberdade de disposição do salário jamais poderá ser limitada pelo empregador, nos termos do art. 462, § 4º, do texto consolidado.

Os descontos provenientes de danos acarretados pelo empregado ao empreendimento do empregador serão permitidos **na ocorrência de dolo do empregado** e condicionados à concordância do empregado em caso de culpa — nas modalidades imprudência, imperícia ou negligência, conforme disciplina o art. 462, § 1º, da CLT.

Segundo Amauri Mascaro Nascimento, "os descontos resultantes de dívidas civis ou comerciais contraídas pelo empregado perante seu próprio empregador sofrem restrições doutrinárias e judiciais porque não são previstos em lei".

A Constituição Federal de 1988 (art. 7º, X) consagra o princípio de "proteção do salário na forma da lei, constituindo crime sua retenção dolosa" pelo empregador.

7.3.2. Em face de credores do empregado

Os salários são impenhoráveis, salvo para pagamento de pensão alimentícia.

Dispõe a Súmula n. 342 do TST:

Descontos salariais efetuados pelo empregador, com a autorização prévia e por escrito do empregado, para ser integralizado em planos de assistência odontológica, médico--hospitalar, de seguro, de previdência privada, ou de entidade cooperativa, cultural ou recreativa associativa dos seus trabalhadores, em seu benefício e de seus dependentes, não afrontam o disposto ao art. 462 da CLT, salvo se ficar demonstrada a existência de coação ou de outro defeito que vicie o ato jurídico.

Ante a literalidade do art. 462 da CLT, acatamos a opinião defendida pelo juiz do trabalho José Quintella de Carvalho na seguinte citação em que comenta a Súmula n. 342 do TST: "Em conclusão, limitamo-nos a repetir o texto legal. Os descontos salariais somente são possíveis na esfera do direito coletivo do trabalho, por norma específica, e por determinação legal, abrangendo os casos já prescritos no art. 462 da CLT."

A Lei n. 10.820, de 2003 (art. 1º, § 1º), e o Decreto n. 4.840, de 2003 (art. 16, *caput*), que a regulamenta, estabelecem a possibilidade de desconto do saldo devedor de empréstimos, financiamentos e operações de arrendamento mercantil nas verbas rescisórias devidas ao empregado, no limite de 30% (trinta por cento) de tais verbas, desde que haja previsão no respectivo contrato. Dessa forma, tais descontos não se sujeitam à regra do art. 477, § 5º, da CLT, e podem ultrapassar o valor equivalente a um mês da remuneração do empregado.

7.3.3. EM FACE DE CREDORES DO EMPREGADOR

Dispõe o art. 449 da CLT: "os direitos oriundos da existência do contrato de trabalho subsistirão em caso de falência[43], concordata ou dissolução da empresa".

§ 1º Na falência, constituirão créditos privilegiados a totalidade dos salários devidos ao empregado e a totalidade das indenizações a que tiver direito.

§ 2º Havendo concordata na falência, será facultado aos contratantes tornar sem efeito a rescisão do contrato de trabalho e consequente indenização, desde que o empregador pague, no mínimo, a metade dos salários que seriam devidos aos empregados durante o interregno.

Através do princípio da intangibilidade salarial, o trabalhador tem o seu salário protegido contra os credores do empregador.

E o art. 455 da Consolidação Laboral responsabiliza o empreiteiro principal pelos créditos trabalhistas não quitados pelo subempreiteiro.

Prescreve o art. 186 do CTN: "O crédito tributário prefere a qualquer outro, seja qual for sua natureza ou o tempo de sua constituição, **ressalvados os créditos decorrentes da legislação do trabalho ou do acidente de trabalho.**" (grifo nosso)

Assim, os créditos trabalhistas são privilegiados e preferem até mesmo ao crédito tributário.

7.4. PAGAMENTO

7.4.1. PERIODICIDADE DO PAGAMENTO

A Consolidação das Leis do Trabalho, em seu art. 459, parágrafo único, determina o 5º dia útil do mês subsequente ao do vencimento como dia-limite para pagamento do salário.

O salário deve ainda ser pago por períodos máximos de um mês, ressalvadas as comissões, percentagens e gratificações nos termos do *caput* do art. 459 da CLT.

---

(43) Art. 83 — Lei n. 11.101/05. "A classificação dos créditos na falência obedece à seguinte ordem:
I — os créditos derivados da legislação do trabalho, limitados a 150 (cento e cinquenta) salários mínimos por credor, e os decorrentes de acidentes de trabalho".
(...)

A Portaria GM/MTb n. 1.061, de 1º.11.1996, em seu art. 2º, apresentou a definição de débito salarial e mora contumaz salarial, assim: "débito salarial — o não pagamento de salários no prazo legal e por período inferior a três meses". "Mora contumaz salarial — o atraso ou sonegação de salários devidos aos empregados, por período igual ou superior a três meses, sem motivo grave ou relevante, excluídas as causas pertinentes ao risco da atividade econômica (Decreto-Lei n. 368/68, art. 2º, § 1º)".

A empresa infratora do artigo citado acima está sujeita a multa administrativa em caso de débito salarial e a processo judicial de mora salarial e sanções de ordem fiscal, ocorrência de mora contumaz salarial.

Em caso de rescisão de contrato de trabalho, havendo controvérsia sobre o montante das verbas rescisórias, o empregador é obrigado a pagar ao trabalhador, à data do comparecimento à Justiça do Trabalho, a parte incontroversa dessas verbas, sob pena de pagá-las acrescidas de 50% (CLT, art. 467).

Ademais, consoante o art. 483 da CLT, mora salarial constitui motivo para o empregado requerer rescisão do contrato de trabalho por justa causa do empregador.

7.4.2. Prova do pagamento

O pagamento do salário deverá ser efetuado contra recibo e/ou através de depósito bancário em conta-corrente do empregado (CLT, art. 464).

Em caso de Rescisão do Contrato de Trabalho, o art. 23 da Instrução Normativa SRT n. 15, de 14.7.2010, da Secretaria de Relações do Trabalho, prevê a possibilidade de pagamento das verbas salariais constantes do Termo de Rescisão de Contrato de Trabalho, dentro dos prazos estabelecidos no § 6º do art. 477 da CLT, poderá ser efetuado por meio de ordem bancária de pagamento, ordem bancária de crédito, transferência eletrônica ou depósito bancário em conta corrente ou poupança do empregado, facultada a utilização da conta não movimentável — conta salário, prevista na Resolução n. 3.402, de 6 de setembro de 2006, do Banco Central do Brasil, acrescentando ainda que, tratando-se de empregador menor ou analfabeto, o pagamento poderá ser efetuado em dinheiro. *Verbis*:

> Art. 23. O pagamento das verbas rescisórias constantes do TRCT será efetuado em dinheiro ou em cheque administrativo, no ato da assistência.
>
> § 1º O pagamento poderá ser feito, dentro dos prazos estabelecidos no § 6º do art. 477 da CLT, por meio de ordem bancária de pagamento, ordem bancária de crédito, transferência eletrônica ou depósito bancário em conta corrente ou poupança do empregado, facultada a utilização da conta não movimentável — conta salário, prevista na Resolução n. 3.402, de 6 de setembro de 2006, do Banco Central do Brasil.
>
> § 2º o Para fins do disposto no § 1º deste artigo:

I — o estabelecimento bancário deverá se situar na mesma cidade do local de trabalho; e

II — o empregador deve comprovar que nos prazos legais ou previstos em convenção ou acordo coletivo de trabalho o empregado foi informado e teve acesso aos valores devidos.

§ 3º O pagamento das verbas rescisórias será efetuado somente em dinheiro na assistência à rescisão contratual de empregado não alfabetizado, ou na realizada pelos Grupos Especiais de Fiscalização Móvel, instituídos pela Portaria MTE n. 265, de 6 de junho de 2002.

7.4.3. Discriminação das verbas salariais

Além do salário contratual (salário-base ou salário fixo), que corresponde à contraprestação mínima que o empregado recebe por disposição do empregador, o § 1º do art. 457 da CLT disciplina que "integram o salário não só a importância fixa estipulada, como também as comissões, percentagens, gratificações ajustadas, diárias para viagens e abonos pagos pelo empregador". Acrescentamos ainda as seguintes verbas já consagradas no ordenamento jurídico trabalhista: o prêmio, os adicionais de insalubridade, periculosidade, noturno, dentre outros.

Ou seja,

	Legenda
R = S + G S = F + C + D + A + Ab + Sin	R — Remuneração S — Salário G — Gorjeta F — Parte fixa C — Comissões D — Diárias A — Ajuda de custo Ab — Abonos Sin — Salário indireto

Fonte: Faculdade *On-line UVB*.

As verbas salariais quitadas englobadamente (salário complessivo) visam a fraudar as leis previdenciárias, tributárias e trabalhistas.

7.5. Fiscalização

O Ementário (2008) do Ministério do Trabalho apresenta as situações possíveis por infração a dispositivos constantes do Título IV, Capítulo II da Consolidação das

Leis do Trabalho — da Remuneração. Assim, os auditores fiscais do trabalho, agentes do Poder Executivo Federal, em cumprimento aos preceitos legais de proteção ao salário e à remuneração, autuarão os empregadores infratores das seguinte normas:

Capítulo II
DA REMUNERAÇÃO

001460-5 — Deixar de incluir na remuneração do empregado, para todos os efeitos legais, além do salário devido e pago diretamente, as gorjetas que receber (art. 457, *caput*, da Consolidação das Leis do Trabalho).

001461-3 — Deixar de incluir no salário do empregado, para todos os efeitos legais, as comissões, percentagens, gratificações ajustadas, diárias de viagens e abonos pagos pelo empregador. (art. 457, § 1º, da Consolidação das Leis do Trabalho).

Nota:

Não se incluem nos salários as ajudas de custo, assim como as diárias para viagem que não excedam de 50% (cinquenta por cento) do salário percebido pelo empregado (art. 457, § 2º, da CLT).

001397-8 — Pagar o salário do empregado com bebidas alcoólicas ou drogas nocivas (art. 458 da Consolidação das Leis do Trabalho).

001141-0 — Descontar do salário do empregado valor referente a vestuários, equipamentos e outros acessórios fornecidos e utilizados no local de trabalho (art. 458, § 2º, da Consolidação das Leis do Trabalho).

001142-8 — Descontar do salário contratual do empregado percentual superior a 25% (vinte e cinco por cento), a título de habitação (art. 458, § 3º, da Consolidação das Leis do Trabalho).

Nota:

Utiliza-se a ementa acima, também, no caso de incorreção na divisão proporcional do desconto, relativamente aos ocupantes da mesma moradia.

001143-6 — Descontar do salário contratual do empregado percentual superior a 20% (vinte por cento), a título de alimentação (art. 458, § 3º, da Consolidação das Leis do Trabalho).

001144-4 — Manter mais de uma família de empregados na mesma unidade residencial (art. 458, § 4º, da Consolidação das Leis do Trabalho).

001398-6 — Deixar de efetuar, até o 5º (quinto) dia útil do mês subsequente ao vencido, o pagamento integral do salário mensal devido ao empregado (art. 459, § 1º, da Consolidação das Leis do Trabalho).

Notas:

Utiliza-se a ementa acima, também, para os seguintes casos:

I — pagamento em desacordo com o piso salarial estabelecido em acordo e convenção coletiva.

II — pagamento efetuado através de cheque, em horário que não permita o seu desconto imediato (Instrução Normativa n. 1, de 7.11.1989);

III — pagamento sem alguma das parcelas integrantes do salário, dentre outras, repouso semanal remunerado, computadas as horas extras habitualmente prestadas, os adicionais de tempo de serviço, noturno (incluindo a hora reduzida noturna), insalubridade, periculosidade, horas extraordinárias e quando as comissões, percentagens e gratificações forem ajustadas com periodicidade mensal.

IV — fazer referência, no histórico do Auto de Infração, à Súmula n. 172, do Tribunal Superior do Trabalho: Súmula n. 172 — "Computam-se no cálculo do repouso remunerado as horas extras habitualmente prestadas. Ex-prejulgado n. 52".

001147-9 — Pagar salários diferentes a empregados que prestam trabalho de igual valor, com idêntica função, na mesma localidade, com distinção de sexo, nacionalidade ou idade (art. 461, *caput*, da Consolidação das Leis do Trabalho).

Nota:

Observar as exceções constantes dos parágrafos do art. 461 Consolidado.

000365-4 — Efetuar descontos nos salários do empregado, salvo os resultantes de adiantamentos, de dispositivos de lei, convenção ou acordo coletivo de trabalho (art. 462, *caput*, da Consolidação das Leis do Trabalho).

000366-2 — Coagir ou induzir empregado a utilizar-se de armazém ou serviços mantidos pela empresa (art. 462, § 2º, da Consolidação das Leis do Trabalho).

001462-1 — Deixar de cumprir as medidas determinadas pela autoridade competente, visando a que as mercadorias sejam vendidas e os serviços prestados a preços razoáveis, sem intuito de lucro e sempre em benefício dos empregados, quando não for possível o acesso dos empregados a armazéns ou serviços não mantidos pela empresa (art. 462, § 3º, da Consolidação das Leis do Trabalho).

000367-0 — Limitar, por qualquer forma, a liberdade do empregado de dispor de seu salário (art. 462, § 4º, da Consolidação das Leis do Trabalho).

001146-0 — Efetuar o pagamento do salário do empregado, sem a devida formalização do recibo (art. 464 da Consolidação das Leis do Trabalho).

Nota:

Utiliza-se a ementa acima no caso de constatação de preenchimento incompleto do recibo de pagamento (ex.: omissão da data), na forma das disposições constantes do art. 320 do Código Civil, aplicado subsidiariamente por força do disposto no parágrafo único do art. 8º da Consolidação das Leis do Trabalho. Atentar para a necessidade de inutilização dos espaços em branco.

A Portaria n. 290, de 11.4.1997, do Ministério do Trabalho, atribui às infrações retromencionadas as seguintes multas administrativas:

— atraso no pagamento do salário — 160 UFIR por empregado prejudicado;

— para as demais infrações, as multas variam de 378, 2847 a 3.782,8472 UFIR, calculados com base nos seguinte critérios: I — natureza da infração, intenção do infrator em praticar a infração, meios ao alcance do infrator para cumprir a lei; II — porte econômico do infrator; III — extensão da infração.

Segundo doutrina de José Serson, citada por Gunther e Zornig (2004), a expressão BTN, que tanta discussão gerou, não mais existe em nosso ordenamento jurídico, esclarecendo-se: a Lei n. 8.178/91 converteu o BTN em CR$ 126.8621, em 1º.3.1991, eliminando essa medida (...). A Lei n. 8.383, de 30.12.1991, recriou o BTN com a sigla UFIR — Unidade Fiscal de Referência —, desde janeiro de 1992, e seu valor inicial foi o do último BTN corrigido.

Logo, a multa por descumprimento do art. 458 e seguintes da CLT encontra respaldo legal na Portaria n. 290/97, e é de 160 UFIRs por trabalhador encontrado em situação irregular. Porém, a UFIR foi extinta, e seu último valor foi de R$ 1,0641. De modo que basta que se multiplique 160 por 1,0641, que se chegará ao valor de R$ 170,25 (cento e setenta reais e vinte e cinco centavos).

7.6. Proibições legais

7.6.1. Salário complessivo

Segundo Carlos Henrique Bezerra Leite (*Direito do trabalho*: primeiras linhas. 2. ed. Curitiba: Juruá, 1997. p. 184), salário complessivo "é o fixado para atender, englobadamente, ao pagamento do salário básico e a outras prestações devidas pelo empregador em virtude do contrato de trabalho". E tem como objetivo evitar acertos de diferenças salariais posteriormente.

Disciplina o professor de Direito S. Saulo Valeriano, em artigo publicado na *Revista Leditathi*, em comentário a questões de segunda etapa de concursos de juízes substitutos do trabalho, que salário complessivo "é o correspondente a uma prestação fixada com antecedência para atender englobadamente a vários direitos legais ou contratuais do trabalhador".

A Súmula n. 91 do TST considera inadmissível e ilegal o salário pago sem discriminação das verbas que integram a sua composição, *verbis*: "Nula é a cláusula contratual que fixa determinada importância ou percentagens para atender englobadamente a vários direitos legais ou contratuais do trabalhador",

7.6.2. Salário *a forfait*

Apesar de o direito brasileiro exigir a discriminação das parcelas componentes do salário, tem sido admitida a fixação *a forfait* de valores correspondentes a cada uma das parcelas devidas pelo empregador na execução do contrato de trabalho.

Assim, segundo o professor Carlos Henrique, "o salário complessivo difere do salário *a forfait*, pois aquele reúne, numa única prestação pecuniária (englobadamente), o pagamento de diferentes parcelas, enquanto que este é fixado (separadamente) para cada uma das prestações salariais, como os adicionais, as comissões, as gratificações etc.".

Diante do exposto acima, conceituo o salário ou a parcela *a forfait* como a contratação máxima de uma prestação salarial, independentemente de sua realização. Exemplo: o empregador pagará mensalmente sessenta horas extraordinárias independentemente de sua realização.

7.6.3. *Truck system*

O § 1º do art. 458 da CLT dispõe: "os valores atribuídos às prestações *in natura* deverão ser justos e razoáveis, não podendo exceder, em cada caso, os dos percentuais das parcelas componentes do salário mínimo (arts. 81 e 82)."

Dispõe o parágrafo único do art. 82 da CLT: "o salário mínimo pago em dinheiro não será inferior a 30% (trinta por cento) do salário mínimo fixado para a região, zona ou subzona (atualmente região ou sub-região)."

O legislador procurou, com essa norma, coibir o *truck system*, que é uma forma utilizada pelo empregador para remunerar o empregado com "vales" apenas aceitos em estabelecimentos da própria empresa, em total desrespeito ao princípio da integralidade salarial.

7.6.4. Demissão prévia à data-base

O art. 9º da Lei n. 6.708, de 30.10.1979, reeditado na Lei n. 7.238, de 29.10.1984, *verbis*: "o empregado dispensado, sem justa causa, no período de 30 (trinta) dias que antecede a data de sua correção salarial, terá direito à indenização adicional equivalente a um salário mensal, seja ele optante ou não pelo Fundo de Garantia do Tempo de Serviço — FGTS."

A restrição acima objetiva desestimular o empregador a efetuar rescisões de contrato de trabalho por ocasião das negociações dos acordos e das convenções coletivas de trabalho, uma vez que, em épocas de altos índices inflacionários, essas quitações prévias buscavam reduções de custos do empreendimento em prejuízo dos trabalhadores.

7.7. Conclusão

As regras de proteção laboral surgiram em nosso ordenamento jurídico com o Decreto n. 1.313, de 17.1.1891, que tratava especificamente da proteção dos trabalhadores menores. Entretanto, como menciona Segadas Viana, citando Deodato Maia, com referência ao Decreto n. 1.313: "muitas leis naquele período serviam mais para uma espécie de uso externo, a fim de provar ao mundo que nosso povo estava apto para receber a democracia nascente. Verdade é que esse decreto nunca teve aplicação prática". (*Instituições de direito do trabalho*. São Paulo: LTr, 1995. p. 870).

Assim, com o Decreto-Lei n. 5.452, de 1º.5.1943, que aprovou a Consolidação das Leis do Trabalho, com a Lei n. 5.172, de 25.10.1966 (Código Tributário Nacional), com a Constituição Federal de 1988 e as demais normas definidoras de organizações legais entre o capital e o trabalho, conseguimos demonstrar a evolução marcante da proteção do bem maior do trabalhador, que é o salário, objeto da contraprestação laboral.

Juntos, o Ministério Público do Trabalho, a Inspeção Federal do Trabalho e a Justiça Trabalhista têm contribuído para que as regras de proteção ao salário sejam cumpridas.

Finalmente, enfatizamos a importância dos sindicatos representantes dos trabalhadores, cuja missão principal é a apresentação de denúncias e reclamações aos órgãos retromencionados, uma vez que classificamos o salário como o propulsor do desenvolvimento econômico e social.

8

DIREITO COLETIVO DO TRABALHO

8.1. INTRODUÇÃO

As relações coletivas de trabalho surgiram com a Revolução Industrial. Nasceu assim uma nova classe de trabalhadores, o proletariado, que individualmente não podia enfrentar os graves problemas sociais consequentes dessa nova situação. A aglutinação em torno dos polos industriais permitiu a comunicação entre os trabalhadores e facilitou a formação de uma consciência coletiva, ficando visível para eles que a situação de penúria, miséria e exploração era comum a todos, exigindo uma solução coletiva. Os trabalhadores, portanto, se organizaram coletivamente para reivindicação de direitos e defesa de seus interesses. O resultado desse enfrentamento foi o surgimento das primeiras normas coletivas, criando direitos e regulando as condições de trabalho.

O Direito Coletivo do Trabalho denomina-se, também, Direito Sindical ou Direito Corporativo.

É parte do Direito do Trabalho, pois é destituído de **autonomia legislativa, doutrinaria, didática e jurisprudencial**. Suas normas estão reunidas no mesmo diploma legal do Direito Individual do Trabalho — CLT — e no mesmo capítulo da Constituição Federal, as controvérsias são solucionadas pelo mesmo órgão do Poder Judiciário, ou seja, Justiça do Trabalho. Não possui princípios próprios.

Não há autonomia legislativa, pois a matéria é tratada na própria Consolidação das Leis do Trabalho — CLT. Não se verifica a autonomia jurisprudencial, pois a Justiça Laboral decide tanto controvérsias envolvendo o Direito Individual como Coletivo de Trabalho.

Não há de se falar em autonomia didática, pois o Direito Coletivo do Trabalho é normalmente ensinado em entidades educacionais juntamente com a disciplina de Direito do Trabalho ou Direito Material do Trabalho. Quanto à autonomia doutrinária, também não se faz presente, uma vez que as obras, as pesquisas, os textos e trabalhos são normalmente escritos pelos doutrinadores e especialistas em Direito Material e Processual do Trabalho.

O movimento sindical brasileiro, a despeito do equívoco da unicidade, da pirâmide confederativa obrigatória, do sistema categorial, evoluiu na última década e está pronto para enfrentar seu maior desafio: enterrar o que resta do modelo fascista herdado da era Vargas, ratificando a Convenção n. 87 da OIT, assegurando a liberdade sindical plena.

8.2. Definição, denominação, conteúdo e funções do Direito Coletivo do Trabalho

A Carta Constitucional de 1988, em seu art. 5º, XVII, assegurou a liberdade de associação, vedada a de caráter paramilitar, ou seja, corporações associativas armadas de natureza religiosa, ideológica, patriótica etc. (Diz-se de organizações particulares de cidadãos, armados e fardados especialmente, sem contudo pertencerem às forças militares regulares).

No art. 37, VI, garantiu ao servidor público civil o direito à livre associação sindical, proibindo-a ao servidor militar no art. 142, IV. Tal preceito revoga tacitamente o art. 566 da CLT.

O *caput* do art. 8º considera livre a associação profissional ou sindical. Proibindo ainda, no inciso I, a interferência e a intervenção do poder público na organização sindical.

A competência para registro é do Ministério do Trabalho e Emprego, visando especificamente a dar atendimento ao princípio da Unicidade Sindical.

O art. 8º, VIII, da CF recebeu a garantia prevista no art. 543 da CLT, que veda a dispensa do empregado sindicalizado desde o momento de sua candidatura a cargo de direção ou representação sindical, e se eleito, ainda que suplente, até um ano após o final do mandato, salvo se cometer falta grave, nos termos da lei.

Conceito

Leciona Arnaldo Süssekind (2004), que cumpre-nos assinalar, que o princípio da igualdade jurídico-política dos cidadãos e a filosofia do liberal individualismo, consagrados pela Revolução Francesa (1789), determinaram:

> a) o **absoluto respeito à autonomia da vontade** das relações contratuais, inclusive nas de trabalho (*laissez-faire*);
>
> b) a **supressão das Corporações de Ofício**[44], já decadentes, que afrontavam o liberalismo econômico dos fisiocratas (Lei de 17.3.1791);

---

(44) Constituição Federal de 1824. Art. 179, XXV — Ficam abolidas as Corporações de Ofício, seus juízes, escrivães e mestres.

c) a **proibição de todas as formas de coalizão de trabalhadores ou empregadores** (Lei *Chapelier*, de 14.6.1791).

Normalmente, o leitor ou mesmo o estudante confunde o Conceito[45] com a Definição[46] de determinado instituto, porém, há uma razoável diferença entre os vocábulos. Logo, conceito é vocábulo que tem conteúdo genérico; enquanto que a definição representa a delimitação desse conteúdo para enumeração dos seus elementos.

Para Plácido e Silva, citado por Carlos Henrique Bezerra Leite (2005), conceito é derivado de *conceptus*, de *concipere* (conceber, ter ideia, considerar), o conceito serve, na terminologia jurídica, para indicar o sentido, a interpretação, a significação que se tem das coisas, dos fatos e das palavras.

Assim, expressa Leite (2009) — pode-se dizer que, à luz da Ciência do Direito — que conceito é a ideia que se expressa mediante palavras, de dado instituto jurídico; já a definição é o significado dessas palavras.

Portanto, em face do exposto apresentaremos a seguir o conceito de *Direito Coletivo do Trabalho* consoante diversos doutrinadores:

> Para Alfredo J. Ruprecht (1995), "o Direito Coletivo do Trabalho é a parte do Direito do Trabalho que tem por objeto regular os interesses da categoria profissional de cada um dos sujeitos laborais. Esse conceito, além de ser sintético, enfatiza que a finalidade é fazer com que os interesses — individuais e coletivos — de cada uma das determinadas partes sociais logrem uma solução jurídica satisfatória".

Expressa Cavalcanti de Carvalho *apud* Amauri Mascaro Nascimento (2005) que Direito Sindical ou Direito Coletivo do Trabalho é o conjunto de normas jurídicas que regulam a formação, as funções e as atividades das associações profissionais, no sentido da tutela dos interesses das diferentes categorias profissionais, em proveito dos seus elementos componentes e em harmonia com os superiores interesses da produção.

A noção de coletivo em Direito do Trabalho diz respeito a determinado grupo e, portanto, o **Direito Coletivo do Trabalho cuida das questões jurídicas dos vários grupos, das relações desses grupos entre si e deles com o Estado**. Em outra dimensão, o Direito Individual do Trabalho ocupa-se das questões jurídicas sob a óptica dos empregados e empregadores individualmente considerados (Pedro Paulo Teixeira Manus, 2005).

Cesarino Júnior citado por Alice Monteiro de Barros (2007), adepto da corrente subjetiva, conceitua o Direito Coletivo como sendo — **o conjunto das leis sociais que**

---

(45) *Conceito* s. m. Filosofia. Ideia, abstração. 2. Opinião, reputação. 3. Sentença, máxima. (Dicionário Michaelis — UOL).
(46) *Definição* s. f. 1. Ação de definir. 2. Proposição que expõe com clareza e exatidão os caracteres genéricos e diferenciais de uma coisa. 3. Palavras com que se define. 4. Decisão. (Dicionário Michaelis — UOL)

consideram os empregados e empregadores coletivamente reunidos, principalmente na forma de entidades sindicais.

Para Mozart Victor Russomano (2002), **Direito Sindical é a parte do Direito do Trabalho que estuda as organizações sindicais, a negociação coletiva e os conflitos coletivos.**

Numa abordagem didática, analisa Alice Monteiro de Barros (2007) que o Direito Individual tem como núcleo o contrato, que por sua vez cria uma relação individual de trabalho, cujos **interesses são concretos**, referindo-se a cada indivíduo determinado, enquanto o Direito Coletivo pressupõe uma relação coletiva de trabalho, em que os sujeitos se encontram em função de uma coletividade profissional; logo, em síntese, a relação daí advinda põe em jogo **interesses abstratos do grupo** (grifamos).

Mauricio Godinho Delgado (2009) conceitua o Direito Coletivo de Trabalho como o **complexo de institutos, princípios e regras jurídicas que regulam as relações laborais de empregados e empregadores e outros grupos jurídicos normativamente especificados, considerada sua ação coletiva, realizada autonomamente ou através das respectivas entidades sindicais.**

Direito Coletivo de trabalho é o segmento do Direito do Trabalho encarregado de tratar da organização sindical, da negociação coletiva, dos contratos coletivos, da representação dos trabalhadores e da greve (SERGIO PINTO MARTINS, 2005).

Para Vólia Bonfim Cassar (2007), o Direito Coletivo é a parte do Direito do Trabalho que trata coletivamente dos conflitos do trabalho e das formas de solução desses mesmos conflitos. Trata da organização sindical e da forma de representação coletiva dos interesses da classe profissional e econômica.

A partir dos conceitos apresentados, podemos dizer que Direito Coletivo do Trabalho é uma subdivisão do Direito do Trabalho, com alguns princípios e regras jurídicas, que estuda as organizações sindicais, a negociação e os respectivos conflitos coletivos.

Assim, a Natureza Jurídica do Direito Coletivo do Trabalho é de seguimento ou setor do Direito do Trabalho, o qual possui autonomia na ciência jurídica (GUSTAVO FILIPE BARBOSA GARCIA, 2007).

Divisão

Afirma Sergio Pinto Martins (2006) que o Direito Coletivo do Trabalho estuda a organização sindical, que compreende sua natureza jurídica, a proteção à sindicalização, seus órgãos, as eleições sindicais e as receitas dos sindicatos; os acordos e as convenções coletivas de trabalho; a greve; o *lockout* e outras formas de soluções dos conflitos coletivos.

Acrescentamos o estudo dos instrumentos internacionais de proteção à liberdade sindical e a negociação coletiva.

Para Amauri Mascaro Nascimento (2005), são quatro, segundo a melhor doutrina, as partes que se compõem o Direito Sindical: a) a organização sindical; b) a ação e funções dos entes sindicais, em especial a negociação coletiva e os contratos coletivos de trabalho; c) os conflitos coletivos de trabalho e sua formas de composição; d) e a representação não sindical ou mista dos trabalhadores na empresa.

Denominação

Alice Monteiro de Barros (2007) sustenta que o Direito Coletivo de Trabalho denomina-se Direito Sindical, embora apresente características próprias e persiga fins especiais, constituindo, portanto, parte do Direito do Trabalho (Direito Individual do Trabalho), devendo esse ser considerado como unidade harmônica que, dada a sua extensão, permite essa subdivisão.

As denominações Direito Coletivo ou Sindical, podem ser usadas indistintamente. No entanto, Direito Sindical chama a atenção para a particularidade — sindicato com poder normativo, pois articula, negocia condições de trabalho (competência legislativa). Direito Coletivo ressalta o aspecto de que o sindicato não é o único representante dos trabalhadores (ex.: há as comissões de fábrica, interna nas empresas, como ocorre no modelo europeu); há ainda a possibilidade de categorias não organizadas em sindicatos que, embora a CF autorize, indique o sindicato como negociador, a lei permite que os trabalhadores atuem diretamente (portanto, o sindicato não tem o monopólio da representação sindical) (NELSON MANNRICH, 2006).

Na lição de Sergio Pinto Martins (2006) são empregadas as seguintes denominações: **Direito Coletivo do Trabalho, Direito Sindical ou Direito Corporativo**. explica o autor que não nos parece adequada a utilização da denominação Direito Sindical, pois essa é mais restrita, dizendo respeito apenas ao sindicato ou a sua organização, e também não trata de grupos não organizados em sindicatos, que podem ser sujeitos para reivindicar direitos trabalhistas. A denominação Direito Corporativo diz respeito não só à organização sindical, mas também à organização da ação do Estado de forma a desenvolver a economia. Criticando, também, o uso da denominação Direito Coletivo do Trabalho, com o fundamento principal de que todo direito é coletivo ou feito para a coletividade.

Partindo das citações acima, lembramo-nos do conceito de Sociedade — **é o conjunto de membros, objetivos e regras**. E o conceito de Direito — **é o conjunto dos preceitos impostos a todos os homens pelas necessidades de manutenção da ordem social:** *norma agendi*. Para concordarmos com a posição do professor Sergio Pinto Martins, no sentido de que o Direito de fato é feito para a sociedade, num sentido genérico. Porém o Direito Coletivo do Trabalho, como parte do Direito do Trabalho, não vai tratar de regular todas as situações da sociedade, mas apenas aquelas regras coletivas que serão observadas em decorrência do contrato individual do trabalho e da organização sindical, daí por que se trata de um segmento do Direito do Trabalho.

Conteúdo

Na lição do professor Amauri Mascaro Nascimento (2005), o Direito Coletivo do Trabalho ou Direito Sindical compõe-se de quatro partes:

1) Organização Sindical;

2) Representação dos Trabalhadores na Empresa;

3) Conflitos Coletivos de Trabalho, formas de Composição e Greve;

4) Convenções Coletivas de Trabalho.

Em que, na primeira, estuda-se a estrutura sindical do País, analisando-se o modelo que adotou e comparando-o com o de outros países e com os princípios gerais que ordenam a matéria, com especial destaque para o sindicato, sua organização e ação.

Na segunda são examinadas as relações de trabalho na empresa, sindicais, não sindicais e mistas.

Na terceira é feito o estudo dos conflitos de interesses entre os trabalhadores como grupo e os empregadores, a classificação desses conflitos e, especialmente, suas formas de solução, com destaque para a greve e sua posição perante o direito interno do País.

Na quarta parte dá-se relevância às convenções coletivas de trabalho, que são acordos de caráter normativo entre os sindicatos e as empresas destinados a criar normas que se projetaram sobre os contratos individuais de trabalho.

Na lição de Mauricio Godinho Delgado (2009), o conteúdo do Direito Coletivo de Trabalho é, pois, dado pelos princípios, pelas regras e pelos institutos que regem a existência e o desenvolvimento das entidades coletivas trabalhistas, inclusive suas inter--relações, além das regras jurídicas trabalhistas criadas em decorrência de tais vínculos. São os princípios e normas regulatórios dos sindicatos, da negociação coletiva, da greve, do dissídio coletivo, da mediação e arbitragem coletivas, ao lado dos dispositivos criados pela negociação coletiva e dissídios coletivos, por exemplo. E complementa: é claro que essas últimas regras, criadas pela própria dinâmica juscoletiva (negociação coletiva e sentença normativa, principalmente), irão se dirigir à regulação dos contratos individuais de trabalho submetidos à representação das respectivas entidades associativas; nessa medida, passarão a se integrar, sem dúvida, ao Direito Individual do Trabalho. Por tal razão é que se mostra tênue, efetivamente, a linha separatória entre os dois segmentos justrabalhistas, individual e coletivo.

Objetivos e Características

Para o professor Edson Braz da Silva (2006), "O Direito Coletivo do Trabalho destina-se a estabelecer por método peculiar a proteção do *trabalho humano dependente*, e, por consequência, a proteção *à pessoa humana*, na sua atividade profissional, por *via indireta,* mediante a mediação do grupo social profissional reconhecido pela ordem jurídica. Trata-se... de um conjunto de normas que se dirige *indiretamente* aos indivíduos e *diretamente* aos grupos profissionais, proporcionando aos primeiros uma tutela de ação *mediata*. Enquanto as normas jurídicas elaboradas pelo Estado para regular o Direito Individual do Trabalho **são aplicativas,** criando para o indivíduo direitos subjetivos, as normas elaboradas para disciplinar o Direito Coletivo do Trabalho são *normas instrumentais,* porque fornecem aos grupos profissionais o *instrumento* técnico adequado à autocomposição de seus próprios interesses. São os grupos que, usando esses *instrumentos,* criam direitos subjetivos. Sua função é propiciar a *organização* de grupos sociais e estabelecer as regras disciplinadoras de suas relações"[47]. Por isso as normas elaboradas com fulcro no direito coletivo podem suprimir ou diminuir direitos individuais em prol do benefício de toda categoria profissional.

> **Normas aplicativas** — criam direito subjetivo para o indivíduo — São normas criadas pelo Estado (normas heterônomas) ou pelas partes (normas autônomas) para regular o direito individual do trabalho.

> **Normas instrumentais** — são normas jurídicas elaboradas para o Direito Coletivo do Trabalho. Fornecem instrumento ao grupo para autocomposição dos seus próprios interesses. São os grupos exercendo esses instrumentos que criam direitos subjetivos para os indivíduos que os compõem.

Ainda, conforme expressa o professor Edson Braz da Silva (2006), o "caráter neutralista" é característica destacada do Direito Coletivo do Trabalho. No confronto capital e trabalho, ele devolve aos grupos a defesa dos interesses profissionais, fornecendo-lhes os instrumentos técnicos para a ação sindical, como ensinam Orlando Gomes e Elson Gottschalk. Apesar dessa neutralidade, o Direito Coletivo não deixa o trabalhador ao desamparo. A proteção real e efetiva decorre da força do agrupamento da categoria profissional em sindicato. Esse ramo do direito confere aos sindicatos a força de barganha proveniente do número de associados, da disciplina, da organização técnica e do poder material, quando de suas relações com a classe patronal. Assim, fica atenuada a inferioridade decorrente da hipossuficiência econômica, posicionando-se o empregado em plano de igualdade com o empregador para ação e negociação coletiva.

Características do Direito Coletivo: reconhecer o poder de organização dos grupos profissionais e a independência da profissão e ter inspiração democrática.

Funções

O Direito Coletivo do Trabalho tem suas funções divididas em dois grupos: gerais e específicas.

---

(47) GOMES, Orlando; GOTTSCHALK, Elson. *Curso de direito do trabalho.* Rio de Janeiro: Forense, 1994. p. 393.

As Gerais envolvem os objetivos inerentes a todo o Direito do Trabalho (ou seja, Individual e Coletivo); enquanto que as Específicas dizem respeito àquelas funções que despontam no segmento juscoletivo de modo particularizado.

> **Funções Gerais** — O Direito Coletivo do Trabalho cumpre as mesmas funções gerais típicas a todo ramo justrabalhista, pois o Direito, como se sabe, é necessariamente finalístico, teleológico, atendendo a fins preestabelecidos em determinado contexto histórico. Para Mauricio Godinho Delgado (2009), tais funções próprias ao Direito do Trabalho, em geral, aplicam-se ao segmento juscoletivo. E a função central justrabalhista consistente na melhoria das condições de pactuação da força de trabalho na ordem socioeconômica comparece, indubitavelmente, ao Direito Coletivo, cabendo ainda ao Direito Coletivo a função de adequação setorial da generalidade de determinadas regras justrabalhistas, ou seja, a função de pacificação de controvérsias reais de caráter comunitário, afastando a *res dubia* existente, através da efetiva transação coletiva, em que concedem, reciprocamente, vantagens às partes coletivamente representadas.

> **Funções Específicas** — São funções oriundas de suas características distintivas e próprias e podem ser arroladas no seguinte grupo: geração de normas jurídicas; pacificação de conflitos de natureza sociocoletiva; função sociopolítica e função econômica.

8.2.1. O problema dos princípios e das fontes normativas

O Direito do Trabalho constitui um ramo do Direito Privado, enquanto que o Direito Coletivo do Trabalho aparece como um dos itens de sua divisão, regido pelos princípios da Autonomia da Vontade e da Liberdade Contratual em tudo aquilo que a lei não proíba. Nesse diapasão, é desejável que os trabalhadores logrem obter condições satisfatórias de trabalho e meio ambiente de trabalho e remuneração condigna com a menor Intervenção Estatal.

O art. 8º da Carta Constitucional de 1988 prescreve alguns princípios que norteiam o Direito Coletivo de Trabalho.

Art. 8º É livre a associação profissional ou sindical, observado o seguinte:

I — a lei não poderá exigir autorização do Estado para a fundação de sindicato, ressalvado o registro no órgão competente, vedadas ao Poder Público a interferência e a intervenção na organização sindical;

II — é vedada a criação de mais de uma organização sindical, em qualquer grau, representativa de categoria profissional ou econômica, na mesma base territorial, que será definida pelos trabalhadores ou empregadores interessados, não podendo ser inferior à área de um Município;

III — ao sindicato cabe a defesa dos direitos e interesses coletivos ou individuais da categoria, inclusive em questões judiciais ou administrativas;

IV — a assembleia geral fixará a contribuição que, em se tratando de categoria profissional, será descontada em folha, para custeio do sistema confederativo da representação sindical respectiva, independentemente da contribuição prevista em lei;

V — ninguém será obrigado a filiar-se ou a manter-se filiado a sindicato;

VI — é obrigatória a participação dos sindicatos nas negociações coletivas de trabalho;

VII — o aposentado filiado tem direito a votar e ser votado nas organizações sindicais;

VIII — é vedada a dispensa do empregado sindicalizado a partir do registro da candidatura a cargo de direção ou representação sindical e, se eleito, ainda que suplente, até um ano após o final do mandato, salvo se cometer falta grave nos termos da lei.

Parágrafo único. As disposições deste artigo aplicam-se à organização de sindicatos rurais e de colônias de pescadores, atendidas as condições que a lei estabelecer.

Apresentaremos, a seguir, conforme inteligência de Vicente Paulo, Marcelo Alexandrino e Gláucia Barreto (2005), os princípios aplicáveis ao Direito Sindical:

Princípio da auto-organização limitada pela unicidade sindical — Segundo o qual é livre a fundação de sindicato, independentemente da prévia autorização do Estado, ressalvado o registro no órgão competente, não sendo possível, no entanto, a criação de mais de um sindicato da mesma categoria profissional ou econômica, na mesma base territorial, sendo essa, no mínimo, equivalente à área de um município (art. 8º, I e II).

Princípio Confederativo — Significando que as formas de entidades sindicais são previstas em lei, dispondo-se verticalmente, em uma estrutura piramidal em três níveis: sindicatos, federações e confederações. Cabendo ainda ressaltar que, embora não reguladas, existem no Brasil e são indiretamente admitidas pela lei, as Centrais Sindicais (que trataremos no item 4.4) (art. 8º, II).

Princípio de Representatividade Direcionada — Significando que a lei indica os grupos ou interesses representados e que são dois: as categorias profissionais ou econômicas e as categorias diferenciadas. Não são previstos sindicatos por empresa, muito comum em outros países (art. 8º, III).

Princípio da Liberdade Sindical[48] **Individual Relativa** — É livre a inscrição de alguém em um sindicato, mas essa só é possível no sindicato único da categoria (art. 8º, V).

---

(48) O princípio da liberdade sindical encontra-se na estrutura do Direito Coletivo do Trabalho da atualidade, pautado pela democracia e o pluralismo nas relações sindicais. A liberdade sindical está regulada pela Convenção n. 87 da Organização Internacional do Trabalho — OIT.

Princípio da Combinação de Receitas estatais e não estatais das fontes de receitas para a manutenção dos sindicatos — Uma vez que tais receitas são provenientes de uma contribuição sindical tributária oficial, prevista em lei, e de outras contribuições fixadas pelas assembleias sindicais ou negociadas em convenções ou acordos coletivos de trabalho (art. 8º, IV).

Princípio da Negociação Coletiva — Como forma de composição dos conflitos, sem exclusão de outras, e de ajuste de condições de trabalho que normalmente se refletirão sobre toda a categoria, atingindo filiados e não filiados do sindicato (art. 8º, VI).

Princípio do Direito de Greve — Como exercício de uma atuação legítima das forças sindicais — cabendo aos trabalhadores decidir sobre a oportunidade de exercê-lo e sobre os interesses que devem por meio dele defender. (art. 9º)

Princípio de Representação dos Trabalhadores nas Empresas — Com mais de 200 empregados — objetivando promover o entendimento direto entre eles e os empregadores (art. 11 da CF).

Princípio da Garantia no Emprego — As garantias especiais conferidas aos dirigentes sindicais, como a estabilidade especial, a inamovibilidade e o direito de exercício das funções na empresa (art. 8º, VIII[(49)], da CF e art. 543[(50)] da CLT).

---

(49) **Súmula n. 369** — TST — Res. n. 129/05 — DJ 20.4.2005 — Conversão das Orientações Jurisprudenciais ns. 34, 35, 86, 145 e 266 da SDI-1:
I — É indispensável a comunicação, pela entidade sindical, ao empregador, na forma do § 5º do art. 543 da CLT. (ex-OJ n. 34 — Inserida em 29.4.1994)
II — O art. 522 da CLT, que limita a sete o número de dirigentes sindicais, foi recepcionado pela Constituição Federal de 1988. (ex-OJ n. 266 — Inserida em 27.9.2002)
III — O empregado de categoria diferenciada eleito dirigente sindical só goza de estabilidade se exercer na empresa atividade pertinente à categoria profissional do sindicato para o qual foi eleito dirigente. (ex-OJ n. 145 — Inserida em 27.11.1998)
IV — Havendo extinção da atividade empresarial no âmbito da base territorial do sindicato, não há razão para subsistir a estabilidade. (ex-OJ n. 86 — Inserida em 28.04.1997)
V — O registro da candidatura do empregado a cargo de dirigente sindical durante o período de aviso prévio, ainda que indenizado, não lhe assegura a estabilidade, visto que inaplicável a regra do § 3º do art. 543 da Consolidação das Leis do Trabalho. (ex-OJ n. 35 — Inserida em 14.3.1994)
(50) **Art. 543**. O empregado eleito para cargo de administração sindical ou representação profissional, inclusive junto a órgão de deliberação coletiva, não poderá ser impedido do exercício de suas funções, nem transferido para lugar impossível o desempenho das suas atribuições sindicais.
§ 1º O empregado perderá o mandato se a transferência for por ele solicitada ou voluntariamente aceita.
§ 2º Considera-se de licença não remunerada, salvo assentimento da empresa ou cláusula contratual, o tempo em que o empregado se ausentar do trabalho no desempenho das funções a que se refere este artigo.
§ 3º Fica vedada a dispensa do empregado sindicalizado ou associado, a partir do momento do registro de sua candidatura a cargo de direção ou representação de entidade sindical ou de associação profissional, até 1 (um) ano após o final do seu mandato, caso seja eleito, inclusive como suplente, salvo se cometer falta grave devidamente apurada nos termos desta Consolidação.
§ 4º Considera-se cargo de direção ou representação sindical aquele cujo exercício ou indicação decorre de eleição prevista em lei.
§ 5º Para os fins deste artigo, a entidade sindical comunicará por escrito à empresa, dentro de 24 (vinte e quatro) horas, o dia e a hora do registro da candidatura do seu empregado e, em igual prazo, sua eleição e

O magistrado Mauricio Godinho Delgado (2009) apresenta a tipologia dos Princípios de Direito Coletivo do Trabalho classificada em três grandes grupos:

1º) Os princípios assecuratórios das condições de emergência e afirmação da figura do ser coletivo obreiro — **Princípio da liberdade associativa e sindical e da autonomia sindical**.

2º) Princípios que tratam das relações entre os seres coletivos obreiros e empresariais, no contexto da negociação coletiva — Citam-se neste segmento o **princípio da interveniência sindical na normatização coletiva**, o da **equivalência dos contratantes coletivos** e, finalmente, o da **lealdade e transparência nas negociações coletivas**.

3º) Princípios que tratam das relações e dos efeitos perante o universo e a comunidade jurídicos das normas produzidas pelos contratantes coletivos — neste rol encontram-se **princípios como o da criatividade jurídica da negociação coletiva** e o **princípio da adequação setorial negociada**. (grifos nossos)

8.2.2. Fontes do direito coletivo de trabalho

As principais fontes do Direito Coletivo de Trabalho são a Constituição Federal, as Leis Ordinárias, entre as quais a Consolidação das Leis do Trabalho — CLT, a Lei n. 7.783/89 (Lei de Greve), as Convenções e os Acordos Coletivos, bem como a Sentença Normativa.

8.2.3. Conflitos coletivos de trabalho e mecanismos para sua solução

Conflito, do latim *conflictus*, significa lutar, combater, indicando posições antagônicas entre as partes. Os conflitos têm a conotação de controvérsia, divergência, pretensão resistida, lide, dissídio.

De acordo com Luis Carlos Cândido Martins Sotero da Silva (2000), um aspecto peculiar da convenção coletiva, bem como do contrato coletivo, é que não se prestam apenas como instrumentos para solucionar um conflito instalado, mas também para evitar sua concreção no seio social. Ainda para o autor, os meios postos para a utilização das partes são: autocomposição mediante convenção, contrato coletivo ou acordo; conciliação; mediação e arbitragem.

---

posse, fornecendo, outrossim, a este, comprovante no mesmo sentido. O Ministério do Trabalho fará no mesmo prazo a comunicação no caso da designação referida no final do § 4º.
§ 6º A empresa que, por qualquer modo, procurar impedir que o empregado se associe a sindicato, organize associação profissional ou sindical ou exerça os direitos inerentes à condição de sindicalizado, fica sujeita à penalidade prevista na letra *a* do art. 553, sem prejuízo da reparação a que tiver direito o empregado.

Os conflitos coletivos de trabalho podem ser considerados basicamente em: Conflitos de Caráter Jurídico ou de direito ou de Caráter Econômico ou de interesses.

Dentre os tipos de mecanismos para a sua solução, apresentam-se as fórmulas de autocomposição e heterocomposição, além das técnicas de autotutela, como a greve e o locaute.

> **a) Autocomposição**: Consiste na técnica de solução dos conflitos coletivos pelos próprios interlocutores, sem emprego da violência, mediante ajustes de vontade. A autocomposição pode ser unilateral ou bilateral. Ex.: convenção coletiva, acordo coletivo, acordo intraempresarial, protocolo de intenções etc.

> **b) Heterocomposição**: É a forma de solução dos conflitos por meio de uma fonte ou de um poder suprapartes. Ex.: mediação, arbitragem e sentença normativa.

8.2.3.1. MODALIDADES DE CONFLITOS COLETIVOS

Assevera Mauricio Godinho Delgado (2009) que são conflitos coletivos trabalhistas aqueles que atingem comunidades específicas de trabalhadores e empregadores ou tomadores de serviços, quer no âmbito restrito do estabelecimento ou empresa, quer em âmbito mais largo, envolvendo a categoria ou, até mesmo, comunidade obreira mais ampla. São pois, distintos dos conflitos meramente interindividuais, que colocam em confronto as partes contratuais trabalhistas isoladamente consideradas (empregado e empregador). Os conflitos interindividuais tendem a abranger aspectos específicos do contrato bilateral entre as partes ou condições específicas da prestação de serviços pelo obreiro, sem que alcancem, regra geral, projeção no seio da comunidade circundante, empresarial e de trabalhadores.

Neste sentido, os conflitos coletivos laborais comportam dois tipos específicos, a saber: os de **caráter jurídico e os de caráter econômico**.

Os conflitos de **natureza jurídica** ou de direito dizem respeito à divergência de interpretação sobre regras ou princípios jurídicos já existentes, quer introduzidos ou não em diplomas coletivos negociados. A interpretação divergente repercute de modo diferenciado nas relações grupais ou coletivas entre trabalhadores e empregadores.

O Tribunal Superior do Trabalho, por sua Seção Especializada em Dissídios Coletivos, tem entendimento pacificado no Precedente Jurisprudencial n. 7, no sentido de que o dissídio coletivo de natureza jurídica não se presta à interpretação de norma de caráter genérico, *in verbis*:

> "7. DISSÍDIO COLETIVO. NATUREZA JURÍDICA. INTERPRETAÇÃO DE NORMA DE CARÁTER GENÉRICO. INVIABILIDADE.
>
> Não se presta o dissídio coletivo de natureza jurídica à interpretação de normas de caráter genérico, a teor do disposto no art. 313, II, do RITST."

Já os conflitos de **natureza econômica** tratam-se de divergências acerca de condições objetivas que envolvem o ambiente laboral e os respectivos contratos de trabalho, com repercussões de evidente fundo material. São também denominados de **conflitos de interesse**, uma vez que os trabalhadores reivindicam novas e mais vantajosas condições de trabalho.

EM SÍNTESE

Os conflitos coletivos podem ser de natureza econômica ou jurídica. Nos primeiros, criam-se normas novas para regulamentação dos contratos individuais de trabalho, com obrigações de dar e de fazer. Exemplos típicos são a cláusula que concede reajuste salarial (obrigação de dar) e a que garante estabilidade provisória ao empregado (obrigação de fazer), estabelece a obrigatoriedade de fornecimento de cesta básica (obrigação de dar).

Os últimos — também conhecidos como conflitos coletivos de direito — visam à interpretação de uma norma preexistente, legal, costumeira ou mesmo oriunda de acordo, convenção ou dissídio coletivo.

8.2.3.2. MECANISMO PARA SOLUÇÃO DOS CONFLITOS COLETIVOS

Os conflitos oriundos da relação capital e trabalho, ou seja, conflitos coletivos de trabalho, solucionam-se, regra geral, por meio das seguintes fórmulas: as **autocompositivas** e as **heterocompositivas**.

A **autocomposição**, conforme destacamos acima, ocorre quando as partes coletivas contrapostas ajustam suas divergências de modo autônomo, diretamente por força e atuação próprias, realizando documento pacificatório, que se traduz no título coletivo negociado. Trata-se, pois, da negociação coletiva trabalhista.

Consoante ensinamentos de Mauricio Godinho Delgado (2009), a fórmula autocompositiva da negociação trabalhista pode receber certos impulsos ou estímulos, caracterizados por mecanismos de autotutela, como a greve, ou próximos à heterocomposição, como a mediação. Entretanto, a presença desses diferentes mecanismos não desnatura a autocomposição realizada, que se celebra autonomamente pelas partes, ainda que sob certa pressão social verificada ao longo da dinâmica negocial.

A **heterocomposição** ocorre quando as partes coletivamente contrapostas não conseguem ajustar, autonomamente, suas divergências, entregam a um terceiro o encargo da resolução do conflito também pode surgir quando as partes não conseguem impedir, com seu impasse, que o terceiro intervenha, como nos dissídios. São modalidades heterocompositivas a arbitragem e o processo judicial utilizado na sistemática brasileira que se denomina dissídio coletivo.

De acordo com Américo Plá Rodriguez, citado por Vólia Bomfim Cassar (2007), há seis formas básicas de solução dos conflitos coletivos:

a) **Ajuste direto** — Ocorre quando há entendimento direto entre o patrão e os operários. Sem a participação de terceiros, como ocorre com o acordo coletivo de trabalho.

b) **Investigação** — As partes lançam mão de um perito para analisar e apresentar parecer técnico sobre a questão, de forma que as partes possam, com justiça, fixar as novas condições de trabalho.

c) **Conciliação** — Pressupõe a participação de um terceiro na negociação coletiva, que pode ser um particular ou algum órgão do Estado. O terceiro tenta aproximar os pontos de vista das partes, na tentativa de buscar concessões mútuas para compor o litígio voluntariamente.

d) **Mediação** — Intervenção de um terceiro que formula recomendações, conselhos e faz indicações das melhores soluções, sempre na tentativa de ajudar as partes a resolver, voluntariamente, o conflito. O mediador é, geralmente, de escolha das partes e deve ser perito ou entendido na matéria. Deve conduzir as negociações, propiciando às partes condições para alcançar a solução para a lide.

e) **Arbitragem** — As partes convencionam submeter o litígio à solução de um terceiro por elas eleito. Este árbitro formulará laudo que será respeitado pelas partes. O árbitro pode ser técnico, perito ou leigo, e a arbitragem pode ser jurídica ou por equidade.

f) **Decisão Judicial ou Jurisdição** — é a submissão do litígio à jurisdição estatal que solucionará o conflito por intermédio de uma sentença coletiva.

8.3. Liberdade sindical

A liberdade sindical é princípio que fundamenta toda organização sindical da atualidade, pautada pela democracia nas relações coletivas de trabalho. Trata-se de espinha dorsal do Direito Coletivo representado por um Estado Social e Democrático de Direito. É um direito subjetivo público que veda a intervenção do Estado na criação ou no funcionamento do sindicato.

O Tratado de Versalhes, criou a Organização Internacional do Trabalho — OIT —, cuja representação tripartite (com representação de empregados, empregadores e governo) reconheceu em seu art. 427, item 2, o direito de associação visando a alcançar qualquer objetivo não contrário às leis, tanto para os patrões como para os assalariados.

A seguir, especificamente, em maio de 1944, a Conferência de Filadélfia adotou importante declaração para atualizar os programas e a finalidade da Organização Internacional do Trabalho — OIT —, prescrevendo no item I, alínea *b*:

A liberdade de expressão e de associação é uma condição indispensável ao progresso ininterrupto.

O art. XXIII, 4, da Declaração Universal dos Direitos Humanos de 1948, preceitua que:

4. Toda pessoa tem direito a organizar sindicatos e neles ingressar para proteção de seus interesses[51].

Após consagrada a liberdade sindical na Declaração de 1948, sua regulamentação foi estabelecida no art. 8º do Pacto Internacional dos Direitos Econômicos, Sociais e Culturais, de 1966[52]. *In verbis*:

Art. 8º

1. Os Estados-partes no presente Pacto comprometem-se a garantir:

a) O direito de toda pessoa de fundar outros sindicatos e de filiar-se ao sindicato de sua escolha, sujeitando-se unicamente aos estatutos da organização interessada, com o objetivo de promover e de proteger seus interesses econômicos e sociais. O exercício desse direito só poderá ser objeto das restrições previstas em lei e que sejam necessárias, em uma sociedade democrática, ao interesse da segurança nacional ou da ordem pública, ou para proteger os direitos e as liberdades alheias;

b) O direito dos sindicatos de formar federações ou confederações nacionais e o direito destas de formar organizações sindicais internacionais ou de filiar-se às mesmas;

c) O direito dos sindicatos de exercer livremente suas atividades, sem quaisquer limitações além daquelas previstas em lei e que sejam necessárias, em uma sociedade democrática, ao interesse da segurança nacional ou da ordem pública, ou para proteger os direitos e as liberdades das demais pessoas;

d) O direito de greve, exercido em conformidade com as leis de cada país.

2. O presente artigo não impedirá que se submeta a restrições legais o exercício desses direitos pelos membros das forças armadas, da polícia ou da administração pública.

3. Nenhuma das disposições do presente artigo permitirá que os Estados-partes na Convenção de 1948 da Organização Internacional do Trabalho, relativa à liberdade sindical e à proteção do direito sindical, venham a adotar medidas legislativas que restrinjam — ou a aplicar a lei de maneira a restringir — as garantias previstas na referida Convenção.

Na mesma direção expressa, o art. 22 do Pacto Internacional sobre Direitos Civis e Políticos[53] de 1966. *In verbis*:

---

(51) Na Constituição Brasileira a livre escolha de emprego está prevista no art. 5º, XIII (é livre o exercício de qualquer trabalho, ofício ou profissão). No art. 7º está assegurado aos trabalhadores justas e favoráveis condições sociais e de trabalho.
(52) Adotado pela Assembleia Geral das Nações Unidas em 16.12.66.
Aprovado pelo Decreto Legislativo n. 226, de 12.12.1991.
Promulgado pelo Decreto n. 591, de 1992.
(53) Adotado pela Assembleia das Nações Unidas para ratificação e adesão pela Resolução n. 2.200 (XXI), em 16.12.1966.

Art. 22

1. Toda pessoa terá o direito de associar-se livremente a outras, inclusive o direito de constituir sindicatos e de a eles filiar-se, para proteção de seus interesses.

2. O exercício desse direito estará sujeito apenas às restrições previstas em lei e que se façam necessárias, em uma sociedade democrática, ao interesse da segurança nacional, da segurança e da ordem públicas, ou para proteger a saúde ou a moral públicas ou os direitos e as liberdades das demais pessoas. O presente artigo não impedirá que se submeta a restrições legais o exercício desses direitos por membros das forças armadas e da polícia.

3. Nenhuma das disposições do presente artigo permitirá que os Estados-partes na Convenção de 1948 da Organização Internacional do Trabalho, relativa à liberdade sindical e à proteção do direito sindical, venham a adotar medidas legislativas que restrinjam — ou a aplicar a lei de maneira a restringir — as garantias previstas na referida Convenção.

Em decorrência da solicitação do Conselho Econômico e Social das Nações Unidas, a Conferência Internacional do Trabalho (Assembleia), que teve lugar na cidade de São Francisco em 1948, aprovou a Convenção n. 87, que dispõe sobre a liberdade sindical e a proteção ao direito de sindicalização, e é considerada a mais importante da OIT. Antes desse tratado, a OIT aprovara duas convenções atinentes ao Direito Sindical: a de n. 11 (direito de sindicalização na agricultura), de 1921, assegurando aos trabalhadores agrícolas os mesmos direitos de associação dos industriários, e a de n. 84, de 1947, sobre a organização sindical nos territórios não metropolitanos (SÜSSEKIND, 2004).

Cabe registrar ainda que a Convenção n. 87 é completada pela Convenção n. 98 (Convenção sobre os Direitos de Sindicalização e Negociação Coletiva). Ressalta Arnaldo Süssekind (2004) que enquanto a Convenção n. 87 objetiva garantir a liberdade sindical em relação aos poderes públicos, a de n. 98 tem por finalidade proteger os direitos sindicais dos trabalhadores perante os empregadores e suas organizações, garantir a independência das associações de trabalhadores em face das de empregadores, e vice-versa, e, bem assim, fomentar a negociação coletiva.

A Convenção n. 87 assegura a liberdade sindical nos planos coletivo, individual e institucional, conferindo aos empregadores e empregados, salvo aos membros das forças armadas e da polícia, conforme art. 9º, o direito de constituir, sem autorização prévia, organizações de sua escolha, assim como o de filiar-se a elas, sob a condição única de observarem os seus estatutos consoante reza o art. 2º. Já a Convenção n. 98 tem por finalidade proteger o trabalhador contra todo ato de discriminação tendente a restringir a liberdade sindical em relação ao seu emprego. Acrescentamos ainda a

---

Em vigor, de acordo com o art. 49, a partir de 23.3.1976.
Aprovado pelo Decreto Legislativo n. 226, de 1991 (DOU de 13.12.1991)
Promulgado pelo Decreto n. 592, de 1992.

Convenção n. 154 (Convenção de Fomento à Negociação), de 1958, no tocante ao fomento da negociação coletiva, pois suas disposições superam a Convenção n. 98.

Registra-se que a Convenção n. 154, de 19 de junho de 1981, trata do fomento à negociação coletiva, aplicável a todos os ramos de atividade econômica, preceitua que o Estado adote medidas compatíveis com as circunstâncias nacionais visando a promover esse mecanismo peculiar ao Direito Laboral.

Por fim, a Convenção n. 87 da OIT, que entrou em vigor em 4 de julho de 1950, dispõe sobre a liberdade sindical e a proteção do direito sindical. Em linhas gerais, a Convenção estabelece que: a) trabalhadores e empregadores, sem distinção de qualquer espécie, terão o direito de constituir, sem prévia autorização, organizações de sua própria escolha e, sob a única condição de observar seus estatutos, e a elas se filiarem; b) as autoridades públicas abster-se-ão de qualquer intervenção que possa limitar o direito de organização das entidades ou cercear seu exercício legal; c) as organizações não poderão ser dissolvidas por autoridade administrativa; d) as organizações terão direito de constituir federações e confederações; e e) a aquisição de personalidade jurídica pela organização não estará sujeita a condições que restrinjam a liberdade.

Diz, também, Vólia Bomfim Cassar (2007) que a Convenção n. 87 da OIT, não ratificada pelo Brasil, informa que esta liberdade consiste no direito dos empregadores e trabalhadores, sem distinção e intervenção estatal, de constituírem as organizações que consideram convenientes, assim como de se filiarem a essas organizações ou delas se desligarem.

Três são os sistemas relativos à Liberdade Sindical:

1 — O **sistema intervencionista** é aquele no qual o Estado ordena as relações relativas à entidade sindical (sindicato). Sistema destacado nos países que adotavam o regime corporativo, como a Itália, no tempo de Mussolini; Espanha, no governo de Franco; Portugal, na administração de Salazar; e até hoje no Estado brasileiro, por força da Carta Constitucional e sua Consolidação das Leis do Trabalho — CLT.

2 — O **sistema desregulado ou desregulamentado**, em que o Estado se abstém de regular a atividade sindical, como no Uruguai, em que não há lei sindical, tendo o país, inclusive, ratificado a Convenção n. 87 da OIT;

3 — O **sistema intervencionista socialista**, em que o Estado ordena e regula a atividade do sindicato, segundo as metas estabelecidas pelo primeiro; como exemplo, podemos citar Cuba.

Em regra, a Liberdade Sindical expressa na Convenção n. 87/OIT implica a desnecessidade de o Estado ser consultado para que os cidadãos trabalhadores e empregadores possam constituir sindicatos.

Relata Arnaldo Süssekind (2004) que, tal como os demais integrantes da comissão elaborada do projeto da CLT, "já defendemos o monopólio de representação sindical, à época imposto pela Carta Política de 1937, justificando que Getúlio Vargas o tenha adotado visando a evitar o fracionamento dos sindicatos e o consequente enfraquecimento das respectivas representações, numa época em que a falta de espírito sindical dificultava a formação de organismos sindicais e a filiação de trabalhadores aos mesmos. Afinal, esse espírito resulta das concentrações operárias, que dependem do desenvolvimento industrial. Daí por que, hoje, defendemos a liberdade de constituição de sindicatos, embora reconhecendo que o ideal seja a unicidade de representação decorrente da conscientização dos grupos de trabalhadores ou de empresários interligados por uma atividade comum. Outrossim, as centrais sindicais brasileiras, de diferentes matizes filosóficos, criaram uma realidade, que não pode ser desprezada, justificadora da pluralidade sindical".

Atrelado ao Princípio da Liberdade Sindical, Francisco Ferreira Jorge Neto e Jouberto de Quadros Pessoa Cavalcante (2004) fazem referência ao **Princípio da Autonomia Sindical**, que representa a garantia de autogestão da entidade sindical, sem interferência de outras entidades ou do Estado, não podendo haver limitações na estrutura interna, atuação externa, sustentação econômico-financeira ou controle administrativo estatal ou de outra entidade sindical.

Entende Irineu Ramos Filho (2005) que, na **Interferência do Estado**, em que pese à vasta retórica em prol da autonomia sindical, o texto da reforma apresenta[54] um retrocesso que avilta a evolução político-constitucional da nação brasileira. A proposta confere poderes ao Ministério do Trabalho e Emprego para "reconhecer a representatividade" das entidades sindicais e afirma que a definição dos ramos de atividades será "procedida por ato do MTE".

8.3.1. Cláusulas de sindicalização forçada

Em alguns ordenamentos há sistemáticas de incentivos à sindicalização como as denominadas cláusulas de segurança sindical ou de sindicalização forçada. São controvertidas no que tange à sua compatibilidade com o princípio da **liberdade sindical**.

Para Mauricio Godinho Delgado (2009), são exemplos das cláusulas negociais coletivas as denominadas *closed shop, union shop, preferencial shop* e, por fim, *maintenance of membership*.

Pela *closed shop* (empresa fechada), o empregador se obriga perante o sindicato obreiro a somente contratar trabalhadores a este filiados.

Pela *union shop* (empresa sindicalizada), o empregador se compromete a manter apenas empregados que, após prazo razoável de sua admissão, se filiem ao respectivo sindicato operário. Não se obstrui o ingresso de trabalhador não sindicalizado, mas

---

[54] Proposta de Emenda Constitucional n. 369/05.

inviabiliza-se sua continuidade no emprego caso não proceda, em certo período, à sua filiação sindical.

A cláusula *preferencial shop* (empresa preferencial) favorece a contratação de obreiros filiados ao respectivo sindicato.

Destaca-se, ainda, a cláusula *maintenance of membership* (manutenção de filiação), pela qual o empregado inscrito em certo sindicato deve preservar sua filiação durante o prazo de vigência da respectiva convenção coletiva, sob pena de perda do emprego.

Em síntese, para o autor, tais dispositivos de sindicalização forçada em confronto com o princípio da liberdade individual obreira de filiação e/ou desfiliação e reforço da organização coletiva dos próprios trabalhadores — em suma, liberdade individual *versus* fortalecimento sindical.

Com a *yellow dog contract*, o trabalhador assume um compromisso contratual com o empregador de não filiação ao sindicato, sob pena de rescisão contratual por justa causa. Com a *company unions*, também chamado de "sindicatos-fantasmas", um grupo de empregados assume o compromisso de constituir um sindicato paralelo (o que nem sempre é possível no direito nacional, haja vista as limitações territoriais e unicidade categorial).

8.3.2. Convenção n. 87 da OIT

A Convenção da Organização Internacional do Trabalho de n. 87 não foi ratificada pelo Brasil, pois imporia limites ao Estado.

Pontos principais da Convenção n. 87 da OIT:

1. Faz distinção entre liberdade sindical no âmbito individual e no âmbito coletivo.

√ No plano individual — os trabalhadores podem se organizar, podendo se filiar ou não, com objetivo de promover e defender os direitos dos envolvidos.

√ No plano coletivo — essas organizações podem livremente eleger seus dirigentes, aprovar seus estatutos e seus planos. Não pode haver interferência do Estado:

1) Interno — da organização sindical (liberdade de eleger representantes, de aprovar estatutos, de imprimir programa de ação), ou seja, regulamentação, representação e gestão.

2) Externo — unicidade e pluralidade (o grupo é quem decide).

√ Parte para o âmbito coletivo — organizações podem eleger livremente seus representantes, aprovar seus estatutos e ter seu programa e ação.

√ O Estado tem que se abster (as autoridades públicas devem abster-se de qualquer intervenção).

Pontos genéricos:

√ As organizações não poderão ser dissolvidas ou suspensas pela Administração Pública (Poder Executivo) = dissolução via administrativa.

√ Possibilidade de contribuição das federações e confederações livremente (estatutos, eleição, programa de ação, filiação...)

√ Aquisição da personalidade jurídica — não pode se sujeitar a condições restritivas (cumprimento de requisitos); não pode haver exigências pelo Estado; não pode se sujeitar a condições restritas Os sindicatos estão obrigados a respeitar as leis (legalidade). Têm autonomia e não independência essa seria a soberania. Tem capacidade de se auto--organizar.

8.4. Organização Sindical

O vocábulo sindicato vem do francês *syndicat*. Sua origem está na palavra síndico, que era encontrada no Direito Romano para indicar as pessoas que eram encarregadas de representar uma coletividade, e no Direito Grego — *sundike*.

Ensina-nos Vólia Bomfim Cassar (2007) que os sindicatos nasceram com a finalidade de obter, por meios conflituosos, a melhoria das condições de trabalho e, por via de consequência, de vida. As conquistas dos trabalhadores são conseguidas por meio de negociações coletivas intermediadas ou deflagradas pelos respectivos sindicatos.

O Direito Coletivo ou Sindical está consolidado nos diversos ordenamentos jurídicos. São quatro as partes que o compõem segundo doutrina dominante: a) a **Organização Sindical**; b) a ação e as funções dos entes sindicais, dentre elas, a negociação coletiva e os contratos coletivos de trabalho; c) os Conflitos Coletivos de Trabalho e suas formas de composição; d) a Representação não sindical ou mista dos trabalhadores na empresa.

Leciona Amauri Mascaro Nascimento (2005) que Organização Sindical é a parte estrutural do direito sindical. É o estudo dos tipos de entes sindicais existentes no ordenamento jurídico. Analisa a macro-organização sindical.

Organização Sindical pode ainda ser o estudo da base geográfica ou do âmbito pessoal do sindicato.

Na CLT, sindicato é a denominação usada para as associações de primeiro grau (art. 561).

Organização e Ação Sindical - Estruturas, Funções e Entidades de Grau Superior

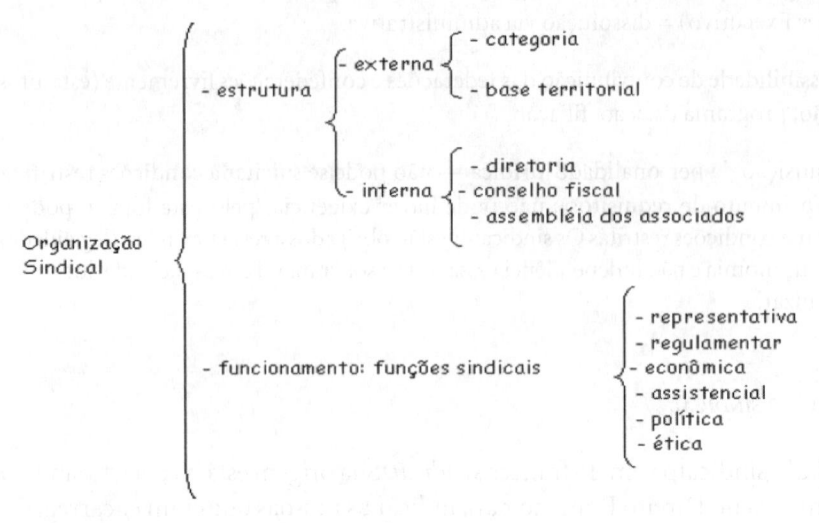

```
                    ┌                ┌─ categoria
                    │   ┌─ externa ──┤
                    │   │            └─ base territorial
                    │─ estrutura ────┤
                    │                │            ┌─ diretoria
                    │                └─ interna ──┤─ conselho fiscal
Organização         │                             └─ assembléia dos associados
Sindical            ┤
                    │                                   ┌─ representativa
                    │                                   │─ regulamentar
                    │─ funcionamento: funções sindicais ┤─ econômica
                    │                                   │─ assistencial
                    │                                   │─ política
                    └                                   └─ ética
```

(MANNRICH, Nelson. *Direito coletivo*. 2006).

A Constituição Federal de 1988 conferiu autonomia aos trabalhadores e empregadores para a criação dos sindicatos, dispondo que a lei não poderá exigir autorização do Estado para a fundação de sindicato, ressalvado o registro no órgão competente, vedadas ao Poder Público a interferência e a intervenção na organização sindical, é o que prescreve o art. 8º, I.

Já o registro no cartório confere personalidade jurídica à entidade sindical. Também é obrigatório o registro realizado junto ao Ministério do Trabalho e Emprego para o controle da Unicidade Sindical, consoante Súmula n. 677 do Supremo Tribunal Federal. O registro no MTE confere atribuições ao sindicato.

Súmula n. 677 — STF — 24.9.2003

Até que lei venha a dispor a respeito, incumbe ao Ministério do Trabalho proceder ao registro das entidades sindicais e zelar pela observância do **princípio da unicidade**.

As **Federações Sindicais** são entidades de grau superior organizadas nos Estados--membros, representantes de categoria profissional ou econômica, reunindo em número não inferior a cinco sindicatos. Nestes termos, podem os sindicatos de uma categoria profissional ou econômica agrupar-se para melhor defender seus interesses regionais. Excepcionalmente, admite-se que a federação tenha representatividade interestadual ou nacional. Podendo celebrar, em algumas situações, convenções coletivas (art. 611, § 2º da CLT), acordos coletivos (art. 617, § 1º da CLT), e instaurar dissídios coletivos (art. 857, parágrafo único da CLT), quando as categorias profissionais não forem organizadas em sindicatos.

As **confederações** são entidades sindicais de grau superior, representantes de categorias profissionais ou econômicas, de âmbito e representação nacional. Constituídas de no mínimo três federações, como na capital federal. Quando as categorias profissionais não forem organizadas em sindicatos, tampouco em federações. poderão celebrar em algumas situações.

Entidades de grau superior: modelo configurativo (piramidal):

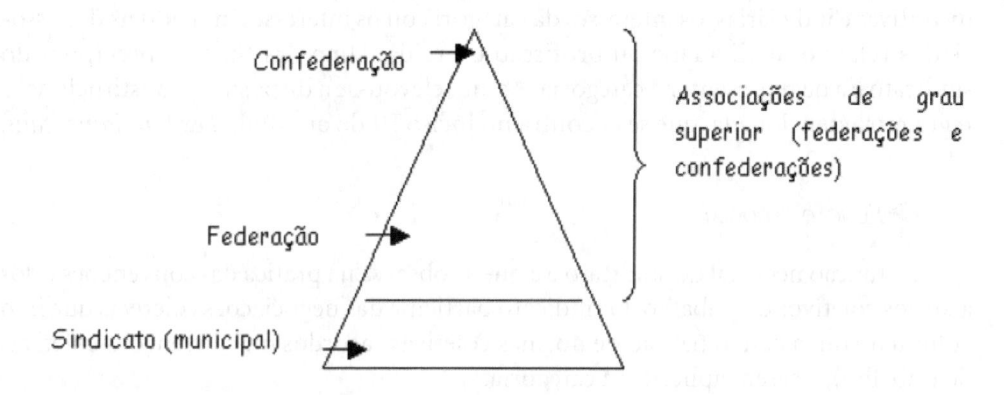

```
                    Confederação
                         │
                         ▼
                        ╱╲                  ⎫
                       ╱  ╲                 ⎪
                      ╱    ╲                ⎬  Associações de grau
                     ╱      ╲               ⎪  superior (federações e
       Federação ──▶╱        ╲              ⎭  confederações)
                   ╱_____╲
                  ╱            ╲
Sindicato (municipal) ──▶╱      ╲
                ╱_____╲
```

(MANNRICH, Nelson. *Direito coletivo*. 2006).

8.4.1. Modelo sindical brasileiro

O modelo de organização sindical consagrado no art. 8º da *Lex Legum* brasileira prevê a liberdade de associação; veda a interferência e a intervenção do Poder Público na organização sindical; não exige autorização do Estado para a fundação de organização, ressalvado o registro no órgão competente; estabelece a unicidade sindical (representação por um único sindicato) por categoria profissional e econômica simétricas; refere ao sistema confederativo de representação sindical; e prevê contribuição de natureza compulsória (Contribuição Sindical).

Nesse diapasão, a liberdade está consagrada na Constituição Federal de 1988, especificamente no inciso I, que enuncia que "é livre a associação profissional ou sindical". Dessa forma, se problemas existem, eles aparecem na regulação do princípio constitucional. Estão equivocados aqueles que tratam a pluralidade sindical como sinônimo de liberdade e a unicidade sindical como imposta. Pois na pluralidade sindical cabe aos filiados ou associados a liberdade de opção pela unicidade sindical.

A definição de sindicato, segundo Mauricio Godinho Delgado (2009), inicialmente se faz levando-se em consideração os sindicatos obreiros, entretanto, na medida em que surgiram os sindicatos empresariais, sua definição tornou-se mais ampla, abrangendo os dois polos trabalhistas (capital e trabalho).

8.4.1.1. Funções do sindicato

➤ *Função de representação*

A função de representação é assegurada na alínea *a* do art. 513 da CLT, em que se verifica a prerrogativa do sindicato de representar, perante as autoridades administrativas e judiciárias, os interesses da categoria ou os interesses individuais dos associados relativos à atividade ou profissão exercida. Uma das funções precípuas do sindicato é a de representar a categoria. Assim, elevou-se a dispositivo constitucional a regra retromencionada, que se encontra no inciso III do art. 8º da *Lex Fundamentalis*.

➤ *Função negocial*

A função negocial do sindicato é a que se observa na prática das convenções e dos acordos coletivos de trabalho. O sindicato participa das negociações coletivas que irão culminar com a concretização de normas coletivas (acordos ou convenções coletivas de trabalho), a serem aplicadas à categoria.

A Constituição Federal de 1988, em seu art. 7º, XXVI, prestigia a função negocial do sindicato ao **reconhecer as convenções e os acordos coletivos de trabalho**.

➤ *Função econômica*

O art. 564 da CLT proíbe, entretanto, ao sindicato, direta ou indiretamente, o exercício de atividade econômica. Entendemos que o referido artigo permanece em vigor com a Constituição de 1988, pois é vedada a interferência do Poder Executivo no sindicato, e não da lei, ao impedir o exercício de atividade econômica, que não é a finalidade do sindicato, mas representar a categoria, negociar para que sejam feitas normas coletivas etc.

➤ *Função política*

O sindicato não deveria fazer política partidária, nem se dedicar à política, visto que esta é prerrogativa dos partidos políticos. O art. 521, *d*, da CLT, mostra a proibição de o sindicato exercer qualquer das atividades não compreendidas nas finalidades elencadas no art. 511 da CLT, especialmente as de caráter político-partidário.

Essa orientação permanece em vigor em face da Carta Magna de 1988, pois não é finalidade do sindicato exercer função política, nem há interferência do Poder Executivo no sindicato.

➤ *Função assistencial*

A alínea *b* do art. 514 da Consolidação das Leis do Trabalho mostra que é dever do sindicato manter assistência judiciária aos associados, independentemente do salário que percebam.

A alínea *d* do art. 514 do texto consolidado especifica que, sempre que possível, e de acordo com suas possibilidades, deverá o sindicato manter em seu quadro de pessoal, em convênio com entidades assistenciais ou por conta própria, um assistente social com as atribuições específicas de promover a cooperação operacional na empresa e a integração profissional na classe.

A assistência nas rescisões dos empregados com mais de um ano de emprego (art. 477 da CLT) e dos empregados estáveis demissionários (art. 500 da CLT) é prestada pelo sindicato.

O art. 592 da Consolidação Laboral revela que a receita da contribuição sindical será aplicada em assistência técnica, jurídica, médica, dentária, hospitalar, farmacêutica, à maternidade, em creches, colônias de férias, educação, formação profissional etc.

Na mesma linha de pensamento acima, o professor Nelson Mannrich (2006) desta as seguintes funções das entidades sindicais na sociedade:

— **Representativa**: representa a categoria (art 8º, III, CF), podendo agir como substituto processual em alguns casos; diferente substituição processual pelo sindicato — ampliação de poder porque não há necessidade de outorga de poder e o sindicato pode agir em nome próprio (como representante da categoria). Já prevista na CLT (embora a era Vargas privilegiasse o assistencialismo, já tinha reconhecida esta função, mesmo não tão importante quanto hoje) — art. 8º, III, CF. Súmula TST — entende que o artigo não autorizou o sindicato à substituição processual, e, sim, à representação. Depois, o TST procedeu ao cancelamento dessa súmula (discussão = voltou à situação anterior x permite a substituição).

— **Regulamentar ou Normativa**: princípio da autonomia privada coletiva; o grupo tem o poder de regulamentar seus interesses por meio da negociação coletiva.

— **Econômica**: arrecadação de recursos para ter condições de atuar nos interesses da categoria.

— **Assistencial (social)**: controle social, aliado à função de colaboração.

— **Política**: intermediação entre trabalhador e empregador e Estado.

— **Ética**: para coibir práticas desleais de trabalho.

— **Preservação do equilíbrio dos custos sociais.**

O Estado atribuiu aos sindicatos funções de colaboração com o Poder Público, plubicizou as concepções do sindicato para que, sob seu controle, não se atirassem, em lutas, o capital e o trabalho. Criou o Ministério do Trabalho atribuindo-lhe funções de administração e organização do proletariado como força de cooperação com o Estado, e passou a regulamentar, por meio de decretos, direitos específicos de algumas profissões.

8.4.2. Categorias: conceito

Além de impor o monopólio da representação sindical, o art. 8º, inciso II, da *Lex Fundamentalis* determinou que a organização, em qualquer grau, deve ser representativa de categoria profissional ou econômica. Se tivesse referido apenas categoria, poder-se-ia entender que cogitava, indeterminadamente, de qualquer grupo de trabalhadores ou de empresários; mas a verdade é que alude a "categoria profissional" e "categoria econômica" — expressões que correspondem a conceitos sociológicos transplantados para o direito positivo brasileiro. E as normas legais pertinentes são não somente compatíveis com o Estatuto Fundamental, mas necessárias ao funcionamento do sistema sindical por ele adotado (SÜSSEKIND, 2004).

As normas da Consolidação das Leis do Trabalho — CLT — envolvidas nesse caso encontram-se nos arts. 511 *usque* 570.

Cabe aqui registrar que nossa legislação, quando trata de categoria, usa as expressões categoria econômica e categoria profissional. A categoria econômica é a que ocorre quando há solidariedade de interesses econômicos dos que empreendem **atividades idênticas**[55], **similares ou conexas**, constituindo vínculo social básico entre essas pessoas (§ 1º do art. 511 da CLT). É também chamada de categoria dos empregadores.

Similares são as atividades que se assemelham, como as que numa categoria pudessem ser agrupadas por empresas que não são do mesmo ramo, mas de ramos que se parecem, como hotéis e restaurantes. Há, assim, certa analogia entre essas atividades.

Conexas são as atividades que, não sendo semelhantes, complementam-se, como as várias atividades existentes na construção civil, por exemplo: alvenaria, hidráulica, esquadrias, pastilhas, pintura, parte elétrica etc. **Aqui existem fatores que concorrem para o mesmo fim: a construção de um prédio, de uma casa**. São observados os fatos da vida real, entre pessoas que concorrem para um mesmo fim.

Quanto aos profissionais liberais, depois da vigência da Lei n. 7.316, de 28.5.1985, que deu aos correspondentes sindicatos a legitimidade processual para representar os que trabalham com relação de emprego, eles devem ser considerados integrantes da categoria profissional diferenciada.

---

(55) *Idêntico*. Adj. 1. Perfeitamente igual. 2. Análogo, semelhante. (Dicionário Michaelis — UOL)

Assim, consignamos que os sindicatos no ordenamento brasileiro representam uma categoria em determinada base territorial, categoria que poderá ser econômica (empregadores) ou profissional (trabalhadores), visando de forma ampla à defesa dos interesses coletivos e individuais de seus associados.

Asseveram Vicente Paulo, Marcelo Alexandrino e Gláucia Barreto (2006) que a **categoria é o conjunto de pessoas que exercem a sua atividade num determinado setor de atividade econômica**, tais como os empregados dos bancos, que formam a categoria dos bancários, e as empresas bancárias, que constituem a correspondente categoria econômica.

Categoria profissional e profissão são institutos distintos. Profissão é o conjunto de atividades lícitas e habituais que uma pessoa exerce para prover a sua subsistência. Categoria é o setor no qual essa pessoa exerce a sua profissão. Como o advogado tem por profissão, em qualquer local que exerça, a advocacia. Porém, se for empregado, trabalhando em departamento jurídico de empresa do comércio, a sua categoria profissional será comerciário. Se esse advogado trabalhar para um banco, a sua profissão será igualmente a de advogado e a sua categoria profissional será bancário.

8.4.2.1. Categoria profissional diferenciada

Conforme Luiz Alberto Matos dos Santos (2001), na aplicação de normas coletivas de trabalho, deve-se ter em conta as seguintes situações:

Numa empresa com mais de uma atividade, aplica-se o critério da atividade preponderante, ressalvando-se a categoria diferenciada. Ex.: Pedreiro que trabalha numa escola, não pertence à categoria da construção civil, mas a dos auxiliares de ensino, que ali prepondera.

Os profissionais liberais, quando vinculados a uma empresa por contrato de trabalho, perdem a sua condição de profissionais liberais, passando, na condição de empregados, a ser representados pelo sindicato da categoria preponderante da empresa.

As pessoas que exercem a mesma profissão podem criar o seu sindicato, hipótese em que teremos o denominado **Sindicato de Categoria Profissional Diferenciada**.

O ordenamento pátrio, por intermédio do art. 511, § 3º da CLT permite essa figura. Nestes termos, os médicos[56] podem formar um sindicato por profissão,

---

(56) Cumpre registrar que, para Luiz Alberto Matos dos Santos (2001), a categoria diferenciada é assim reconhecida por força de um estatuto profissional especial ou por condições de vida singulares, e estão relacionadas taxativamente na CLT. É diferenciada, sobretudo, pelos requisitos especiais a serem observados na elaboração e na execução de seu contrato de trabalho, sendo-lhe facultado demandar, coletivamente, ou chamar à negociação qualquer categoria econômica, já que a mesma não é enquadrada pela atividade preponderante da empresa. Note-se, no entanto, que o vigilante, **o médico**, o engenheiro etc., **têm todos os requisitos para ser considerados diferenciados e não o são, pelo fato de a lei que os regulamentou ou do ato que os reconheceu, à época, não os haver distinguido assim, e em consequência não figurarem expressamente no quadro anexo ao art. 577 da CLT**. (destacamos).

reunindo os profissionais da área médica (médicos somente), de uma base territorial, por exemplo, os médicos do município de Vitória que optarem pela filiação, não importando o setor da atividade econômica em que a empresa na qual estão empregados atue. Nesse caso, o critério decisivo de agrupamento será a profissão, independentemente da categoria em que a medicina é exercida.

> Art. 511, § 3º, da CLT — Categoria profissional diferenciada é a que se forma dos empregados que exercem profissões ou funções diferenciadas por força de estatuto profissional especial ou em consequência de condições de vida singulares.

Na categoria diferenciada, o que ocorre é a formação de um sindicato por profissão[57], segundo leciona Amauri Mascaro Nascimento (1991), citado por Sergio Pinto Martins (2006), que evidentemente só poderá ser de empregados e não de empregadores. Temos como exemplo de categorias diferenciadas, de acordo com o quadro anexo mencionado pelo art. 577 da CLT, a dos condutores de veículos rodoviários (motoristas); cabineiros de elevadores (ascensoristas); secretárias etc.

Persiste, ainda, a categoria diferenciada após a Carta Constitucional de 1988, pois os incisos II, III e IV do art. 8º mencionam que a organização sindical brasileira continua sendo feita sob o sistema de categorias, nada impedindo, portanto, a existência de categorias diferenciadas.

Também, esclarece a Súmula n. 374[58] do TST que o empregado integrante de categoria profissional diferenciada não tem o direito de haver de seu empregador vantagens previstas em instrumento coletivo no qual a empresa não foi representada por órgão de classe de sua categoria.

Conclui Luiz Alberto Matos dos Santos (2001), "Atente-se, porém, que a aplicação de normas coletivas estão restritas às partes pactuantes, a quem delas participou. Sendo o Direito do Trabalho ramo específico que se originou do Direito Civil, dele herdou princípios, entre os quais, os dos contratos, que só produzem efeitos entre as partes contratantes, não aproveitando nem prejudicando terceiros. O art. 611, do diploma consolidado, determina que a convenção seja aplicada no âmbito das representações dos empregadores e dos empregados. Dessa forma, resta equivocada a posição de alguns auditores fiscais do Trabalho, quando, sob o manto da diferenciação de categoria, utilizam-se de convenção coletiva firmada, por exemplo, entre sindicatos de motoristas e o das empresas de transporte, para determinar ao empregador do comércio o pagamento de piso salarial, que não se obrigou".

Não é outro o entendimento jurisprudencial da Corte Máxima Trabalhista:

---

(57) Súmula n. 117 do TST — BANCÁRIO. CATEGORIA DIFERENCIADA.
Não se beneficiam do regime legal relativo aos bancários os empregados de estabelecimentos de crédito pertencentes a categorias profissionais diferenciadas.
(58) Súmula n. 374 do TST — Res. n. 129/05 — DJ 20.4.2005 — Conversão da Orientação Jurisprudencial n. 55 da SDI-1.
Empregado integrante de categoria profissional diferenciada não tem o direito de haver de seu empregador vantagens previstas em instrumento coletivo no qual a empresa não foi representada por órgão de classe de sua categoria. (ex-OJ n. 55 — Inserida em 25.11.1996)

CATEGORIA DIFERENCIADA. ABRANGÊNCIA DE INSTRUMENTO COLETIVO. O instituto da categoria diferenciada existe para que seus integrantes possam organizar-se da forma prevista no art. 611 consolidado. Por conseguinte, é facultado aos pertencentes a uma categoria assim considerada demandar, coletivamente, ou chamar a negociação qualquer categoria econômica, independentemente da atividade preponderante exercida. Isto não significa, porém, que possam, individualmente ou não, invocar a seu favor a norma assim produzida contra empregadores que não hajam, diretamente ou por sindicato próprio, participado do processo respectivo, tenha sido este autônomo ou heterônomo. A abrangência da sentença normativa é restrita aos suscitantes e suscitados no dissídio coletivo em que prolatada. De igual modo, Acordos e Convenções Coletivas somente estabelecem obrigações para as partes que subscrevem. (TST/RR 214.750/95.2, Armando de Brito, Ac. 5ª Turma 907/97).

MOTORISTA — CATEGORIA DIFERENCIADA. O fato de o empregado integrar categoria diferenciada não assegura a exigibilidade, perante a sua empregadora, de condições ou reajustes decorrentes de convenção ou sentença normativa. Isto porque tais fontes formais de direito não têm a mesma eficácia *erga omnes* da lei, visto que se limitam aos participantes da relação coletiva negocial ou processual. Embargos acolhidos. (Ac. da SBDI-1 do TST, ERR 62.515, 15ª R. Rel. Min. Afonso Celso, DJU 12.02.96, p. 1.020).

8.4.2.2. Dissociação de categorias

Para Amauri Mascaro Nascimento (2005), quanto ao número de sindicatos da mesma categoria na mesma base territorial, não poderá haver mais de um. Assim, dispõem a Consolidação das Leis do Trabalho em seu art. 516[59] e a Carta Magna no art. 8º, II, que não será reconhecido mais de um sindicato representativo da mesma categoria em dada base territorial. É o princípio do sindicato único. A unidade da representação é imposta pela lei. Há países nos quais a unidade resulta da autodeterminação dos trabalhadores e não de imperativo legal, já em outros países há o princípio da pluralidade sindical, segundo o qual na mesma base territorial serão criados tantos sindicatos quanto os trabalhadores de uma categoria quiserem. Na mesma categoria pode haver mais de um sindicato. É o que ocorre na França. A crítica que se faz desse sistema é de que os sindicatos tendem a ser ideológicos.

• O art. 571 da CLT, que condiciona a dissociação de categorias em sindicatos diversos a juízo da Comissão do Enquadramento Sindical, não foi recepcionado pela Constituição da República. Conforme o art. 8º, inc. I, da Constituição da República de 1988, estabelece vedação à interferência do Estado na organização sindical.

Art. 571. Qualquer das atividades ou profissões concentradas na forma do Parágrafo único do artigo anterior poderá dissociar-se do Sindicato principal, formando um Sindicato específico, desde que o novo Sindicato, a juízo da Comissão do Enquadramento Sindical, ofereça possibilidade de vida associativa regular e de ação sindical eficiente.

---

(59) **Art. 516**. Não será reconhecido mais de um sindicato representativo da mesma categoria econômica ou profissional, profissão liberal, em uma dada base territorial.

• O sistema de sindicato único é flexibilizado pela lei, não só com a possibilidade de criação de categorias diferenciadas, como pela dissociação ou desdobramento de categorias ecléticas — integrada por atividades principais, conexas ou similares para que estas, destacando-se, passem a ser categoria específica — como pela descentralização de bases territoriais, por exemplo, um sindicato municipal onde antes havia um estadual (AMAURI MASCARO NASCIMENTO, 2005).

Conforme Alice Monteiro de Barros (2007), cumpre salientar que a colocação de um empregado, empregador ou trabalhador autônomo no quadro da respectiva categoria constitui o que denominamos enquadramento sindical, e se processava nos termos do art. 577 da CLT. As dúvidas a respeito, antes da Constituição da República de 1988, eram solucionadas pela Comissão de Enquadramento Sindical (Órgão do Ministério do Trabalho). Com a proibição de intervenção do poder público na organização sindical (art. 8º, I e II), cessaram as atribuições da Comissão de Enquadramento Sindical, competindo, agora, às confederações a coordenação das atividades do sistema, podendo, inclusive, solucionar controvérsias, garantindo-se sempre o recurso ao Judiciário, na hipótese de inconformismo de uma das partes (art. 114, III, da Constituição vigente).

8.4.2.3. Membros de categoria e sócios do sindicato

O inciso XX do art. 5º da Constituição da República de 1988 dispõe que **ninguém poderá ser compelido a associar-se ou a permanecer associado**.

Analisa o professor Amauri Mascaro Nascimento (2005) que, quanto à liberdade de se associar a um sindicato, a CLT, em seu art. 544, dispõe que é livre a sindicalização, com o que há diferença entre ser membro de uma categoria, situação automática que resulta do simples exercício de um emprego, e ser sócio do sindicato único da categoria, situação que resulta de ato de vontade do trabalhador.

Art. 8º da Constituição Federal — é livre a associação profissional ou sindical, observado o seguinte:

(..)

V — ninguém será obrigado a filiar-se ou a manter-se filiado a sindicato.

Filiação

O princípio trazido no inciso V do art. 8º da Carta Constitucional, que significa liberdade sindical de filiação e desligamento de uma entidade sindical, constitui ideia já presente entre nós, como se vê dos art. 540 e 544 da Consolidação das Leis do Trabalho, por exemplo. Ganha, contudo, tal princípio maior importância, à medida que passa a ser constitucionalmente assegurado (PEDRO PAULO TEIXEIRA MANUS, 2005).

O art. 540 do diploma consolidado especifica que a toda empresa ou ao indivíduo que exerder respectivamente atividade ou profissão, desde que satisfaçam as exigências desta lei, assiste o direito de ser admitido no sindicato da respectiva categoria, salvo caso de falta de idoneidade, devidamente comprovada, **com recurso para o Ministério do Trabalho** (nos termos do art. 114, III, da CF compete à Justiça do Trabalho processar e julgar, revogando, assim, a parte final do mencionado artigo).

Também, como a pessoa pode livremente filiar ou associar-se ao sindicato, pode dele retirar-se. O sindicato poderá expulsar o associado de seus quadros, de acordo com seus Estatutos, tendo aquele direito de recurso ao Judiciário Trabalhista, e não mais ao Ministério do Trabalho, como mencionava o art. 542 da CLT.

> Art. 542. De todo ato lesivo de direitos ou contrário a esta Lei, emanado da Diretoria, do Conselho ou da Assembleia Geral da entidade sindical, poderá qualquer exercente de atividade ou profissão recorrer, dentro de 30 (trinta) dias, para a autoridade competente do Ministério do Trabalho.

Aposentado

Ainda conforme Pedro Paulo Teixeira Manus (2005), o Inciso VII do art. 8º da Constituição da República Federativa do Brasil afirma que o aposentado, desde que filiado ao sindicato, tem direito a votar e ser votado, o que consagra ideia já aceita pela coletividade e evita a existência de um tipo de associado com parte apenas dos direitos dos demais. De certa forma, esse inciso também acentua a importância da vida sindical, embora de forma impositiva, tratando de questão que poderia ficar para ser decidida pelas assembleias e pelos estatutos. Não obstante isso, temos como princípio que prestigia a atividade e a vida sindical.

8.5. Entidades sindicais: conceito, natureza jurídica, estrutura, funções, requisitos de existência e atuação

Leciona Edson Braz da Silva (2006) que alguns autores citam as corporações de ofício da Idade Média como originadoras do sindicalismo atual. Contudo, estudos mais aprofundados de autores como Elson Gottschalk e Ruprecht discordam desse posicionamento.

As corporações regulavam a produção e as condições de trabalho, investidas de um rigoroso monopólio na fabricação, na venda e na regulamentação dos produtos e do mercado. Eram integradas pelos mestres, companheiros e aprendizes. Os mestres consubstanciavam o grau mais elevado na escala hierárquica. Os aprendizes eram admitidos e assumiam o compromisso de obediência total ao mestre, que em troca lhes dava cama e comida, ensinando-lhes o ofício e pagando-lhes uma pequena retribuição fixada nos estatutos. Os companheiros eram os aprendizes que terminavam a etapa de aprendizagem e, não adquirindo a qualidade de mestre, permaneciam na oficina como assalariados.

Era um sindicalismo patronal obrigatoriamente dirigido pelos mestres, eleito pelos seus pares. A defesa do grupo era dirigida contra o consumidor e não contra a outra parte na relação de emprego. Portanto, não se pode deduzir que as corporações são antecessoras imediatas dos sindicatos atuais.

Nossa legislação infraconstitucional (CLT), em seus arts. 561 e 562, prescreve:

> Art. 561. A denominação "sindicato" é privada das associações profissionais de primeiro grau, reconhecidas na forma desta Lei.
>
> Art. 562. As expressões "federação" e "confederação", seguida da designação de uma atividade econômica ou profissional, constituem denominações privadas das entidades sindicais de grau superior.

CONCEITO DE SINDICATO

A Consolidação das Leis do Trabalho não define o que vem a ser sindicato, apenas esclarece que "é lícita a associação para fins de estudo, defesa e coordenação dos seus interesses econômicos ou profissionais, de todos os que, como empregadores, empregados, agentes ou trabalhadores autônomos ou profissionais liberais, exerçam, respectivamente, a mesma atividade ou profissão ou atividades ou profissões similares ou conexas" (art. 511).

O sindicato é uma forma de associação instituída para proteger os interesses profissionais dos que a integram (MARANHÃO; CARVALHO, 1993).

Pode ser conceituado como uma **forma de associação profissional ou econômica devidamente reconhecida pelo Estado como representante legal da categoria**[60].

Constitui-se o sindicato, nas palavras de Laski *apud* Maranhão e Carvalho (1993), num elemento necessário ao processo, em desenvolvimento, da vida democrática.

Conceito sintético: Sindicato "é uma associação livre de empregados ou de empregadores ou de trabalhadores autônomos para defesa dos interesses profissionais respectivos"[61].

Conceito analítico: "Sindicato é o agrupamento estável de várias pessoas de uma profissão, que convencionam colocar, por meio de uma organização interna, suas

---

(60) Distingue-se o sindicato das ordens profissionais (CRA, OAB, CRM etc.), como a dos advogados, dos médicos, dos dentistas ou a dos músicos, que têm por objetivo a fiscalização da profissão e são pessoas jurídicas de direito público, na modalidade de autarquias especiais. O sindicato não disciplina a classe, defende-a. No sindicato, a filiação é facultativa, no órgão de fiscalização profissional, é obrigatória, para o fim do exercício da profissão.
(61) GOMES, Orlando; GOTTSCHALK, Elson. *Curso de direito do trabalho.* 14. ed. Rio de Janeiro: Forense, 1998.

atividades e parte de seus recursos em comum para assegurar a defesa e a representação da respectiva profissão, com vistas a melhorar suas condições de vida e trabalho"[62].

Conceito legal: É "a associação para fins de estudo, defesa e coordenação dos seus interesses econômicos ou profissionais de todos os que, como empregadores, empregados, agentes ou trabalhadores autônomos, ou profissionais liberais, exerçam, respectivamente, a mesma atividade ou profissão ou atividades ou profissões similares ou conexas" (art. 511, CLT).

Natureza jurídica dos sindicatos

O diploma consolidado (CLT) de 1943 definiu as bases da organização sindical, inspirada na doutrina Italiana da *Carta del Lavoro*. Essa doutrina serviu aos propósitos de controle da organização sindical desejado por Getúlio Vargas. Esse regime organizou a vida socioeconômica do país **por meio das corporações**, como ficou bem claro no art. 140[63] da Carta de 1937. No entanto, corrigindo a distorção que conferia ao sindicato a personalidade de pessoa jurídica de direito público, a Constituição Federal de 1988 desatrelou o sindicato da estrutura estatal, conferindo-lhe o tratamento de entidade de direito privado.

Nos termos da lei civil brasileira, o sindicato é uma pessoa jurídica, capaz de direitos e deveres na ordem civil[64].

Para Délio Maranhão e Luiz Inácio B. Carvalho (1993), divergem os doutores ao serem questionados se o sindicato é uma pessoa jurídica de direito público ou de direito privado. A personalidade de Direito Público pressupõe que participe a entidade da essência da atividade do Estado e disponha de parcela de poder de império. Afirmando que nos países totalitários[65] é evidente a natureza de pessoa de direito público do sindicato. Integra o aparelho estatal de tipo corporativo. Mas, num regime democrático, o caráter de pessoa de direito privado é uma decorrência do próprio princípio de liberdade sindical.

---

(62) GOMES, Orlando; GOTTSCHALK, Elson. *Curso de direito do trabalho*. 14. ed. Rio de Janeiro: Forense, 1998.
(63) Art. 140 da CF/37 — A economia da produção será organizada em corporações, e estas, como entidades representativas das forças do trabalho nacional, colocadas sob a assistência e a proteção do Estado, são órgãos deste e exercem funções delegadas de poder público.
(64) Art. 44 do CC — São pessoas jurídicas de direito privado:
I — as associações;
II — as sociedades;
III — as fundações;
IV — as organizações religiosas;
V — os partidos políticos.
(65) No regime sindical inspirado na doutrina corporativa, o sindicato tem personalidade jurídica de direito público, sendo a política sindical pressuposto desta doutrina, pois propicia ao Estado a coordenação das atividades das categorias representadas pelos sindicatos e a subordinação do sindicato ao Estado. O Estado corporativo coloca-se acima das classes sociais. Ele organiza, regula e atua como moderador das relações sociais (SILVA, 2006).

Nos regimes totalitários, atribui-se ao Sindicato a fisionomia de Direito Público, transformando-se em órgão de colaboração com o Estado, enquanto nos países de tradição democrática prevalece a natureza de Direito Privado, afastando-se o Sindicato da influência estatal.

Assim, os Sindicatos são frutos da vontade dos indivíduos que compõem grupos, cujos interesses são iguais, similares ou conexos, congregando determinada categoria econômica, profissional, de trabalhadores autônomos ou profissionais liberais, daí sua natureza jurídica de Direito Privado.

Para Julpiano Chaves Cortez (2004), a natureza jurídica do sindicato já foi objeto de muita discussão, e atualmente é tranquilo o entendimento de que se trata de pessoa jurídica de Direito Privado.

Estrutura sindical

Estrutura Externa: a estrutura sindical no ordenamento brasileiro tem o formato piramidal, que se compõe do **Sindicato**, em seu piso, da **Federação**, em seu meio, e da **Confederação**, em sua cúpula. As Centrais Sindicais não compõem o modelo corporativista.

Desse modo, existe na base do sistema um sindicato único, **organizado por categoria profissional ou diferenciado**, em se tratando de trabalhadores, ou por **categoria econômica**, em se tratando de empregadores.

As **Federações** resultam da conjugação de, pelo menos, **cinco sindicatos** da mesma categoria profissional, diferenciada ou econômica (art. 534, CLT).

Já as **Confederações** resultam da conjugação de, pelo menos, **três federações**, respeitadas as respectivas categorias, tendo sede em Brasília (art. 535, CLT).

Estrutura Interna: a administração do sindicato será exercida por uma diretoria constituída, no máximo, de sete e, no mínimo, de três membros, e de um conselho fiscal composto de três membros (art. 522, CLT).

Atuação sindical

Os métodos de atuação das associações sindicais, nas palavras de Arnaldo Süssekind (2004), correspondem às suas diretrizes doutrinárias:

> a) **Sindicalismo Revolucionário**, que considera o sindicato o instrumento necessário da evolução proletária emancipadora. **A greve e a violência são métodos pelos quais os sindicatos podem realizar os seus fins revolucionários**. Obtidos estes, instaurado o novo sistema, o sindicato passará a instrumento administrativo. No Brasil, por influência de imigrantes italianos e espanhóis, foram criadas uniões operárias que defendiam o anarcossindicalismo;

b) Sindicalismo reformista, que objetiva a melhoria das condições de trabalho e o bem-estar social da família operária, **mediante ação reivindicatória que despreza os meios violentos.** Não tem por alvo a modificação do regime político-econômico, mas a gradativa transformação das relações entre as empresas e seus empregados. Faz da negociação coletiva, com ou sem greve, o instrumento para a consecução dos seus fins;

c) Sindicalismo Cristão, esteado na doutrina social da Igreja Católica, tal como revelada na *Rerum Novarum,* do Papa Leão XIII, e nas demais encíclicas que, posteriormente, abordaram o tema. **Despreza também os meios violentos para obter melhores condições de trabalho e de vida**, tendo por meta a dignificação do trabalhador;

d) Sindicalismo Pragmático, ou de resultados, que é derivante do sindicalismo reformista e tem na organização sindical norte-americana o seu mais eloquente exemplo. Raramente recorrem às greves e não defendem nenhuma ideologia; mas indicam aos seus associados alguns candidatos a mandatos eleitorais;

e) Sindicalismo de Estado, que pode conviver tanto com a organização corporativa quanto com a comunista. Caracteriza-se por enquadrar as associações sindicais como entes sujeitos à orientação e ao controle do Governo central, com delegação de certos encargos estatais. Por vezes, são beneficiários de recursos financeiros de natureza pública. O monopólio de representação é sempre imposto aos sindicatos (unicidade sindical compulsória), com organização hierarquizada, de forma a que a entidade (ou entidades) de cúpula comande as de nível médio e as de base. (destacamos)

8.5.1. Fontes de recursos das entidades sindicais

As entidades sindicais têm como receitas:

a) **Contribuição Confederativa** (art. 8º, IV, da CF);

b) **Contribuição Sindical** (arts. 8º, IV, *in fine* e, 149 da CF, combinado com os arts. 578 a 610 da CLT);

c) **Contribuição Assistencial** (art. 513, *e,* da CLT);

d) **Contribuição Associativa** (Mensalidade Sindical dos Sócios) (art. 548, *b,* da CLT);

e) Outras receitas, tais como os bens e valores adquiridos e as rendas por ele produzidas, as doações e os legados e as multas e outras rendas eventuais (art. 548 da CLT).

— **Contribuição Sindical**: compulsória, se destina ao financiamento das atividades sociais. Empresas e profissionais liberais a pagam. O valor recolhido da contribuição sindical é repartido, obedecendo-se aos seguintes percentuais[66]:

---

(66) **Art. 589**. Da importância da arrecadação da contribuição sindical serão feitos os seguintes créditos pela Caixa Econômica Federal, na forma das instruções que forem expedidas pelo Ministro do Trabalho:

a) 5% (cinco por cento) para a confederação correspondente;

b) 10% (dez por cento) para a central sindical;

c) 15% (quinze por cento) para a federação;

d) 60% (sessenta por cento) para o sindicato respectivo; e

e) 10% (dez por cento) para a 'Conta Especial Emprego e Salário';

— **Contribuição assistencial** (art. 545): por ocasião da negociação da categoria com as empresas. Somente para associados. Se não é sócio, a contribuição é facultativa (art. 545, CLT) — fixada quando da negociação coletiva (dissídio). É **facultativa** —, pois este artigo faculta ao empregado autorizar o desconto em folha. Os trabalhadores que concordarem têm desconto em folha e a empresa tem dez dias para entregar ao sindicato. Há entendimentos de que há abuso dos sindicatos[67], porque o empregado pode recusar e, por isso, tem cinco dias para declinar. O sindicato mal comunica seu endereço e as condições para denegar ("armadilha"). Essa contribuição também não tem natureza tributária e, portanto, não obriga os trabalhadores não sindicalizados, que poderão se opor à cobrança.

— **Contribuição Confederativa**: Todos os associados pagam. Será descontada em folha em se tratando de empregado. Interpretação do art. 8º de desconto compulsório. Mas é *facultativa*. Há Súmula do STF[68] que acolhe a tese de que essa contribuição só será paga pelo associado (empregado filiado ao sindicato).

— **Contribuição associativa**: Também facultativa. É devida pelo associado ao sindicato. Está prevista no estatuto de cada entidade sindical e é paga apenas pelos asso-

---

I — para os empregadores: (*Alterado pelo L-011.648-2008*)
a) 5% (cinco por cento) para a confederação correspondente;
b) 15% (quinze por cento) para a federação;
c) 60% (sessenta por cento) para o sindicato respectivo; e
d) 20% (vinte por cento) para a "Conta Especial Emprego e Salário";
II — para os trabalhadores: (*Alterado pelo L-011.648-2008*)
a) 5% (cinco por cento) para a confederação correspondente;
b) 10% (dez por cento) para a central sindical;
c) 15% (quinze por cento) para a federação;
d) 60% (sessenta por cento) para o sindicato respectivo; e
e) 10% (dez por cento) para a "Conta Especial Emprego e Salário";
(67) Precedente Normativo TST n. 119 — Contribuições sindicais. Inobservância de preceitos constitucionais. (positivo). (*Nova redação — Res. n. 82/98, DJ 20.8.1998*)
A Constituição da República, em seus arts. 5º, XX, e 8º, V, assegura o direito de livre associação e sindicalização. É ofensiva a essa modalidade de liberdade cláusula constante de acordo, convenção coletiva ou sentença normativa estabelecendo contribuição em favor de entidade sindical a título de taxa para custeio do sistema confederativo, assistencial, revigoramento ou fortalecimento sindical e outras da mesma espécie, obrigando trabalhadores não sindicalizados. Sendo nulas as estipulações que inobservem tal restrição, tornam-se passíveis de devolução os valores irregularmente descontados.
(68) **Súmula n. 666 — STF** — 24.9.2003. A contribuição confederativa de que trata o art. 8º, IV, da Constituição, só é exigível dos filiados ao sindicato respectivo.

ciados ao sindicato, pois só esses se beneficiam dos serviços por ele prestados. É legítima a exigência conforme estabeleça o Estatuto da entidade sindical, pois sendo a filiação ao sindicato uma faculdade, só os trabalhadores interessados contribuirão.

CONTRIBUIÇÃO SINDICAL — NATUREZA JURÍDICA

O projeto de lei que visa à regularização das alterações do custeio das entidades sindicais prevê em sua justificativa a "extinção de qualquer recurso de natureza parafiscal para custeio de entidades sindicais e a criação de contribuição de negociação coletiva".

A Contribuição Sindical vigente tem natureza jurídica tributária[69], pois se encaixa na orientação do art. 149[70] da Carta Constitucional, como uma contribuição de interesse das categorias econômicas e profissionais, além do que, é a mesma prevista em lei (CLT), mencionada ainda na parte final do Inciso IV do art. 8º da Lei Maior.

Nos termos do art. 4º, do Código Tributário Nacional, a sua hipótese de incidência é pertencer à categoria econômica ou profissional.

Sindicato: Contribuição Sindical de categoria — Recepção. A recepção pela ordem constitucional vigente da contribuição sindical compulsória, prevista no art. 578 da CLT e exigível de todos os integrantes da categoria, independentemente de sua filiação ao sindicato, resulta do art. 8º, IV, *in fine*, da Constituição; não obsta à recepção a proclamação, no caput do art. 8º, do princípio da liberdade sindical, que há de ser compreendido a partir dos termos em que a Lei Fundamental a positivou, nos quais a unicidade sindical (art. 8º, II) e a própria contribuição sindical de natureza tributária (art. 8º, IV) — marcas características do modelo corporativista resistente —, dão a medida de sua relatividade (cf. MI n. 144, Pertence, RTJ147/868, 874); nem impede a recepção questionada a falta da lei complementar prevista no art. 146, III, CF, à qual alude o art. 149, à vista do disposto no art. 34, §§ 3º e 4º, das Disposições Transitórias (RE n. 180.745/SP, Ministro Sepúlveda Pertence).

Após a aprovação da respectiva reforma, em que será instituída a Contribuição de Negociação Coletiva, prevista no art. 45[71] do projeto de lei, entendemos não ser

---

(69) De acordo com Flávia Moreira PESSOA (2005), para os que defendem o caráter não tributário das contribuições, o art. 145 da Constituição Federal é expresso ao prever as espécies de tributos: impostos, taxas e contribuições de melhoria, não havendo possibilidade de inserção das contribuições no gênero. Afirmam ainda que, muito embora o art. 149 da Constituição, que trata das contribuições, esteja inserido no capítulo do Sistema Tributário Nacional, isto não significa que somente por esse motivo a natureza jurídica das contribuições se altere, já que não é o lugar onde está inserido o dispositivo legal que determina, necessariamente, a natureza do instituto.

(70) Art. 149. Compete exclusivamente à União instituir contribuições sociais, de intervenção no domínio econômico e **de interesse das categorias profissionais ou econômicas, como instrumento de sua atuação nas respectivas áreas**, observado o disposto nos arts. 146, III, e 150, I e III, e sem prejuízo do previsto no art. 195, § 6º, relativamente às contribuições a que alude o dispositivo. (grifos nossos).

(71) Art. 45. A contribuição de negociação coletiva é o valor devido em favor das entidades sindicais, com periodicidade anual, fundada na participação na negociação coletiva ou no efeito geral do seu resultado, ainda que por meio de sentença (....).

possível a continuidade da fiscalização da mesma pela autoridade fiscal (Auditor Fiscal do Trabalho) tendo em vista a mesma perder a sua característica parafiscal ou tributária. Ademais, a parcela atual depositada na Conta Especial Emprego e Salário — FAT —, cujo resultado de sua arrecadação é que mantém as Delegacias Regionais do Trabalho com recursos financeiros para o seu funcionamento, deixará de existir.

Para o professor Sergio Pinto Martins (2005), a atual contribuição sindical é o antigo imposto sindical, e como imposto tinha natureza tributária, como espécie do gênero tributo. Complementa o autor que a contribuição sindical também se encaixa na definição de tributo contida no art. 3º do CTN — Código Tributário Nacional. É uma prestação pecuniária, exigida em moeda. É compulsória, pois independe da vontade da pessoa de contribuir. E o art. 545 da CLT mostra que o desconto da contribuição sindical pelo empregador independe da vontade do empregado. Não se constitui em sanção de ato ilícito. É instituída em lei (arts. 578 a 610 da CLT) e cobrada mediante atividade administrativa plenamente vinculada, que é o lançamento feito pelo auditor fiscal do trabalho (art. 606 e seu § 1º, da CLT), logo, sua natureza é tributária.

Leciona Vicente Paulo e Marcelo Alexandrino (2005) que a contribuição sindical tem natureza jurídica de tributo, sendo instituída por lei, portanto, compulsória para todos os trabalhadores, independentemente da vontade desses. Em decorrência de sua natureza tributária, estão obrigados ao seu pagamento todos os trabalhadores pertencentes à categoria, independentemente de serem sindicalizados. Para o desconto dessa contribuição em folha de pagamento não há necessidade de autorização dos trabalhadores.

Em nosso entendimento, a contribuição de negociação coletiva que irá substituir a contribuição sindical não deverá ter natureza jurídica tributária e não deverá ser fiscalizada e cobrada pela atividade administrativa exercida pela auditoria fiscal do trabalho, porque a Liberdade Sindical[72] plena impõe, ou melhor, veda a interferência e a intervenção na organização sindical, nos termos do art. 2º da Convenção n. 87 da Organização Internacional do Trabalho.

8.5.2. Prerrogativas e limitações

Os princípios da liberdade associativa e da autonomia sindical determinam a franca prerrogativa de criação, estruturação e desenvolvimento das entidades sindicais, para que se tornem efetivos sujeitos de Direito Coletivo do Trabalho.

---

§ 2º Observadas as exigências desta Lei, a cobrança da contribuição de negociação coletiva aprovada em assembleia geral não comportará oposição.

(72) De acordo com Sergio Pinto Martins (2005), Liberdade Sindical é o direito dos trabalhadores e empregadores se organizarem e constituírem as agremiações que desejarem, no número por eles idealizado, sem que sofram qualquer interferência ou intervenção do Estado, nem uns em relação aos outros, visando à promoção de seus interesses ou dos grupos que irão representar.

No Estado brasileiro, uma das principais prerrogativas sindicais é a GARANTIA PROVISÓRIA DE EMPREGO, outorgada ao dirigente da instituição sindical, e que trata da vedação à dispensa do empregado sindicalizado a partir do registro da candidatura até um ano após o término do mandado (ou imediatamente no caso de insucesso eleitoral) (art. 8º, VIII, CF/88). Trata-se, portanto, de uma garantia de clara índole coletiva, limitada, no entanto, ao eventual cometimento de falta grave do dirigente sindical.

O dirigente sindical e de associação profissional não pode ser dispensado do emprego, desde a comunicação da candidatura até um ano após o término de seu mandato, salvo mediante inquérito para apuração de falta grave (§ 3º do art. 543 da CLT). Assim também dispõe o inciso VIII do art. 8º da Carta Constitucional de 1988, que diz? "é vedada a dispensa do empregado sindicalizado a partir do registro da candidatura a cargo de direção ou representação sindical e, se eleito, ainda que suplente, até um ano após o final do mandato, salvo se cometer falta grave nos termos da lei".

Para Jorge Neto e Cavalcante (2004), a estabilidade não abrange o dirigente da associação profissional. Não existe mais a possibilidade de uma associação profissional ter a representatividade dos empregados nas mesmas condições que os sindicatos. A partir da Constituição Federal de 1988, a lei não poderá exigir autorização do Estado para a fundação da entidade sindical, portanto, não há sentido para que os dirigentes de uma associação profissional gozem de estabilidade. Em função dessa assertiva, o Tribunal Superior do Trabalho cancelou a Súmula n. 222[73].

No mesmo sentido leciona Carmen Camino (2004), para quem não restou recepcionada a parte do art. 543, § 3º, da CLT, em que contemplava a estabilidade ao dirigente de associação profissional, eis que tal direito emergia de situação de fato (defesa de interesses profissionais da categoria, em estágio de organização antecedente ao surgimento do sindicato) hoje inexistente e totalmente incompatível com o Inciso I do art. 8º da CF/88. A incompatibilidade também se dá em relação ao inciso VI do art. 8º, no qual dita ser obrigatória a participação dos sindicatos nas negociações coletivas de trabalho. Assim, as associações profissionais sequer podem participar da negociação coletiva, eis que apenas os sindicatos estão legitimados para tanto.

Além da impossibilidade de desligamento unilateral, o dirigente sindical goza de INAMOVIBILIDADE, com respaldo no art. 543 da norma consolidada, garantia pela qual o impede que seja removido para funções incompatíveis com a atuação sindical ou alteração (transferência) da base territorial.

Trata-se igualmente de prerrogativa destinada à proteção da categoria, uma vez que, tendo sido eleito para representação daquele determinado grupo de empregados e naquela localidade, a empresa não poderia utilizar o artifício de transferir o dirigente

---

(73) **TST Enunciado n. 222** — Res. n. 14/85, DJ 19.9.1985 — **Cancelado** — Res. n. 84/98, DJ 20.8.1998. N. 222. DIRIGENTES DE ASSOCIAÇÕES PROFISSIONAIS. ESTABILIDADE PROVISÓRIA. Os dirigentes de associações profissionais, legalmente registrados, gozam de estabilidade provisória no emprego.

sindical para outro local, objetivando enfraquecer a sua influência e limitar a atuação do sindicato.

Para garantir a prerrogativa de INAMOVIBILIDADE e a GARANTIA PROVISÓRIA DE EMPREGO[74], a legislação ordinária permite, inclusive, a utilização de medidas liminares para a reintegração ao trabalho e/ou anulação de transferência indevida, aplicadas em face de dirigente sindical, com fundamento nos arts. 543[75], § 3º, 659, X, 522 e 543, § 4º, até como uma forma de garantir o pleno exercício das atividades sindicais e consequentemente as suas prerrogativas funcionais.

As prerrogativas e os deveres dos sindicatos encontram-se elencados nos arts. 513 e 514 da Consolidação das Leis do Trabalho — CLT:

Art. 513. São **prerrogativas** dos sindicatos:

a) representar, perante as autoridades administrativas e judiciárias, os interesses gerais da respectiva categoria ou profissional liberal ou interesses individuais dos associados relativos à atividade ou profissão exercida;

b) celebrar convenções coletivas de trabalho;

c) eleger ou designar os representantes da coletiva da respectiva categoria ou profissão liberal;

d) colaborar com o Estado, como órgãos técnicos e consultivos, no estudo e na solução dos problemas que se relacionam com a respectiva categoria ou profissão liberal;

e) impor contribuição a todos aqueles que participam das categorias econômicas ou profissionais ou das profissões liberais representadas.

---

(74) **Súmula n. 379** — TST — Res. n. 129/05 — DJ 20.4.2005 — Conversão da Orientação Jurisprudencial n. 114 da SDI-1. O dirigente sindical somente poderá ser dispensado por falta grave mediante a apuração em inquérito judicial, inteligência dos arts. 494 e 543, § 3º, da CLT. (ex-OJ n. 114 — Inserida em 20.11.1997)

(75) **Art. 543**. O empregado eleito para cargo de administração sindical ou representação profissional, inclusive junto a órgão de deliberação coletiva, não poderá ser impedido do exercício de suas funções, nem transferido para lugar ou mister que lhe dificulte ou torne impossível o desempenho das suas atribuições sindicais.

§ 1º O empregado perderá o mandato se a transferência for por ele solicitada ou voluntariamente aceita.

§ 2º Considera-se de licença não remunerada, salvo assentimento da empresa ou cláusula contratual, o tempo em que o empregado se ausentar do trabalho no desempenho das funções a que se refere este artigo.

§ 3º Fica vedada a dispensa do empregado sindicalizado ou associado, a partir do momento do registro de sua candidatura a cargo de direção ou representação de entidade sindical ou de associação profissional, até 1 (um) ano após o final do seu mandato, caso seja eleito, inclusive como suplente, salvo se cometer falta grave devidamente apurada nos termos desta Consolidação.

§ 4º Considera-se cargo de direção ou representação sindical aquele cujo exercício ou indicação decorre de eleição prevista em lei.

§ 5º Para os fins deste artigo, a entidade sindical comunicará por escrito à empresa, dentro de 24 (vinte e quatro) horas, o dia e a hora do registro da candidatura do seu empregado e, em igual prazo, sua eleição e posse, fornecendo, outrossim, a este, comprovante no mesmo sentido. O Ministério do Trabalho fará no mesmo prazo a comunicação no caso da designação referida no final do § 4º.

§ 6º A empresa que, por qualquer modo, procurar impedir que o empregado se associe a sindicato, organize associação profissional ou sindical ou exerça os direitos inerentes à condição de sindicalizado, fica sujeita à penalidade prevista na letra a do art. 553, sem prejuízo da reparação a que tiver direito o empregado.

Parágrafo único. Os sindicatos de empregados terão, outrossim, a prerrogativa de fundar e manter agência de colocação.

Art. 514. São **deveres** dos sindicatos:

a) colaborar com os poderes públicos no desenvolvimento da solidariedade social;

b) manter serviços de assistência judiciária para os associados;

c) promover a conciliação dos dissídios de trabalho.

d) sempre que possível, e de acordo com as suas possibilidades, manter no quadro de pessoal, convênio com entidades assistenciais ou por conta própria, um assistente social com as atribuições específicas de promover a cooperação operacional na empresa e a integração profissional na classe.

Parágrafo único. Os sindicatos de empregados terão, outrossim, o **dever** de:

a) promover a fundação de cooperativas de consumo e de crédito;

b) fundar e manter escolas de alfabetização e pré-vocacionais.

Nossa legislação, em alguns momentos, atribui ao sindicato a função de representante em, outros, de substituto processual; na primeira hipótese, o sindicato necessita de autorização dos representados, e na segunda, age em nome próprio, em favor de terceiro, independentemente de outorga de poderes dos substituídos. Contudo, fica patente que quando o sindicato atua nas hipóteses previstas no art. 195, § 2º e 872, parágrafo único da Consolidação das Leis do Trabalho — CLT —, age como **substituto processual**; já na hipótese prevista no art. 843, § 2º, do mesmo diploma consolidado, atua como **representante**.

A Lei de Falências (Lei n. 11.101, de 9 de fevereiro de 2005) incluiu outra prerrogativa do sindicato de trabalhadores, que consiste em poder **representar, perante a assembleia geral dos credores, os seus associados, titulares de créditos derivados da legislação do trabalho e de acidente do trabalho** que não puderem comparecer pessoalmente ou por procurador. Sendo que para o exercício dessa prerrogativa o sindicato deverá apresentar ao administrador judicial, até dez dias antes da assembleia, a relação dos associados que pretende representar, e o trabalhador que conste da relação de mais de um sindicato deverá esclarecer, até 24 horas antes da assembleia, qual sindicato o representa, sob pena de não ser representado em assembleia por nenhum deles.

Art. 37. A assembleia será presidida pelo administrador judicial, que designará 1 (um) secretário dentre os credores presentes.

(...)

§ 5º Os sindicatos de trabalhadores poderão representar seus associados titulares de créditos derivados da legislação do trabalho ou decorrentes de acidente de trabalho que não comparecerem, pessoalmente ou por procurador, à assembleia.

§ 6º Para exercer a prerrogativa prevista no § 5º deste artigo, o sindicato deverá:

I — apresentar ao administrador judicial, até 10 (dez) dias antes da assembleia, a relação dos associados que pretende representar, e o trabalhador que conste da relação de mais de um sindicato deverá esclarecer, até 24 (vinte e quatro) horas antes da assembleia, qual sindicato o representa, sob pena de não ser representado em assembleia por nenhum deles.

No que pertine à função política, é desejável que não ocorra. A legislação brasileira, em seu art. 521, *d* e *e* do diploma Consolidado veda a atividade político-partidária dos sindicatos.

Art. 521. São condições para o funcionamento do Sindicato:

a) proibição de qualquer propaganda de doutrinas incompatíveis com as instituições e os interesses da Nação, bem como de candidaturas a cargos eletivos estranhos ao Sindicato;

b) proibição de exercício de cargo eletivo cumulativamente com o de emprego remunerado pelo Sindicato ou por entidade sindical de grau superior;

c) gratuidade do exercício dos cargos eletivos;

d) proibição de quaisquer atividades não compreendidas nas finalidades mencionadas no art. 511, inclusive as de caráter político-partidário;

e) proibição de cessão gratuita ou remunerada da respectiva sede a entidade de índole político-partidária.

Por fim, não bastassem as prerrogativas tratadas pela legislação nacional, é relevante citar as Garantias Oriundas de Normas Internacionais e Fixadas pela Organização Internacional do Trabalho — OIT. As Convenções ns. 98 e 135 condenam atos que possam prejudicar o trabalhador, por qualquer forma, tendo em vista a sua participação em atividades sindicais. Portanto, o Brasil é signatário dos referidos diplomas internacionais, que passaram a integrar o acervo normativo nacional, objetivando a proteção aos princípios de livre exercício da atividade sindical.

Algumas das **limitações**[76] impostas pelo sistema de relações de trabalho no Brasil foram sendo eliminadas no decorrer da década de 1980, nos anos em que o país viveu um processo de redemocratização, quando se encerra um longo período de ditadura militar. As modificações introduzidas resultaram de um processo combinado de iniciativas sindicais, legislativas e de medidas administrativas adotadas pelo Governo Federal. Esse processo, que culminou com a promulgação da Constituição Federal de 1988, teve como principais medidas:

➢ fim da autorização do Estado para a criação, o reconhecimento e funcionamento de entidades sindicais (carta sindical);

➢ fim do estatuto padrão;

---

(76) Disponível em: <http://www.cgt.org.br/themas/sindi/index.htm> Acesso em: 24.2.2006.

- fim da possibilidade de intervenção administrativa do Estado nas entidades sindicais;
- reconhecimento dos sindicatos como entidades de direito privado;
- reconhecimento das centrais sindicais;
- fim da proibição de reuniões intersindicais;
- possibilidade de associação a entidades sindicais internacionais;
- fim do controle oficial sobre aplicação das verbas sindicais;
- autonomia dos sindicatos para definirem estatutos e processo eleitoral;
- extensão aos servidores públicos do direito de sindicalização;
- criação de algumas representações por local de trabalho;
- ampliação do direito constitucional de greve.

8.5.3. Garantias sindicais

Observa Mauricio Godinho Delgado (2009) que os princípios da liberdade associativa e da autonomia sindical determinam a franca prerrogativa de criação, estruturação e desenvolvimento das entidades sindicais, para que se tornem efetivos sujeitos do Direito Coletivo de Trabalho. São os princípios, como se sabe, comandos jurídicos instigadores, e não meros receituários idealísticos e programáticos. Para o autor, esses dois princípios determinam ao ordenamento jurídico que confira consistência ao conteúdo e objetivo normativos neles enunciados. Ou seja, que a ordem jurídica estipule garantias mínimas à estruturação, ao desenvolvimento e à atuação dos sindicatos, sob pena de esses não poderem cumprir seu papel de real expressão da vontade coletiva dos respectivos trabalhadores.

O art. 2º da Convenção n. 87 da OIT prescreve: Os trabalhadores e as entidades patronais, sem distinção de qualquer espécie, têm o direito, sem autorização prévia, de constituírem organizações da sua escolha, assim como o de se filiarem nessas organizações, com a única condição de se conformarem com os estatutos destas últimas.

Também o art. 11 do mesmo Tratado expressa: Os Membros da Organização Internacional do Trabalho para os quais a presente Convenção esteja em vigor comprometem-se a tomar todas as medidas necessárias e apropriadas a assegurar aos trabalhadores e às entidades patronais o livre exercício do direito sindical.

As garantias sindicais são de três ordens:

- Garantia provisória no emprego;

➢ Inamovibilidade do Dirigente Sindical;

➢ Garantias oriundas de normas internacionais — OIT.

A **Estabilidade Especial** é a principal garantia sindical, pois veda a dispensa do empregado sindicalizado a partir do registro da candidatura a cargo de direção ou representação sindical e, se eleito, ainda que suplente, até um ano após o final do mandato, salvo se cometer falta grave nos termos da lei, é o que reza o art. 8º, VIII, da Constituição Federal de 1988. Essa garantia tem sido também denominada de **Estabilidade Sindical**[77].

Porém, em se tratando de dirigente sindical de categoria diferenciada, a proteção estaria restrita aos casos em que o sindicalista exercesse em emprego (local de trabalho) atividade relacionada à sua específica categoria.

Mauricio Godinho Delgado (2009) enfatiza que a estabilidade provisória do dirigente sindical elimina o poder resilitório do contrato do trabalho por parte do empregador. A restrição é significativa, pois, somente por falta grave do obreiro (resolução contratual), apurada em ação judicial de inquérito, é que poderá consumar-se a extinção contratual do sindicalista.

A Jurisprudência

Súmula n. 197 — STF

O empregado com representação sindical só pode ser despedido mediante inquérito em que se apure falta grave.

Súmula n. 379 — TST — Res. n. 129/05 — DJ 20.4.2005 — Conversão da Orientação Jurisprudencial n. 114 da SDI-1.

O dirigente sindical somente poderá ser dispensado por falta grave mediante a apuração em inquérito judicial, inteligência dos arts. 494 e 543, §3º, da CLT. (ex-OJ n. 114 — Inserida em 20.11.1997)

Súmula n. 369 — TST — Res. n. 129/05 — DJ 20.4.2005 — Conversão das Orientações Jurisprudenciais ns. 34, 35, 86, 145 e 266 da SDI-1.

I — É indispensável a comunicação, pela entidade sindical, ao empregador, na forma do § 5º do art. 543 da CLT. (ex-OJ n. 34 — Inserida em 29.4.1994)

II — O art. 522 da CLT, que limita a sete o número de dirigentes sindicais, foi recepcionado pela Constituição Federal de 1988. (ex-OJ n. 266 — Inserida em 27.9.2002)

---

(77) O entendimento predominante é de que o número de membros da diretoria e do conselho fiscal poderá ser ampliado, de acordo com a necessidade de cada entidade sindical, sendo que no máximo sete membros da diretoria e três membros do conselho fiscal (CLT art. 522) gozam da estabilidade provisória, em atenção ao princípio da razoabilidade e à repulsa ao abuso do direito (CORTEZ, 2004).

III — O empregado de categoria diferenciada eleito dirigente sindical só goza de estabilidade se exercer na empresa atividade pertinente à categoria profissional do sindicato para o qual foi eleito dirigente. (ex-OJ n. 145 — Inserida em 27.11.1998)[78]

IV — Havendo extinção da atividade empresarial no âmbito da base territorial do sindicato, não há razão para subsistir a estabilidade. (ex-OJ n. 86 — Inserida em 28.4.1997)

V — O registro da candidatura do empregado a cargo de dirigente sindical durante o período de aviso prévio, ainda que indenizado, não lhe assegura a estabilidade, visto que inaplicável a regra do § 3º do art. 543 da Consolidação das Leis do Trabalho. (ex-OJ n. 35 — Inserida em 14.3.1994)

Súmula n. 396 — TST — Res. n. 129/2005 — DJ 20.4.2005 — Conversão das Orientações Jurisprudenciais ns. 106 e 116 da SDI-1.

I — Exaurido o período de estabilidade, são devidos ao empregado apenas os salários do período compreendido entre a data da despedida e o final do período de estabilidade, não lhe sendo assegurada a reintegração no emprego. (ex-OJ n. 116 — Inserida em 1º.10.1997)

II — Não há nulidade por julgamento *extra petita* da decisão que deferir salário quando o pedido for de reintegração, dados os termos do art. 496 da CLT. (ex-OJ n. 106 — Inserida em 20.11.1997)

Súmula n. 77 — TST — Punição (RA 69/1978, DJ 26.9.1978).

Nula é a punição de empregado se não precedida de inquérito ou sindicância internos a que se obrigou a empresa por norma regulamentar.

A **Inamovibilidade do Dirigente Sindical** deriva da lógica da garantia no emprego do sindicalista, pois a proibição de sua remoção para funções incompatíveis com a atuação sindical ou para fora da base territorial do respectivo sindicato representa aplicação do princípio da liberdade sindical. É que tais mudanças poderiam inviabilizar, ou restringir significativamente, o razoável exercício de suas funções sindicais específicas.

Elucida Mauricio Godinho Delgado (2009) que tal garantia conexa está, de todo modo, lançada expressamente no texto da lei. De fato, a CLT dispõe que o dirigente sindical não poderá ser impedido do exercício de sua funções, nem transferido para lugar ou mister que lhe dificulte ou torne impossível o desempenho das suas atribuições sindicais (art. 543, *caput, in fine*). Complementa, em coerência, estabelece a lei que o dirigente que solicitar ou aquiescer com tais mudanças perderá o correspondente mandato sindical (art. 543, § 1º, da CLT). Trata-se de inferência também estritamente lógica: mesmo contando com amplas garantias de ordem jurídica, o trabalhador acolhe a modificação contratual incompatível (ou, até mesmo, a solicita), seu gesto ou sua omissão traduzem ato tácito de renúncia ao exercício de suas funções sindicais.

---

(78) Conforme Alice Monteiro de Barros (2007), também não desfruta de estabilidade provisória o empregado eleito dirigente de sindicato representativo de categoria que não guarda qualquer correspondência com a função por ele exercida na empresa, pois não haverá motivo para ser vítima de insatisfação do empregador, já que nessa empresa não terá a tarefa de reivindicar e defender os interesses da categoria.

As garantias oriundas de Normas Internacionais — OIT — estão expressamente consignadas em tratados normativos construídos ao longo da existência da Organização Internacional do Trabalho, como as Convenções ns. 11, 87, 98, 135, 141 e 151, dentre outras.

Podemos, assim, destacar a Convenção n. 98, que trata do Direito de Sindicalização e de Negociação Coletiva, vigorando no Ordenamento brasileiro por força do Decreto Legislativo n. 49, de 1952. Nela encontramos os seguintes postulados objetivando garantias sindicais:

Art. 1º

1. Os trabalhadores deverão gozar de proteção adequada contra quaisquer atos atentatórios à liberdade sindical em matéria de emprego.

2. Tal proteção deverá, particularmente, aplicar-se a atos destinados a:

a) subordinar o emprego de um trabalhador à condição de não se filiar a um sindicato ou de deixar de fazer parte de um sindicato;

b) dispensar um trabalhador ou prejudicá-lo, por qualquer modo, em virtude de sua filiação a um sindicato ou de sua participação em atividades sindicais, fora das horas de trabalho ou, com o consentimento do empregador, durante as mesmas horas.

Art. 2º

1. As organizações de trabalhadores e de empregadores deverão gozar de proteção adequada contra quaisquer atos de ingerência de umas em outras, quer diretamente, quer por meio de seus agentes ou membros, em formação, funcionamento e administração.

2. Serão particularmente identificados a atos de ingerência, nos termos do presente artigo, medidas destinadas a provocar a criação de organizações de trabalhadores dominadas por um empregador ou uma organização de empregados, ou a manter organizações de trabalhadores por meios financeiros ou outros, com o fim de colocar essas organizações sob o controle de um empregador ou de uma organização de empregadores.

A Convenção n. 135 da Organização Internacional do Trabalho, que trata da Proteção de Representantes de Trabalhadores, estipula a presente garantia:

Art. 1º

Os representantes dos trabalhadores, em suas atribuições, devem gozar de efetiva proteção contra qualquer ato que os prejudique, inclusive ato demissional em virtude de seu status ou atividades enquanto representantes dos trabalhadores ou membros de sindicatos ou participação em atividades sindicais, desde que ajam em conformidade com a legislação vigente ou normas coletivas ou outros acordos.

8.5.3.1. Representação de trabalhadores na empresa

A intervenção dos trabalhadores na empresa tem consagração constitucional, também, no art. 54 da Constituição da República Portuguesa. *Verbis*:

Art. 54.
(Comissões de trabalhadores)

1. É direito dos trabalhadores criarem comissões de trabalhadores para defesa dos seus interesses e intervenção democrática na vida da empresa.

2. Os trabalhadores deliberam a constituição, aprovam os estatutos e elegem, por voto directo e secreto, os membros das comissões de trabalhadores.

3. Podem ser criadas comissões coordenadoras para melhor intervenção na reestruturação económica e por forma a garantir os interesses dos trabalhadores.

4. Os membros das comissões gozam da protecção legal reconhecida aos delegados sindicais.

5. Constituem direitos das comissões de trabalhadores:

a) Receber todas as informações necessárias ao exercício da sua actividade;

b) Exercer o controlo de gestão nas empresas;

c) Participar nos processos de reestruturação da empresa, especialmente no tocante a ações de formação ou quando ocorra alteração das condições de trabalho;

d) Participar na elaboração da legislação do trabalho e dos planos econômico-sociais que contemplem o respectivo sector;

e) Gerir ou participar na gestão das obras sociais da empresa;

f) Promover a eleição de representantes dos trabalhadores para os órgãos sociais de empresas pertencentes ao Estado ou a outras entidades públicas, nos termos da lei.

Para o professor Pedro Romano Martinez (2005), essa intervenção democrática na vida da empresa teve início nos meses subsequentes à Revolução de 1974 e estava imbuída de certa conotação política. Tratava-se de uma intervenção de base, exercida em paralelo àquela que era feita pelos sindicatos. Surgia, assim, um contrapoder dentro da própria empresa, para intervir na atuação desta, com vista à defesa dos interesses dos trabalhadores, independentemente de se encontrarem sindicalizados. Como o número de trabalhadores sindicalizados era relativamente pequeno, por via das comissões de trabalhadores obtinha-se uma intervenção alargada nas empresas, mesmo daqueles trabalhadores que não estivessem sindicalizados.

Ainda, para o jurista português, a intervenção das comissões de trabalhadores na vida da empresa funciona como partilha do poder relativamente a aspectos que digam, direta ou indiretamente, respeito às relações laborais, como forma de se conciliarem interesses, tendencialmente contrapostos.

O art. 11[79] da Carta Constitucional de 1988 assegurou, nas empresas com mais de 200 empregados, a eleição de um representante desses com a finalidade exclusiva de promover-lhes o entendimento direto com os empregadores. Entendemos ser a

---

(79) Art. 11. Nas empresas de mais de duzentos empregados, é assegurada a eleição de um representante destes com a finalidade exclusiva de promover-lhes o entendimento direto com os empregadores.

norma autoaplicável. Porém, esse representante não se confunde com o representante sindical. Aquele visa a promover o entendimento direto com o empregador, e não a representar os interesses abstratos do grupo.

Entendemos que a natureza jurídica da representação dos trabalhadores na empresa prescrita no art. 11 da CF poderia envolver a representação de vontades e a representação de interesses. Porém, não há representação de vontades, mas representação de interesses coletivos dos trabalhadores. Sendo, portanto, enquadrado no Direito Coletivo do Trabalho.

A matéria foi tratada pela Convenção n. 135 da OIT, sobre Representantes dos Trabalhadores, de 23.6.1971, e destaca, em seu art. 1º:

> Os representantes dos trabalhadores na empresa devem ser beneficiados com uma proteção eficiente contra quaisquer medidas que poderiam vir a prejudicá-los, inclusive a demissão, e que seriam motivadas por sua qualidade ou suas atividades como representantes dos trabalhadores, sua filiação sindical, ou participação em atividades sindicais, conquanto ajam de acordo com as leis ou convenções coletivas ou outros arranjos convencionais existentes.

Segundo José Francisco Siqueira Neto (2006), o sistema de representação dos trabalhadores nos locais de trabalho é aquele instituído por lei, com representação geral, autônoma e independente dos sindicatos, mas com respeito à atividade sindical nos moldes do direito internacional, com competência para todos os assuntos ligados direta ou indiretamente aos interesses dos trabalhadores nos locais de trabalho, composto unicamente por trabalhadores na proporção da força de trabalho, eleitos pelo voto direto dos representados, com atuação singular ou colegiada conforme o tamanho da empresa, com funções e atribuições de informação, de consulta e de negociação coletiva nos limites estabelecidos pela lei e pela contratação coletiva de categoria, com mecanismos internos à disposição dos trabalhadores e dos sindicatos mais representativos, de controle da instituição e da eleição dos organismos, assim como do mandato dos representantes[80].

Representação de trabalhadores na empresa é o conjunto de meios destinados a promover entendimento direto entre trabalhadores e empregadores sobre condições de trabalho no ambiente laboral.

A Proposta de Emenda Constitucional (PEC) n. 369/05 sugere a alteração do art. 11 da Constituição Federal nos seguintes termos:

> Art. 11. Nas empresas de mais de duzentos empregados, é assegurada a eleição de um representante destes com a finalidade exclusiva de promover-lhes o entendimento direto com os empregadores. (TEXTO ATUAL)

---

(80) Disponível em: <http://www.fes.org.br/media/publicacoes/mundo_do_trabalho/liberdade_sindical_e_representacao_dos_trabalhadores_nos_locais_de_trabalho_nos_paises_do_mercosul_e_chile_2000.pdf> Acesso em: 5.3.2006.

Art. 11. É assegurada a representação dos trabalhadores nos locais de trabalho, na forma da lei. (PROPOSTA DE ALTERAÇÃO)

ANÁLISE DA PROPOSTA

A nova redação assegura a representação dos trabalhadores nos locais de trabalho na forma da Lei.

Há quatro inovações positivas:

- ao suprimir a referência "nas empresas" amplia-se a representação para "nos locais de trabalho";

- ao determinar que a representação seja dos "trabalhadores" e não apenas dos empregados — que é apenas uma das várias modalidades de contratação do trabalho;

- a ideia de "representação" e não apenas de "eleição" permite, na forma da lei, que vigore a representação sindical por local de trabalho e não uma delegação "extrassindical"; e

- suprimiu-se a referência "de finalidade exclusiva de promover" entendimento do empregado com o empregador. Embora não integre o corpo da Constituição, essa limitação às organizações por local de trabalho continua presente na proposta de regulamentação da reforma.

A regulamentação se dará na forma da lei, que poderá assegurar a representação em empresas com até menos de 200 empregados.

AUTOAPLICABILIDADE

De acordo com o professor Sergio Pinto Martins (2006), o instituto é autoaplicável, pois o art. 11 da CF não faz referência à necessidade de a lei regular a representação dos trabalhadores na empresa. Ao contrário de outros comandos constitucionais, o mencionado artigo não dispõe que a representação dos trabalhadores na empresa será feita "na forma da lei". Entretanto, apesar de o mandamento constitucional ser norma de eficácia plena, necessita ser complementado no que diz respeito, por exemplo, à duração do mandato, à estabilidade, às facilidades para cumprimento em empresas que tenham muitos empregados, à possibilidade de reeleição. Critica ainda que a situação deveria ser tratada em lei ordinária, pois não deveria estar incluída no bojo da Lei Maior, uma vez que a Lei Magna não regula inteiramente a matéria.

8.6. SISTEMAS SINDICAIS: MODALIDADES E CRITÉRIOS DE ESTRUTURA SINDICAL — O PROBLEMA NO BRASIL

Para uma análise do tema *supra*, se faz necessária uma breve exposição da estrutura sindical vigente em nosso País.

Nesse diapasão, a Carta Constitucional de 1988 preserva o sistema confederativo de organização sindical, mantendo a sua estrutura básica, adotada desde 1930, com a permissão legal de criação de entidades sindicais cujas formas são fixadas pelo legislador, e que são três — **Sindicatos, Federações e Confederações** —, hierarquicamente dispostas. Sendo os sindicatos associações de base ou de primeiro grau e as federações e confederações, associações de cúpula ou de segundo grau[81].

Registra-se que esse sistema já fora previsto pelo Decreto n. 19.770, de 1931. Dispunha que três sindicatos podiam formar uma federação, e cinco federações tinham o direito de criar uma confederação na respectiva categoria. Surgindo, assim, as pirâmides sindicais por categoria sob a forma de uma hierarquia, tendo suporte nos sindicatos, acima dos quais, as federações, e sobre essas, por sua vez, as confederações, articulando-se entre si, esses órgãos, mas cabendo precipuamente aos sindicatos, pela sua proximidade direta com os trabalhadores, o papel mais atuante.

Assim, as federações atuam, via de regra, no território de um Estado-membro ou de um Estado Federado da República, podendo haver federações de âmbito nacional[82]. As confederações situam-se no terceiro degrau da organização sindical e são, na categoria, o órgão superior[83]. A sua esfera de atuação é nacional, e as funções básicas são de coordenação das federações e dos sindicatos de seu setor ou de suas categorias.

Acrescente-se que a Carta Política de 1988 manteve, ainda, a unicidade sindical (art. 8º, II) e apresentação dos trabalhadores e empregadores agrupados em categorias,

---

(81) **Art. 533**. Constituem associações sindicais de grau superior as federações e confederações organizadas nos termos desta lei.

(82) **Art. 534**. É facultado aos sindicatos, quando em número não inferior a 5 (cinco), desde que representem a maioria absoluta de um grupo de atividades ou profissões idênticas, similares ou conexas, organizarem-se em federação.

§ 1º Se já existir federação no grupo de atividades ou profissões em que deva ser constituída a nova entidade, a criação desta não poderá reduzir a menos de 5 (cinco) o número de sindicatos que àquela devam continuar filiados.

§ 2º As federações serão constituídas por Estados, podendo o Ministro do Trabalho autorizar a constituição de federações interestaduais ou nacionais.

(83) **Art. 535**. As confederações organizar-se-ão com o mínimo de três federações e terão sede na Capital da República.

§ 1º As confederações formadas por federações de sindicatos de empregadores denominar-se-ão: Confederação Nacional da Indústria, Confederação Nacional do Comércio, Confederação Nacional de Transportes Marítimos, Fluviais e Aéreos, Confederação Nacional de Transportes Terrestres, Confederação Nacional de Comunicação e Publicidade, Confederação Nacional de Empresas de Crédito e Confederação Nacional de Educação e Cultura.

§ 2º As confederações formadas por federações de sindicatos de empregados terão a denominação de: Confederação Nacional dos Trabalhadores da Indústria, Confederação Nacional dos Trabalhadores no Comércio, Confederação Nacional dos Trabalhadores em Transportes Marítimos, Fluviais e Aéreos, Confederação Nacional dos Trabalhadores em Transportes Terrestres, Confederação Nacional dos Trabalhadores em Comunicação e Publicidade, Confederação Nacional dos Trabalhadores nas Empresas de Crédito e Confederação Nacional dos Trabalhadores em Estabelecimentos de Educação e Cultura.

§ 3º Denominar-se-á Confederação Nacional das Profissões Liberais a reunião das respectivas federações.

§ 4º As associações sindicais de grau superior da Agricultura e Pecuária serão organizadas na conformidade do que dispuser a lei que regular a sindicalização dessas atividades ou profissões.

conforme se verifica nos incisos II, III e IV do art. 8º. Cabe aqui conceituar Unicidade, Unidade e Pluralidade Sindical:

Unicidade Sindical (ou monismo sindical) — consiste no reconhecimento pelo Estado de uma única entidade sindical, de qualquer grau, para determinada categoria econômica ou profissional, na mesma base territorial.

Origem da Unicidade Sindical[84] — uma confusão feita por alguns defensores do pluralismo utópico é associar o princípio da unicidade sindical ao fascismo; entretanto, é indispensável esclarecer que, embora alguns países com regime autoritário tenham adotado o Sindicato Único como modelo, esse princípio de organização sindical já existia muito antes da implantação do fascismo na Itália.

Poucos dias antes da derrocada do fascismo e da morte de Mussolini, todos os partidos integrantes da Resistência Italiana (comunistas, socialistas, democrata-cristãos etc.) reuniram-se em Roma e, dentre outras decisões, decidiram que a unicidade sindical deveria continuar vigorando na Itália após a vitória final, porque era melhor para os trabalhadores.

Dessa forma, a unicidade sindical foi legitimada pelas forças democráticas vitoriosas na Itália, sendo falsa e oportunista a tentativa, agora, de taxar essa forma de organização sindical como de natureza autoritária.

Unidade Sindical — traduz na união espontânea em torno de um único sindicato, à semelhança do que ocorre na unicidade, porém não em decorrência de imposição legal, mas como uma opção, como manifestação espontânea dos seus integrantes.

Diferenças entre unicidade e unidade:

- **Unicidade Sindical** — um único sindicato por categoria e por base territorial (modelo brasileiro), decidido (imposto) pelo Estado.

- **Unidade Sindical** — trabalhadores decidem ter um único sindicato. A unidade sindical não é garantia da ação conjunta, porque o fracionamento pode dividir os sindicatos, até mesmo em múltiplas negociações na mesma empresa, como nos casos de sindicatos por categorias profissionais diferenciadas negociando isoladamente com o empregador.

Por derradeiro, a **Pluralidade Sindical** consiste na possibilidade de se criar mais de uma entidade sindical, de qualquer grau, dentro da mesma base territorial, para uma mesma categoria.

Origem da pluralidade sindical[85]: A pluralidade sindical tem origem liberal e, desde o seu início, tendo sido fortemente apoiada pelo Vaticano. Como se sabe, o

---

(84) Disponível em: <http://www.fne.org.br/org%20sind.htm> Acesso em: 28.2.2006.
(85) Disponível em: <http://www.fne.org.br/org%20sind.htm> Acesso em: 28.2.2006.

liberalismo, no passado, e o neoliberalismo, na atualidade, nunca se pautaram pela defesa dos interesses dos trabalhadores.

No Brasil, a Constituição Federal de 1934 adotou a pluralidade sindical, o que levou à multiplicação de sindicatos fantasmas, que serviram aos mais diversos interesses, exceto aqueles dos trabalhadores.

O Sistema Sindical Brasileiro configura a seguinte estruturação hierárquica sindical:

> a) cada categoria formada por atividades econômicas (empresas) ou profissionais (trabalhadores) específicas é representada, em determinada base territorial, por um sindicato. Excepcionalmente, o sindicato pode aglutinar atividades similares ou conexas;
>
> b) cada grupo de atividades idênticas, similares ou conexas, numa área geográfica, em regra estadual, pode formar a respectiva federação sindical;
>
> c) cada ramo de economia nacional (indústria, comércio, agricultura etc.) no plano dos empresários e no dos trabalhadores pode constituir a correspondente confederação sindical.

8.7. As centrais sindicais

As centrais sindicais, conforme Vicente Paulo e Marcelo Alexandrino (2005), são entidades situadas acima das categorias profissionais e econômicas, agrupando as outras formas de organização coletiva, ou seja, as centrais podem ser constituídas pela reunião de sindicatos, federações ou de confederações. São regulamentadas pela Lei n. 11.648/08, que dispõe sobre o reconhecimento formal das centrais sindicais. Entretanto, outras leis, indiretamente, também têm admitido a existência de centrais sindicais, pois existem diversos diplomas legais que a elas expressamente se referem, como a Lei n. 8.036, de 11.5.1990, do FGTS, que prevê a participação de representantes dos trabalhadores indicados pelas centrais sindicais no Conselho Curador do FGTS (art. 3º, § 3º). Conforme o art. 3º da Lei n. 8.213/91, fica instituído o Conselho Nacional de Previdência Social — CNPS, órgão superior de deliberação colegiada, que terá como membros: (...)

> § 2º Os representantes dos trabalhadores em atividade, dos aposentados, dos empregadores e seus respectivos suplentes **serão indicados pelas centrais sindicais** e confederações nacionais (grifos nosso).

São exemplos de centrais sindicais a Confederação Geral dos Trabalhadores — CGT —, a União Sindical Independente — USI —, a Central Única dos Trabalhadores — CUT — e a Força Sindical — FS.

As centrais sindicais, repita-se, não compõem o modelo corporativista. De certo modo, representam até mesmo seu contraponto, a tentativa de sua superação. Porém constituem, do ponto de vista social, político e ideológico, entidades líderes do movimento sindical, que atuam e influem em toda a pirâmide regulada pela ordem jurídica (MAURICIO GODINHO DELGADO, 2009).

No mesmo sentido, pondera Vólia Bomfim Cassar (2007) que "as centrais sindicais não compõem o sistema sindical, isto é, ao modelo corporativista. No entanto, podem

I — coordenar a representação dos trabalhadores por meio das organizações sindicais a ela filiadas; e

II — participar de negociações em fóruns, colegiados de órgãos públicos e demais espaços de diálogo social que possuam composição tripartite, nos quais estejam em discussão assuntos de interesse geral dos trabalhadores.

Para Evair de Jesus Zago (1998), embora a Central Única dos Trabalhadores, no art. 2º, de seu Estatuto Social, se autodenomine "organização sindical de massas em nível máximo", a doutrina é unânime em reconhecer que a natureza jurídica dessas centrais é a de associações civis[86].

No mesmo sentido leciona Gerson Luiz Moreira (2006): "as centrais sindicais não integram o sistema sindical, não possuindo, assim, natureza sindical. Elas são associações civis, previstas nos incisos XVII e XXI, do art. 5º, da Constituição Federal, podendo, inclusive, impetrar mandado de segurança coletivo, nos termos do inciso LXX, alínea b, do mesmo dispositivo constitucional". No entanto, "porque não são destinatárias da investidura sindical, não têm legitimidade jurídica para decretar greves, celebrar convenções ou acordos coletivos de trabalho, instituir juízo arbitral ou representar categoria de trabalhadores em dissídio coletivo da competência da Justiça do Trabalho".

Por fim, as centrais sindicais são entidades de representação geral dos trabalhadores, constituída em âmbito nacional. Considera-se central sindical, para os efeitos do disposto na Lei n. 11.648/08, a entidade associativa de direito privado composta de organizações sindicais de trabalhadores.

8.8. Negociação coletiva: funções e níveis

A negociação coletiva dos contratos coletivos de trabalho é um dos princípios do Direito do Trabalho. No entanto, é somente um dos aspectos da ação sindical. Outro aspecto é a participação conflitiva no poder da empresa. Se a negociação coletiva pode ser considerada uma atividade defensiva, buscando garantir o nível de vida dos trabalhadores, a participação é uma atividade ofensiva em relação ao poder da empresa.

---

[86] De acordo com o Código Civil de 2002, são sociedades em comum as que não têm os seus atos constitutivos inscritos no órgão competente.

Encontramos, no direito do trabalho, formas de participação ofensiva, como a cogestão e a representação dos trabalhadores no local de trabalho (DOROTHEE SUSANNE RÜDIGER, 1999).

Ainda conforme a autora acima, embora sendo uma atividade defensiva de interesses, a negociação coletiva tem, no âmbito trabalhista, suma importância, pois é um procedimento criativo no sistema do direito do trabalho, fonte de elaboração de normas com a finalidade, dentre outras, de suprir a insuficiência do contrato individual de trabalho. **Suas vantagens sobre o procedimento estatal de elaboração de normas são: maior rapidez, descentralização e a periodicidade de modificações**[87]. Além disso, por ser um procedimento voluntário coletivo, reflete melhor os interesses das partes e tem, portanto, maior eficácia que a norma estatal.

Consoante Vicente Greco Filho (1998), simultaneamente ao nascimento do direito, que tem por fim a solução justa dos conflitos ou convergências de interesses, surgem os mecanismos, previstos pelo próprio direito, de efetivação das soluções por ele dispostas.

E para o autor retromencionado, costuma-se dividir o sistema de efetivação de direitos em três fases distintas: a autotutela, a **autocomposição** e a jurisdição. Na primeira, em virtude da inexistência de um Estado suficientemente forte para superar as vontades individuais, os litígios eram solucionados pelas próprias forças, imperando a lei do mais forte. Na segunda, as partes abririam mão de seu interesse ou de parte dele, de forma que, por meio de concessões recíprocas, seria possível chegar à solução dos conflitos. Na terceira, própria de um estado de direito, o Estado manteria órgãos distintos e independentes, desvinculados e livres da vontade das partes, os quais, imparcialmente, deteriam o poder de dizer o direito e constranger o inconformado a submeter-se à vontade da lei. (grifo nosso)

A negociação coletiva constitui um caminho natural para se chegar à composição dos conflitos. Caracteriza-se, pois, como procedimento genérico e preliminar de autocomposição ou da heterocomposição. É a "mesa-redonda", a "rodada de entendimentos", que irá culminar, no nosso sistema, em uma dessas formas de solução dos conflitos coletivos de trabalho.

Conceito

É o conjunto de atos e condutas atinentes ao processo de acertamentos, barganhas e concessões tendentes à celebração de um acordo entre as organizações representantes de empregados e empregadores normatizando autonomamente as relações e condições

---

(87) **Convenção e legislação aproximam-se num ponto**: sua finalidade de estabelecer regras destinadas a compor a ordenação jurídica.
A negociação coletiva é, como procedimento, mais simplificada do que a da lei, além de ser mais rápida. Tem maior possibilidade de atender às peculiaridades de cada setor econômico e profissional ou cada empresa para a qual é instituída. É específica para segmentos menores.

de trabalho no âmbito das categorias representadas. Apesar do direito à greve, os servidores públicos ou mesmo os empregados celetistas da Administração Pública Direta, Autárquica e Fundacional não têm direito à negociação coletiva, pois os benefícios e as vantagens a eles afetos somente podem ser concedidos por lei.

Elucida Aguimar Martins Peixoto (1999) **que a negociação coletiva pressupõe, pois dentro da concepção plural da sociedade, uma certa reserva de competência legislativa em favor das partes sociais.** Em outras palavras, no regime pluralista democrático, onde o Estado convive com os grupos espontaneamente formados, no âmbito da sociedade global, permite-lhes que se autodeterminem, regulando interesses próprios.

Leciona Vólia Bomfim Cassar (2007) que negociação é a forma primária de um interessado obter daquele que tem interesse contraposto uma solução que atenda aos dois. As partes buscam aproximar seus entendimentos, discutindo e rediscutindo o assunto, sempre com finalidade de resolver as questões.

Para a autora, os grupos sociais, quando entram em negociação coletiva, demonstram desenvolvimento e maturidade nas formas de composição de litígios, pois reduz a participação do Estado nas lides. A negociação coletiva é base de formação do Direito do Trabalho, pois se caracteriza como atividade típica de toda estrutura desse ramo do direito.

Para Amauri Mascaro Nascimento, citado por Peixoto (1999), a negociação coletiva encontra o seu fundamento na teoria da autonomia privada coletiva, cuja significação se traduz nos poderes de auto-organização e autogovernabilidade dos grupos sociais em geral, como ocorrem com os sindicatos, os grupos religiosos, os partidos políticos, as associações etc.

Funções da negociação coletiva

A principal função da negociação é **normativa** — assim entendida como a criação de normas que serão aplicadas às relações individuais de trabalho desenvolvidas no âmbito de sua esfera de aplicação[88].

Ao lado da função normativa encontramos a de caráter **obrigacional**, que cria obrigações e direitos entre os próprios sujeitos estipulantes, sem nenhum reflexo sobre as relações individuais de trabalho. Afinal, com essa finalidade, a negociação é usada apenas para estabelecer deveres e faculdades que se restringem às entidades pactuantes, de caráter exclusivamente obrigacional entre elas.

---

(88) O art. 2º, II, da Lei n. 10.101/00, prevê a possibilidade de, por meio de Convenção ou Acordo Coletivo, negociar a participação nos lucros ou resultados da empresa. *In verbis*:
Art. 2º A participação nos lucros ou resultados será objeto de negociação entre a empresa e seus empregados, mediante um dos procedimentos a seguir descritos, escolhidos pelas partes de comum acordo:
II — convenção ou acordo coletivo.

Para Amauri Mascaro Nascimento (2005) é possível ainda aduzir outra função da negociação, que é a **compositiva**[89], como forma de superação dos conflitos entre as partes, alinhando-se entre as demais formas compositivas existentes na ordem jurídica, que vão até a solução jurisdicional.

Leciona Nelson Mannrich (2006) que a principal é a **compositiva**. Tem por fim harmonizar os interesses contrapostos dos trabalhadores e dos empregadores, evitar a greve e o recurso ao órgão jurisdicional. Criam normas que serão aplicadas às relações individuais de trabalho. **Função política**, no caso da luta permanente de classes sociais; dá estabilidade nas relações entre empresas e trabalhadores. **Função econômica**. **Função de preservação do equilíbrio dos custos sociais**, possibilita à empresa prever os custos trabalhistas, os cálculos dos gastos com o fator trabalho, a diminuição dos riscos que podem afetar a normalidade da saúde financeira.

É interessante observar que hoje encontra-se absolutamente superada a tese do **monismo jurídico**, representado por Kelsen, que entende existir um só ordenamento jurídico, o do Estado. Que detém o monopólio da produção do direito. O **pluralismo jurídico**[90], de que é expoente Santi Romano, defensor do institucionalismo, para o qual é da essência da instituição ser organizada e possuir, assim, o seu próprio ordenamento jurídico. Nessa questão, a atitude do Estado brasileiro, quanto ao valor do ordenamento jurídico particular, é a da recepção (nem rejeita nem é indiferente), acolhe e incorpora a regulamentação de outros ordenamentos. E esse princípio foi consagrado pela Carta Constitucional de 1988, no art. 7º, inciso XXVI (reconhecimento das convenções e dos acordos coletivos de trabalho), como ordenamento jurídico, privado, a ser protegido e respeitado dentro dos seus limites.

Firmamos, assim, entendimento de que os ordenamentos jurídicos brasileiros convivem em harmonia, dentro de um sistema de supremacia de normas. No qual, a autonomia coletiva pressupõe, portanto, uma reserva de competência em favor das partes sociais. Os interesses específicos das categorias, profissional e econômica, devem ser objeto de regulação pela própria autonomia coletiva.

Logo, as Convenções e os Acordos Coletivos de Trabalho são negócios jurídicos e, por isso, submetidos a todos os mecanismos legais necessários à coexistência, à inte-

---

(89) Destaca Peixoto (1999) que importante é a **função compositiva** da negociação coletiva, consistente na virtude de superar os conflitos entre as partes, visando ao equilíbrio e à paz social entre o capital e o trabalho. Complementa: Diríamos, no entanto, que **a principal função da negociação coletiva é a normativa**, entendida como a criação de normas que serão aplicadas às relações individuais de trabalho desenvolvidas no âmbito da sua esfera de aplicação.

(90) Assim, afirmar a existência de uma sociedade plural ou democrática implica em reconhecer a negociação coletiva como um dos aspectos do pluralismo jurídico no campo do Direito do Trabalho (Direito Individual e Coletivo do Trabalho), na medida em que os interlocutores sociais elaboram normas de autorregulamentação, paralelamente àquelas concebidas pelo Estado, que deixa de ser o detentor único do monopólio da produção do Direito. Resulta do pluralismo dos grupos sociais a elaboração de regras normativas pelos mesmos, cujas vinculações têm características eminentemente privadas, resultantes da iniciativa dos particulares. Toleradas pelo Estado, mas não por ele elaboradas, **como são exemplos a Convenção e o Acordo Coletivos de Trabalho**. Costuma-se dizer, por isso, que os grupos gozam de autonomia na produção normativa própria, enquanto o Estado detém a soberania do processo legislativo (PEIXOTO, 1999).

gração, à hierarquia e à supremacia das normas jurídicas; como exemplo: tratados internacionais em sentido genérico, Constituição Federal, Emendas à Constituição, Leis Complementares, Leis Ordinárias, Leis Delegadas, Medidas Provisórias.

Níveis de negociação

Segundo Amauri Mascaro Nascimento (2005), níveis são degraus. São as instâncias em que as negociações coletivas se desenvolvem. Correspondem aos níveis de entidades sindicais. Há sindicatos, federações, confederações e centrais sindicais. São organizações sobrepostas. Formam uma grande pirâmide de associações sindicais.

A Recomendação n. 163[91] da Organização Internacional do Trabalho preceitua que as negociações coletivas devem desenvolver-se em todos os níveis da pirâmide sindical. **Porém, no ordenamento jurídico brasileiro, as negociações restringem-se ao nível dos sindicatos. Estes detêm a exclusividade, o monopólio da negociação coletiva.**

De acordo com Oris de Oliveira (2003), a Convenção n. 154 e a Recomendação n. 163, ambas do mesmo ano, 1981, dão diretrizes sobre a negociação coletiva e sobre seus níveis:

a) São coletivas todas as negociações em que há de um lado um empregador, grupo de empregadores, uma ou mais organizações de empregadores; de outro lado uma organização ou várias organizações de trabalhadores que visam fixar condições de trabalho e emprego, regular as relações de empregadores e trabalhadores, e regular as relações entre várias organizações. O termo "negociação coletiva", com a devida adaptação, pode estender-se àquela que se dá com os representantes eleitos pelos trabalhadores.

b) Quando a prática da negociação coletiva não se efetiva por contratos coletivos, laudos arbitrais ou qualquer outro meio, deve ser garantida pela legislação nacional.

c) A negociação coletiva deve estender-se a todos os ramos da atividade econômica de empregadores e trabalhadores e não ser obstaculizada por ausência de regras; os órgãos e procedimentos que se ocupam dos conflitos laborais devem contribuir para fomentar a negociação coletiva.

d) As medidas que visam a estimular e fomentar o desenvolvimento da negociação coletiva devem ser objeto de consultas prévias, de acordos das autoridades públicas e das organizações de empregadores e trabalhadores.

Por fim, a Convenção n. 154 e a Recomendação n. 163 distinguem vários níveis de negociação, que podem ser: por estabelecimento; empresa; ramo de atividade;

---

(91) Recomendação n. 163: declara que o direito de negociação deve ser amplo, assegurado a todas as organizações. Assinala a conveniência da disponibilidade de informações facilitadas entre as partes para que ambas possam negociar conhecendo a situação da outra, e também pelo Estado que dispõe de dados econômicos e sociais globais do país.

regional e nacional, devendo entre eles haver coordenação. Assim prescreve a Recomendação n. 163, de 1981:

> 4.1 — Se necessário for, deverão ser adotadas medidas adequadas às condições nacionais para que a negociação coletiva possa desenvolver-se em qualquer nível, ou seja, em nível do estabelecimento, da empresa, do ramo de atividade, da indústria e em nível regional ou nacional.
>
> 4.2 — Nos países em que a negociação coletiva se desenvolva em vários níveis, as partes negociadoras deveriam cuidar para que exista coordenação entre eles[92].

8.8.1. Instrumentos normativos de negociação: ACT e CCT

Sustenta Dorothee Susanne Rüdiger (1999) que há de se fazer um discernimento terminológico entre **Contrato Coletivo, Convenção Coletiva e Acordo Coletivo**. Para tanto, é necessário examinar em que sentido esses termos são empregados no direito brasileiro e no direito comparado.

Para a autora, do ponto de vista histórico do direito do trabalho, há uma distinção entre Convenção Coletiva e Contrato Coletivo de trabalho pelo seu enfoque político ideológico corporativista. **Dentro da visão corporativista, o contrato tem a conotação de conflito de interesses, ao passo que a Convenção significa convergência de interesses**. Apesar dessas ponderações, vingou, na Consolidação das Leis do Trabalho, até 1967, o termo Contrato Coletivo. A denominação Convenção Coletiva foi dada pelo Decreto-Lei n. 229, de 28 de fevereiro de 1967, para distinguir a figura jurídica em questão do acordo normativo de menor abrangência[93]. O **Contrato Coletivo** de trabalho francês passou, a partir de 1936, a ser chamado de **Convenção Coletiva** de trabalho, pois o contrato teria finalidades conflitantes, e a convenção, um fim único das partes coletivas. Mas a substância da **Convenção Coletiva**, a da oposição de interesses sacrificados, não difere do **Contrato Coletivo**. A distinção, pelo menos hoje, já não faz sentido.

Na visão de Luiz Carlos Cândido Martins Sotero da Silva (2000), o contrato coletivo de trabalho dever ser entendido como um ajuste de vontades entre os vários ramos de uma categoria. O próprio contrato coletivo pode servir de parâmetro para eventual negociação, originando daí a convenção ou o acordo. Deve ser, portanto, uma

---

(92) 4.1 — En caso necesario, se deberían adoptar medidas adecuadas a las condiciones nacionales para que la negociación colectiva pueda desarrollarse en cualquier nivel, y en particular a nivel del establecimiento, de la empresa, de la rama de actividad, de la industria y a nivel regional o nacional.
4.2 — En los países en que la negociación colectiva se desarrolle en varios niveles, las partes negociadoras deberían velar por que exista coordinación entre ellos.
(93) Art. 612. contrato coletivo, celebrado nos termos do presente capítulo, aplica-se aos associados dos sindicatos convenentes, podendo tornar-se extensivo a todos os membros das respectivas categorias, mediante decisão do Ministro do Trabalho, Indústria e Comércio.

verdadeira codificação harmoniosa de interesses, elaborada pelas partes diretamente envolvidas, tendo alcance nacional, regional ou local, segundo os preceitos contidos no próprio contrato.

Alice Monteiro de Barros (2007) considera a convenção coletiva como uma instituição do Direito Coletivo do Trabalho e traduz um ajuste entre entidades sindicais visando a novas condições de trabalho, cuja eficácia é *erga omnes*.

De acordo com o texto consolidado (art. 611), a convenção coletiva é conceituada como sendo o acordo de caráter normativo, pelo qual dois ou mais sindicatos representativos de categorias econômicas e profissionais estipulam condições de trabalho aplicáveis, no âmbito das respectivas representações, às relações individuais de trabalho.

Também, o art. 611, em seu § 1º, define o acordo coletivo como sendo o ajuste celebrado entre sindicatos representativos de categorias profissionais com uma ou mais empresas da correspondente categoria econômica estipulando condições de trabalho, aplicáveis no âmbito da empresa ou das empresas acordantes. Em consequência, seus efeitos são *inter partes*.

Para nós, **Acordo coletivo** é o pacto de caráter normativo celebrado entre sindicato representante de categoria profissional com uma ou mais empresas da correspondente categoria econômica, que estipulem condições de trabalho, aplicáveis no âmbito da empresa ou das empresas acordantes às respectivas relações de trabalho.

Enquanto que a **Convenção Coletiva** é o negócio jurídico de caráter normativo pelo qual dois ou mais sindicatos representativos de categorias econômicas e profissionais estipulam condições de trabalho aplicáveis, no âmbito das respectivas representações, às relações individuais de trabalho.

Art. 611. Convenções coletivas de trabalho é o acordo de caráter normativo, pelo qual dois ou mais Sindicatos representativos de categorias econômicas e profissionais estipulam condições de trabalho aplicáveis, no âmbito das respectivas representações, às relações individuais do trabalho.

§ 1º É facultado aos Sindicatos representativos de categorias profissionais celebrar Acordos Coletivos com uma ou mais empresas da correspondente categoria econômica, que estipulem condições de trabalho, aplicáveis no âmbito da empresa ou das empresas acordantes às respectivas relações de trabalho.

§ 2º As Federações e, na falta desta, as Confederações representativas de categorias econômicas ou profissionais poderão celebrar convenções coletivas de trabalho para reger as relações das categorias a elas vinculadas, organizadas em Sindicatos, no âmbito de suas representações.

Cesarino Júnior *apud* Alice Monteiro de Barros (2005) considera as convenções como contratos coletivos típicos, e os acordos, contratos coletivos atípicos.

Convenção coletiva é a solução, por via de acordo, dos conflitos de interesses coletivos de grupos ou categorias, através do estabelecimento de normas e condições de trabalho reguladoras, durante o prazo da respectiva vigência, das relações individuais entre os integrantes das categorias ou dos grupos convenentes (MARANHÃO; CARVALHO, 1993).

Para Jorge Neto e Cavalcante (2004), as convenções e os acordos coletivos de trabalho são instrumentos de melhoria das condições de trabalho, representando formas autocompositivas quanto à solução dos conflitos coletivos de trabalho.

TST Súmula n. 349 — Res. n. 60/96, DJ 8.7.1996

A validade do acordo coletivo ou convenção coletiva de compensação de jornada de trabalho em atividade insalubre **prescinde**[94] **da inspeção prévia da autoridade competente em matéria de higiene do trabalho.**

CONTEÚDO DA CONVENÇÃO COLETIVA

A convenção coletiva é constituída de **cláusulas normativas** que estabelecem o conteúdo do contrato individual de trabalho, e de **cláusulas obrigacionais** que dispõem sobre direitos e deveres recíprocos entre as partes convenentes.

Octavio Bueno Magano citado por Alice Monteiro de Barros (2009) enumera como **cláusulas normativas** as que instituem benefício individual, como reajuste salarial, férias, jornada, indenização, estabilidade, prêmios, etc; as que dizem respeito às formalidades que devem ser observadas na celebração da convenção, como, por exemplo, a exigência de forma escrita, a obrigatoriedade de readmissão de trabalhadores dispensados em decorrência de participação em movimento grevista; as normas solidárias, que instituem benefícios para o empregado, como membro da empresa, ou seja, normas sobre higiene e segurança do trabalho; as normas relativas a comissões de arbitragem e conselhos de empresas; e as normas referentes a instituições comuns, nas quais se enquadram as que dispõem a respeito de previdência.

Já como **cláusulas obrigacionais**, podem ser citadas as chamadas cláusulas de paz, estipulando sobre impossibilidade de se recorrer à greve enquanto vigorar a convenção. Também, conforme Barros (2007), as penalidades previstas no art. 613, VIII, da CLT podem ser consideradas cláusulas obrigacionais.

	Natureza jurídica	Sujeitos	Objeto	Abrangência
Acordo	Pacto jurídico	Empresa + sindicato profissional	Condições de trabalho	Empregados de empresa
Convenção	Negócio jurídico	Sindicato patronal + sindicato profissional	Condições de trabalho	Empregados por categoria profissional

---

(94) *Prescindir* verbo transitivo indireto 1. Separar mentalmente; abstrair. 2. Dispensar, passar sem, pôr de parte; renunciar. (Dicionário Michaelis — UOL)

Sujeitos e abrangência

Acordo Coletivo de Trabalho: (empresa + sindicato profissional) celebra condições de trabalho e é aplicado aos empregados da respectiva empresa. **Convenção Coletiva de Trabalho**: (sindicato patronal + sindicato profissional) aplicável à categoria. É negócio jurídico também. Negocia condições de trabalho.

• Convenção — sindicato patronal mais o profissional por empregados de mesma categoria

• Acordo — empresa e sindicato profissional celebram condições de trabalho (objeto) aplicáveis aos empregados de empresa (abrangência).

8.8.1.1. Natureza das normas coletivas

Natureza normativa da convenção coletiva: tem natureza de norma jurídica; aplica-se a todas empresas e a todos os trabalhadores dos sindicatos estipulantes na base territorial, sócios ou não do sindicato; seus efeitos alcançam todos os membros da categoria.

A convenção e o acordo coletivos de trabalho são produto da **negociação coletiva** que, no dizer de Amauri Mascaro Nascimento (2005), "é forma de desenvolvimento do poder normativo dos grupos sociais, segundo uma concepção pluralista, que não reduz a formação do direito positivo à elaboração do Estado".

Assim, e em decorrência do que dispõe o **art. 611 da CLT**, têm **natureza jurídica de instrumento normativo resultante da autonomia privada coletiva.**

Salienta Alice Monteiro de Barros (2007) que as teorias a respeito da natureza jurídica das convenções coletivas podem ser classificadas em contratualistas, normativas e mistas.

As **teorias contratualistas** são provenientes dos conceitos clássicos do Direito Civil e se assentam na autonomia da vontade. Por essa teoria, a convenção coletiva nasceu no campo do direito privado, ou seja, regulava relações entre particulares, sendo ignorada pelo Estado.

As teorias recentes enfatizam que a convenção coletiva é um **ato jurídico normativo**, já que é um negócio jurídico bilateral quanto ao modo de formação; e o assemelha à norma jurídica em sentido amplo pelo seu conteúdo.

Segundo a **teoria mista**, que conforme Alice Monteiro de Barros (2005) nos parece a mais apropriada para definir a natureza jurídica da convenção, ela se identifica com o contrato *lato sensu*, na sua formação, pois traduz um ajuste entre entidades sindicais por meio do qual se criam obrigações mútuas. E, no que tange ao conteúdo, a convenção assemelha-se à norma jurídica, pois cria normas trabalhistas objetivas autônomas, que vão constituir o conteúdo dos contratos individuais de trabalho, insuscetíveis de derrogação. Filia-se a essa teoria Délio Maranhão e Luiz Inácio B. de Carvalho (1993), atribuindo à convenção coletiva a natureza de um contrato-ato-regra[95].

8.8.1.2. EFEITOS DAS CLÁUSULAS: CLÁUSULAS OBRIGACIONAIS E CLÁUSULAS NORMATIVAS

A negociação coletiva, em regra, não prioriza salário, mas, sim, outras condições de melhoria de trabalho (ex.: salário *in natura*). **São cláusulas válidas do espaço da autonomia,** isto é, um vasto campo da negociação coletiva. No que se refere ao Estado, depara-se com cláusula nula (ex.: supressão da licença-maternidade, descanso semanal remunerado). No espaço "intermediário" localizam-se as "cláusulas duvidosas". Ex.: 1) jornada 12 x 36 — porque na CF reza 40 horas; 2) redução do intervalo de refeição — é matéria de ordem pública; 3) cesta básica não tem natureza salarial — só a lei pode expressar isso. O ideal, nesses casos, é levantar a jurisdição (TST), para balizar a qualificação do que é válido ou não (NELSON MANNRICH, 2006).

Natureza jurídica: tem natureza normativa, mas existe uma parte contratual. Quanto à elaboração, a natureza é contratual. Quanto aos feitos, a natureza é normativa (dependendo dos tipos de cláusulas), Mannrich (2006) elenca os seguintes tipos de cláusulas.

Cláusula obrigacional: não influencia no trabalhador. É entre a empresa e o dirigente sindical. Somente os sujeitos contratantes. Há produtos de uma negociação que não tem força normativa, embora gere obrigação. Criam direitos e deveres entre os sujeitos estipulantes, destacando-se as garantias para facilitar o exercício da representação sindical no estabelecimento. Não se incorporam nos contratos individuais de trabalho, pois não se referem a eles. São dirigidas às empresas signatárias dos acordos.

Cláusulas constitutivas: autoriza a empresa a praticar atos. Existem atos que a empresa só pode praticar com autorização expressa em contrato sindical. Vinculadas a uma autorização sindical para integrarem a relação (para a empresa praticar certos atos há necessidade de autorização do sindicato).

Cláusula normativa: adendo ao contrato de trabalho. Quando se negocia algo que é inserido na relação, no contrato de trabalho (vantagem a mais). São dirigidas aos empregados e às empresas e aos seus respectivos contratos individuais sobre os quais se projetarão. Se aplicam às relações individuais de trabalho, como reguladoras do contrato de trabalho.

8.8.1.3. INCORPORAÇÃO DAS CLÁUSULAS NORMATIVAS AOS CONTRATOS DE TRABALHO

Sabemos que as sentenças normativas não integram definitivamente os contratos de trabalho, não por ser essa uma disposição expressa da lei, mas por assim constar na Súmula n. 277 do TST, *verbis*:

---

(95) Juridicamente, é um ato jurídico, próprio do Direito do Trabalho, de natureza, ao mesmo tempo, normativa e contratual: um contrato-ato-regra.

SENTENÇA NORMATIVA, CONVENÇÃO OU ACORDO COLETIVOS. VIGÊNCIA. REPERCUSSÃO NOS CONTRATOS DE TRABALHO.

I — As condições de trabalho alcançadas por força de sentença normativa, convenção ou acordo coletivos vigoram no prazo assinado, não integrando, de forma definitiva, os contratos individuais de trabalho.

II — Ressalva-se da regra enunciada no item I o período compreendido entre 23.12.1992 e 28.7.1995, em que vigorou a Lei n. 8.542, revogada pela Medida Provisória n. 1.709, convertida na Lei n. 10.192, de 14.2.2001.

Para aprofundamento da temática, contextualizamos os questionamentos de Alexandre Chedid Rossi (2006):

> Resta a indagação: **a restrição às sentenças normativas** (que salta aos olhos na leitura desse enunciado) **é proposital ou, por um lapso, deveriam ter sido incluídos o acordo coletivo e a convenção coletiva?**
>
> Em outras palavras: **O acordo coletivo e a convenção coletiva de trabalho, os quais são também instrumentos normativos, considerados fontes formais do direito do trabalho, porém de origem autônoma,** INTEGRAM **em definitivo os contratos de trabalho, ou seguem a mesma sorte das sentenças normativas**, isto é, suas vantagens vigorarão apenas no prazo estabelecido, cujo limite é de dois anos? As cláusulas de um instrumento normativo possuem tal ultra-atividade?"

São duas as correntes de opiniões sobre o tema: a primeira considera as vantagens alcançadas, insuprimíveis pela caducidade ou perda de vigor do instrumento normativo, e sustenta sua tese na teoria do direito adquirido, lançando como fundamento legal o art. 468 da CLT.

A segunda corrente de opiniões segue a Súmula n. 277 supratranscrita, ampliando sua aplicação também aos instrumentos de negociação autônoma, e não apenas às sentenças normativas.

Deixemos claro, de imediato, nosso posicionamento contrário à primeira corrente, respeitados os Doutos que a defendem. Louvável, até certo ponto, a sua manifesta peregrinação pelos campos do protecionismo ao operário, mas sufragar a tese de que um instrumento normativo com prazo delimitado no tempo possa incorporar em definitivo os contratos de trabalho quanto às vantagens através dele auferidas é litigar contra o bom-senso.

Primeiro, não vislumbramos qualquer possibilidade de sustentação de referida tese, com base no art. 468 da CLT. Esse dispositivo prevê a inalterabilidade *in pejus* das condições de trabalho e está inserido, no conjunto celetista, dentre os DIREITOS INDIVIDUAIS do trabalho, referindo-se expressamente ao conteúdo do contrato de trabalho, *vide*:

> Art. 468. Nos contratos individuais de trabalho só é lícita a alteração das respectivas condições por mútuo consentimento, e ainda assim desde que não resultem, direta ou

indiretamente, prejuízos ao empregado, sob pena de nulidade da cláusula infringente desta garantia. (grifamos)

Conclui o autor acima que, atualmente, vige entre nós a regra da não incorporação das cláusulas normativas nos contratos individuais de trabalho, aplicando-se a Súmula n. 277 não apenas às sentenças normativas, mas também aos instrumentos normativos de autocomposição.

8.8.1.3.1. PRINCÍPIO OU TEORIA DO CONGLOBAMENTO

Conforme a lição do mestre francês Américo Plá Rodriguez[96], o intérprete ou aplicador da lei deve pautar-se por princípios orientadores para a verificação da norma mais favorável ao empregado com o fito de aplicá-la *in concreto*. Após essa verificação, indaga-se: como se estabelece a comparação? Devem ser comparadas as duas normas em seu conjunto ou tomada de cada norma a parte que seja mais favorável ao trabalhador?

Basicamente, existem duas teorias acerca da aplicação da norma mais favorável: **teoria da incindibilidade ou do conglobamento, teoria da acumulação ou atomista**[97].

A **teoria da incindibilidade ou do conglobamento** preconiza que as normas devem ser consideradas em seu conjunto, sendo certo que não deve haver a cisão do instrumento que contém as normas aplicáveis. Deverá, portanto, segundo essa teoria, haver a consideração global ou do conjunto das normas aplicáveis[98].

A **teoria da acumulação ou atomista** consubstancia-se na possibilidade de extração de cada norma as disposições mais favoráveis ao trabalhador, ou seja, haveria

---

(96) RODRIGUEZ, Américo Plá. *Princípios de direito do trabalho*, p. 58.

(97) Julpiano Chaves Cortez (2004) observa que em caso de conflito entre normas coletivas do mesmo ordenamento jurídico ou na hipótese de comparação de lei nacional com outra estrangeira, impera o princípio da aplicação da norma mais favorável ao trabalhador. **Para a escolha dessa norma mais benéfica, existem critérios que se fundamentam nas teorias da acumulação, do conglobamento e do conglobamento mitigado** (incindibilidade dos institutos jurídicos). Essas teorias, conforme Vólia Bomfim Cassar, **também são conhecidas pelas denominações: a) atomística, da soma, acumulação ou cumulação; b) conglobamento, em bloco ou do conjunto; c) intermediária, orgânica ou eclética**. Onde as teorias do conglobamento e da acumulação foram criadas em decorrência do estudo da aferição da norma mais favorável. Pela primeira teoria, o hermeneuta, diante de instrumentos jurídicos em conflito, haveria de sopesar qual deles seria o mais benéfico ao empregado, tomando por parâmetro a totalidade de seus dispositivos. A segunda teoria, por sua vez, sustenta que a aferição da norma mais benéfica deve ser feita dispositivo por dispositivo, de sorte que o hermeneuta poderia se valer, concomitantemente, de um dispositivo mais favorável de um sistema legal aliado a outro mais favorável do sistema jurídico conflitante.

Ainda para o autor, cogita-se uma terceira teoria, qual seja, a do conglobamento mitigado, pela qual a apreciação da norma mais favorável há de ser feito instituto por instituto. Assim, tomando por exemplo o objeto do presente estudo, o instituto seria o das férias individuais. O intérprete e aplicador da lei, por conseguinte, haveria de optar pela utilização integral ou da Convenção n. 132, ou das normas internas atualmente em vigência.

(98) Neste sentido: GRECO, Paolo. *Il contrato di lavoro;* e BOTIJA, Eugenio Pérez; CHACÓN, Gaspar Bayón. *Derecho del trabajo.* Apud RODRIGUEZ, Américo Plá. *Princípios de direito do trabalho*, p. 58-59.

uma soma das vantagens extraídas de diferentes normas. Denomina-se *atomista*, pelo fato de que *não toma o todo como um conjunto, mas a cada uma de suas partes como coisas separáveis*⁽⁹⁹⁾.

Analisamos as teorias ou os princípios como se segue:

> Como se estabelece a comparação? Devem ser comparadas as duas normas em seu conjunto ou tomada de cada norma a parte que seja mais favorável ao trabalhador? Há dois posicionamentos nesse sentido. O primeiro, baseado na **teoria da acumulação**, sustenta que nos conflitos hierárquicos deve prevalecer a norma mais favorável para o trabalhador; a comparação assim pressuposta deverá ser feita regra a regra, isoladamente, de tal forma que o regime aplicável às situações laborais seja equivalente a um somatório (acumulação) de normas retiradas de diversas fontes que em comum têm apenas o fato de serem mais favoráveis para os trabalhadores. Em suma: **o trabalhador gozará de estatuto mais benéfico, ainda que seja preciso fragmentar as suas disposições, retirando-se preceitos de normas diferentes, condições singulares contidas nos diferentes textos.**

Já o segundo posicionamento se estriba na **teoria do conglobamento**. Para essa teoria, a regra o tratamento mais favorável deveria ser aplicada comparando as fontes em presença, na sua globalidade: **prevalece, assim, a que no conjunto se revelar mais útil para os trabalhadores, ou seja, não haverá fracionamento de disposições nem cisão de conteúdos.** Apenas será mais favorável o estatuto que globalmente for entendido como tal, não o decompondo com o que fica excluída a possibilidade de aplicação simultânea de regimes diferentes.

A doutrina e a jurisprudência titubeiam na aplicabilidade das teorias, havendo uma certa preponderância da *teoria do conglobamento*⁽¹⁰⁰⁾, já que essa visivelmente

---

(99) Neste sentido: PERGOLESI, Ferrucio. *Nozione, sistema e fonti del diritto del lavoro;* e MAZZONI, Giuliano. *Il contrato di lavoro nel sistema del diritto italiano del lavoro* apud RODRIGUEZ, Américo Plá. *Princípios de direito do trabalho*, p. 58.

(100) Para Mário Pinto Rodrigues da Costa Filho (2006); no Brasil destes novos tempos, apesar dos esforços em contrário, a questão tem sido resolvida com apoio no princípio ou na teoria do conglobamento.

Pontos anteriormente conquistados por uma categoria de trabalhadores devem ser considerados no conjunto das regras, não podendo ser pinçados somente os favoráveis de um estatuto para somar-se ao de outra convenção. Por este princípio, conjugando-o com o da autonomia privada coletiva e o da flexibilização, introduzido pela Constituição (art. 7º, VI), os sindicatos podem reduzir benefícios em troca de garantias que, em dado momento, sejam consideradas mais vantajosas para a totalidade da categoria.

Esse princípio, por isso, inviabiliza a análise isolada de uma ou outra cláusula coletivamente pactuada. A classe trabalhadora, para obter vantagem, deve ter em mente que precisa negociar uma condição em relação às outras e isso não afeta o princípio interpretativo tradicional da norma mais favorável ao trabalhador, uma vez que a norma coletiva deve ser analisada sistemicamente e não particularmente, sob pena de sua descaracterização.

Tampouco permite esse princípio do conglobamento que se analise uma única cláusula de acordo coletivo (produto de autocomposição) para entendê-la inválida, sem considerar o conjunto das demais vantagens auferidas pela categoria. O princípio da autonomia da vontade coletiva e o da flexibilização, introduzido pelo art. 7º, inciso VI, da Constituição, autorizam o sindicato a reduzir benefícios, em troca de garantias que, em dado momento, sejam consideradas mais vantajosas para a totalidade da categoria.

prestigia outro princípio de Direito do Trabalho, qual seja, o *princípio da* **autodeterminação coletiva**.

Nesse sentido, acolhendo a *teoria do conglobamento*, o Colendo Tribunal Superior do Trabalho proferiu a seguinte decisão:

> Horas *in itinere* — Princípio do conglobamento x princípio da norma mais favorável — Teto máximo para sua concessão fixado em convenção coletiva. Sendo a convenção coletiva firmada mediante transação entre as partes, há que se ter em mente o princípio do conglobamento onde a classe trabalhadora, para obter certas vantagens, negocia em relação a outras. Isso de modo algum afeta o princípio da norma mais favorável ao trabalhador, uma vez que a norma coletiva deve ser analisada sistemicamente e não particularmente, sob pena de sua descaracterização. Assim, é válida a fixação de teto máximo para a concessão de horas *in itinere* em convenção coletiva. (TST — RR n. 214.745 — 5ª T. — Ac. n. 903/97 — Rel. Min. Armando de Brito — DJU 18.4.1997)

8.9. Poder normativo da Justiça do Trabalho

No âmbito do direito laboral pátrio, sabe-se que o tradicional sistema processual coletivo do trabalho recebeu forte influência da *Carta del Lavoro* do regime fascista italiano de Benito Mussolini, a qual atribui ao magistrado trabalhista italiano o **poder de dirimir conflitos coletivos de trabalho pela fixação de novas condições laborais**. Apresentando-se, por isso mesmo, ultrapassado e incapaz de solucionar satisfatoriamente os novos e cada vez mais complexos conflitos trabalhistas de massa, tendo sido adotado pela Constituição Federal de 1937, imposta por Getúlio Vargas.

O poder normativo da Justiça do Trabalho, desde seu surgimento, mesmo com a sua previsão constitucional, foi objeto de acirrados debates e inúmeras críticas[101]. Discussões sobre seu banimento ou sua manutenção são largamente debatidas na doutrina jurídica e, sobretudo, na política nacional.

---

(101) Arion Sayão Romita, citado por Walter Willian Ripper (2006), destaca quatro antinomias constitucionais em face do Poder Normativo da Justiça do Trabalho:
"1ª entre o art. 1º, parágrafo único, e o art. 114, § 2º: se o povo exerce poder por intermédio de seus representantes eleitos, o poder normativo, exercido pelos juízes, não poderia ser acolhido pela Constituição, pois juízes não são representantes do povo;
2ª entre o art. 5º, inciso LV, que reconhece o princípio do contraditório sem qualquer exceção, e o art. 114, § 2º: no exercício do poder normativo, a Justiça do Trabalho não é obrigada a observar o referido princípio, pois exerce jurisdição de equidade, dispensando a manifestação de contrariedade por parte da categoria econômica suscitada no dissídio coletivo;
3ª entre o art. 93, inciso IX, e o art. 114, § 2º: como decisão judicial, a sentença normativa não pode deixar de ser fundamentada, sob pena de nulidade; entretanto, o poder normativo se exerce como meio de solução de controvérsia coletiva, mediante edição de normas (poder legislativo delegado), tarefa que dispensa fundamentação;
4ª entre o art. 9º e o art. 114, § 2º: enquanto o primeiro dispositivo assegura o exercício do direito de greve pelos trabalhadores, o outro o inviabiliza, pois o poder normativo é utilizado para julgar a greve, inibindo o entendimento direto entre os interlocutores sociais."

Também identificado como competência normativa, o Poder Normativo era a possibilidade constitucional de a Justiça Trabalhista estabelecer normas e condições, respeitadas as disposições convencionais e legais mínimas de proteção ao trabalho, para a solução dos conflitos coletivos de trabalho.

Assevera Walter Wiliam Ripper (2006) que da análise aprofundada do Direito Coletivo do Trabalho nos deparamos com inúmeros temas de grande polêmica doutrinária. Entretanto, sem medo de errar, o mais criticado, senão o mais polêmico, é o chamado poder normativo da Justiça do Trabalho. Um instituto originado no Estado Novo, durante o governo de Getúlio Vargas, assim como nossa Consolidação das Leis do Trabalho, que, principalmente em matéria coletiva, deixa sensíveis rastros do pensamento político de Getúlio e do fascismo consagrado por Mussolini.

Ainda, conforme o autor, o poder normativo da Justiça do Trabalho é considerado atípico, tanto que só existe no Brasil e, de forma análoga, na Austrália, na Nova Zelândia, no Peru e no México. No Brasil, tem fundamento legal no § 2º do art. 114 da Constituição Federal, recentemente alterado pela Emenda Constitucional n. 45, de 8 de dezembro de 2004. Os estudos sobre as alterações e a aplicação do novo dispositivo pela Justiça do Trabalho ainda estão em fase embrionária, mas já existem posições antagônicas quanto à interpretação do novo texto constitucional.

Essa função jurisdicional de criar normas e condições de trabalho, na atualidade, pode não mais retratar aquilo que se queria na sua origem, mas, sim, uma solução moderna para a composição dos conflitos, desde que limitada aos interesses geral e particular das partes, não tolhidos os métodos de negociação coletiva.

O Poder Normativo da Justiça encontra fundamento legal no § 2º do art. 114 da Constituição Republicana de 1988, com nova redação dada pela Emenda Constitucional n. 45/04, *in verbis*:

> **§ 2º** Recusando-se qualquer das partes à negociação coletiva ou à arbitragem, é facultado às mesmas, **de comum acordo**, ajuizar dissídio coletivo de natureza econômica, podendo a Justiça do Trabalho decidir o conflito, respeitadas as disposições mínimas legais de proteção ao trabalho, bem como as convencionadas anteriormente. (grifamos)

Conceito

Inicialmente, **não se confunde o Dissídio Coletivo com o Dissídio Individual Plúrimo, pois no primeiro estão em jogo, imediatamente, interesses abstratos de um grupo social ou de uma categoria, enquanto no segundo a relação jurídica submete à apreciação do Judiciário interesses concretos de indivíduos determinados**. Nos dissídios coletivos reivindica-se a criação de novas condições de trabalho ou a interpretação de norma preexistente, e nos dissídios individuais plúrimos pleiteia-se a aplicação dessas normas. Nos primeiros, o conflito diz respeito a uma comunidade de interesses e as decisões se aplicam a pessoas indeterminadas que pertencem ou venham a pertencer à coletividade; nos segundos, os interesses em jogo são de um grupo, de uma soma material de indivíduos. A indeterminação dos sujeitos é o traço fundamental do dissídio coletivo: refere-se indeterminadamente aos que pertençam ou venham a pertencer à coletividade, cujos interesses abstratos estão em jogo (BARROS, 2007).

Conclui Alice Monteiro de Barros (2007) que há um traço distintivo entre o dissídio coletivo e o dissídio individual plúrimo que merece ser destacado: trata-se da competência para julgá-los. Enquanto a competência para julgar os dissídios individuais plúrimos é originariamente das Varas do Trabalho (art. 652 da CLT), nos dissídios coletivos a competência é dos Tribunais Regionais (Pleno) ou da Seção Especializada nesse assunto, conforme disposição regimental, quando a base territorial do sindicato restringe-se a um Estado (art. 678 I, *a*, da CLT) e do Tribunal Superior do Trabalho — TST —, quando a base territorial do sindicato abranger mais de um Estado da Federação (art. 896, *b*, da CLT).

Leciona Walter Willian Ripper (2006) que a competência conferida à Justiça do Trabalho para decidir, interpretar, criar e modificar normas, em matéria de dissídios coletivos, ganhou o nome de *poder normativo*.

Nas palavras de Amador Paes de Almeida *apud* Francisco Ferreira Jorge Neto e Jouberto de Quadros Pessoa Cavalcante (2005), é a faculdade concebida à Justiça do Trabalho de criar novas condições de trabalho, numa função, inequivocadamente legiferante, própria do Poder Legislativo.

Para Amauri Mascaro Nascimento (2002), o *poder normativo* como "a competência constitucional dos tribunais do trabalho para proferir decisões nos processos de dissídios econômicos, criando condições de trabalho com força obrigatória".

Segundo José Augusto Rodrigues Pinto (2002), em estudo sobre o Direito Coletivo do Trabalho, procurando dar uma definição ao *poder normativo* da Justiça do Trabalho, considerou que "é a competência determinada a órgão do poder judiciário para, em processo no qual são discutidos interesses gerais e abstratos, criar norma jurídica destinada a submeter à sua autoridade as relações jurídicas de interesse individual concreto na área da matéria legislativa".

TST Súmula n. 190 — Res. n. 12/83, DJ 9.11.1983

Ao julgar ou homologar ação coletiva ou acordo nela havido, o Tribunal Superior do Trabalho exerce o poder normativo constitucional, não podendo criar ou homologar condições de trabalho que o Supremo Tribunal Federal julgue iterativamente inconstitucionais.

Assevera Renato Saraiva (2007) que o poder normativo da Justiça do Trabalho consiste na competência constitucionalmente assegurada aos tribunais laborais de solucionar os conflitos coletivos de trabalho, estabelecendo, por meio da denominada sentença normativa, normais gerais e abstratas de conduta, de observância obrigatória para as categorias profissionais e econômicas abrangidas pela decisão, repercutindo nas relações individuais de trabalho.

8.9.1. Dissídio coletivo

Carlos Henrique Bezerra Leite (2009) conceitua dissídio coletivo como uma espécie de ação coletiva conferida a determinados entes coletivos, geralmente os sindicatos, para a defesa de interesses cujos titulares materiais não são pessoas individualmente consideradas, mas, sim, grupos ou categorias econômicas, profissionais ou diferenciadas, visando à criação ou a interpretação de normas que irão incidir no âmbito desses mesmas categorias.

De acordo com o professor Nelson Mannrich (2006) — **Como identificar a pretensão resistida?** Se há oposição de interesses entre empregado e empregador. É conflito permanente, objeto da negociação sindical. É quando uma reivindicação do trabalhador é resistida pelo empregador. Sendo **conflito laboral** toda oposição ocasional de interesses, pretensões ou atitudes entre um ou vários empresários, de uma parte, ou um ou mais trabalhadores a seu serviço, por outro lado, sempre que se origine do trabalho e uma parte pretenda a solução coativa sobre outra.

Continua o mestre: **conflito é a insatisfação das condições de trabalho e a exteriorização desta, expressada como ruptura com o modelo jurídico, pondo em crise a relação de trabalho**. Leva a uma reformulação da situação existente; também há a produção de novos modelos jurídicos.

Leciona Renato Saraiva (2007) que não se deve confundir o dissídio individual plúrimo com o dissídio coletivo. Para o autor, no dissídio coletivo estão sendo postulados interesses coletivos, com o objetivo, em regra, de serem criadas novas condições de trabalho pelo Tribunal, que serão aplicadas a pessoas indeterminadas que pertençam ou venham a pertencer às categorias envolvidas. Já os dissídios individuais plúrimos são submetidos à apreciação da Justiça do Trabalho, de interesses concretos e individualizados, já previstos no ordenamento jurídico positivado, cuja decisão atingirá aquele grupo de pessoas determinadas.

Classificação dos conflitos: os conflitos permeiam a sociedade:

> **conflito trabalhista individual**: direito violado, posso identificar o indivíduo. Conflito entre um trabalhador ou diversos trabalhadores, individualmente considerados, e o empregador. São conflitos sobre o contrato individual de trabalho de cada um.

> **Conflito individual plúrimo**: violação da norma e dos sujeitos identificados.

> **Conflito coletivo**: pretensão de condições de trabalho; não há identificação dos sujeitos (é um grupo). Objeto da negociação sindical. Alcança um grupo de trabalhadores e um ou vários empregadores e se refere a interesses gerais do grupo, ainda que possa surgir de questões sobre os contratos individuais de trabalho.

Cumpre distinguir **dissídios de natureza "jurídica" dos de natureza "econômica"**, porquanto o poder normativo é exercitado quando da decisão dos segundos. Os de natureza "jurídica" visam à aplicação ou interpretação de norma preexistente; enquanto que os de natureza econômica se destinam à alteração ou à criação de novas normas e condições de trabalho, sendo as hipóteses mais correntes os que objetivam aumentos salariais (JOSÉ MIGUEL DE CAMPOS, 2005).

A origem do poder normativo está intimamente ligada à necessidade de solução dos conflitos coletivos oriundos das relações de trabalho, sendo dois os sistemas utilizados para tanto: o "jurisdicional" e o "não jurisdicional".

Nos termos do art. 12 da Lei n. 7.520, de 15 de julho de 1986 (alterado pela Lei n. 9.254, de 3 de janeiro de 1996):

"Art. 12. Compete exclusivamente ao Tribunal Regional do Trabalho da 2ª Região **processar, conciliar e julgar os dissídios coletivos** nos quais a decisão a ser proferida deva produzir efeitos em área territorial alcançada, em parte, pela jurisdição desse mesmo Tribunal e, em outra parte, pela jurisdição do Tribunal Regional do Trabalho da 15ª Região."

De acordo com o art. 313 do Regimento Interno do Tribunal Superior do Trabalho, os dissídios coletivos podem ser:

I — **de natureza econômica**, para a instituição de normas e condições de trabalho;

II — **de natureza jurídica**, para interpretação de cláusulas de sentenças normativas, de instrumentos de negociação coletiva, acordos e convenções coletivas, de disposições legais particulares de categoria profissional ou econômica e de atos normativos;

III — **originários**, quando inexistentes ou em vigor normas e condições especiais de trabalho decretadas em sentença normativa;

IV — **de revisão**, quando destinados a rever normas e condições coletivas de trabalho preexistentes que se hajam tornado injustas ou ineficazes pela modificação das circunstâncias que as ditaram;

V — **de declaração sobre a paralisação do trabalho decorrente de greve dos trabalhadores.**

Em síntese, os dissídios classificam-se em:

— **conflito de interesse (ou econômicos)**: natureza econômica. Condições de trabalho. Os trabalhadores reivindicam novas e melhores condições de trabalho. Finalidade: obtenção de um novo contrato coletivo de trabalho.

— **conflito de direito (ou jurídicos)**: natureza jurídica. Dúvidas de como será cumprida a norma. A divergência surge na aplicação ou interpretação de uma norma jurídica. Finalidade: declaração sobre o sentido de um contrato coletivo ou de uma ou mais de uma cláusula de um contrato coletivo ou a execução de uma norma que o empregador não cumpre. Seria uma norma negociada que está obscura quanto ao modo de seu cumprimento. Ou seja, os dissídios coletivos de natureza jurídica têm em vista a aplicação ou interpretação de norma preexistente.

8.9.2. Natureza jurídica das sentenças normativas

A sentença Normativa proferida em processo de dissídio coletivo de natureza econômica será **constitutiva** se a matéria versar sobre salário e **dispositiva** se girar em torno de condições de trabalho. Em se tratando de dissídio coletivo de natureza jurídica, a sentença será **declaratória**.

ST Súmula n. 277 — Res. n. 10/88, DJ 1º.3.1988

As condições de trabalho alcançadas por força de sentença normativa vigoram no prazo assinado, não integrando, de forma definitiva, os contratos.

Ficando, assim, consignadas três espécies de sentenças:

a) **condenatórias** — que conferem o poder de pedir execução judicial, mediante a condenação do réu à determinada prestação;

b) **constitutivas** — que criam, modificam ou extinguem uma relação jurídica; e

c) **declaratórias** — que afirmam ou negam a existência de uma relação jurídica.

Francisco Ferreira Jorge Neto e Jouberto de Quadros Pessoa Cavalcante (2005) comentam que, com a Emenda Constitucional n. 45/04, o Poder Normativo da Justiça Laboral deixou de existir, na medida em que o Texto Constitucional apenas passou a prever expressamente que, ajuizado o dissídio coletivo de natureza econômica, caberá "a Justiça do Trabalho decidir o conflito, respeitadas as disposições mínimas legais de proteção ao trabalho, bem como as convencionadas anteriormente", não fazendo mais referência à possibilidade de o Judiciário Trabalhista "estabelecer normas e condições, respeitadas as disposições convencionais e legais mínimas de proteção ao trabalho", como estava na redação original.

Já o professor Carlos Henrique Bezerra Leite (2009) acrescenta entre os pressupostos processuais em sede de ação coletiva objetivos — o Comum Acordo entre as partes — tendo em vista a nova redação dada pela EC n. 45/04 ao § 2º do art. 114 da CF, foi criado um novo pressuposto para o cabimento do Dissídio Coletivo de natureza jurídica: as partes deverão estar "de comum acordo" para o ajuizamento da demanda. Vale dizer, se uma das partes não concordar com a propositura do DC de natureza econômica, a Justiça do Trabalho deverá extinguir o processo, sem julgamento do mérito[102], por inexistência de acordo entre as partes para o ajuizamento de demanda.

---

(102) Art. 267 do CPC — extingue-se o processo sem resolução de mérito.

8.9.3. Cláusulas constantes no dissídio coletivo

Podemos apresentar quatro tipos de cláusulas ou condições constantes no dissídio coletivo, a serem fixadas mediante a sentença normativa:

1. Econômicas — tratam de reajustes salariais, aumentos reais, produtividade, piso salarial etc.

2. Sociais — dizem respeito à garantia de emprego e outras vantagens sem conteúdo econômico, como a fixação de condições de trabalho menos gravosa para a saúde, abono de faltas etc.

3. Sindicais — regulamentam a relação entre os sindicatos e entre empresas e o sindicato, como as cláusulas que instituem representantes sindicais na empresa, determinam desconto assistencial, confederativo etc.

4. Obrigacionais — estabelecem multas para a parte que descumprir as normas coletivas constantes da sentença normativa.

8.9.4. Sentença normativa

A sentença normativa é a decisão proferida pelos tribunais (Tribunal Regional do Trabalho ou Tribunal Superior do Trabalho) ao julgarem um dissídio coletivo.

Tem sua vigência regulamentada no art. 876, parágrafo único, da Consolidação das leis do trabalho, *verbis*:

> Art. 867.
>
> **Parágrafo único.** A sentença normativa vigorará:
>
> **a)** a partir da data de sua publicação, quando ajuizado o dissídio após o prazo do art. 616, § 3º, ou, quando não existir acordo, convenção ou sentença normativa em vigor, da data do ajuizamento;
>
> **b)** a partir do dia imediato ao termo final de vigência do acordo, convenção ou sentença normativa, quando ajuizado o dissídio no prazo do art. 616, § 3º.

8.9.5. Ação de cumprimento

O conteúdo da sentença normativa, ou da decisão normativa, não é executado, mas, sim cumprido, tal como acontece com a eficácia das normas jurídicas de caráter geral e abstrato[103].

---

(103) Para Renato Saraiva (2007), a sentença normativa proferida no dissídio coletivo, por não ter natureza condenatória, não comporta execução. Portanto, o não cumprimento espontâneo da sentença ensejará a propositura de ação de cumprimento e não de ação executiva.

Segundo Carlos Henrique Bezerra Leite (2009), esse cumprimento pode ser espontâneo, como se dá com a observância **natural** de uma lei; ou **coercitivo**, mediante a propositura da chamada **Ação de Cumprimento**.

Nesse sentido, dizem o art. 872 e seu parágrafo único do diploma consolidado:

Art. 872. Celebrado o acordo, ou transitada em julgado a decisão, seguir-se-á o seu cumprimento, sob as penas estabelecidas neste Título.

Parágrafo único. Quando os empregadores deixarem de satisfazer o pagamento de salários, na conformidade da decisão proferida, poderão os empregados ou seus sindicatos, independentes de outorga de poderes de seus associados, juntando certidão de tal decisão, apresentar reclamação à Junta ou Juízo competente, observado o processo previsto no Capítulo II deste Título, sendo vedado, porém, questionar sobre a matéria de fatos e de direito já apreciada na decisão.

TST Súmula n. 246 — Res. n. 15/85, DJ 9.12.1985

É dispensável o trânsito em julgado da sentença normativa para propositura da ação de cumprimento.

TST Súmula n. 286 — Res. n. 19/88, DJ 18.3.1988 — **Nova redação** — Res. n. 98/00, DJ 18.9.2000

A legitimidade do sindicato para propor ação de cumprimento estende-se também à observância de acordo ou de convenção coletivos.

8.10. *Atividades do sindicato*

O sindicato é administrado segundo a lei e os seus estatutos. Assim, terá uma diretoria e um conselho fiscal consoante art. 522 da CLT. A autonomia sindical assegurada pelo art. 8º, I, da Lei Maior de 1988, tornou ineficazes inúmeras disposições do Capítulo I, Seções III e IV, do Título V da CLT, referentes à administração do sindicato e à eleição dos componentes dos seus órgãos. Poderá, então, o estatuto da entidade ampliar o número de membros dos precitados órgãos; mas, conforme a jurisprudência do STF e TST, a estabilidade no emprego prevista no inciso VIII do aludido dispositivo da Constituição Federal está limitada ao número de associados fixado no art. 522, celetário.

Súmula n. 369 — TST — Res. n. 129/05 — DJ 20.4.2005 — Conversão das Orientações Jurisprudenciais ns. 34, 35, 86, 145 e 266 da SDI-1

(...)

II — O art. 522 da CLT, que limita a sete o número de dirigentes sindicais, foi recepcionado pela Constituição Federal de 1988. (ex-OJ n. 266 — Inserida em 27.9.2002).

A CLT prevê a existência de três órgãos internos nos sindicatos: a **Assembleia Geral, o Conselho Fiscal e a Diretoria**.

O Conselho Fiscal é composto por três membros (art. 522 da CLT) e é o responsável pela gestão financeira do sindicato.

A Diretoria, composta por no **mínimo três e no máximo sete membros**, nos termos do art. 522[104] da CLT, é o órgão executivo do sindicato e seu efetivo administrador e representante dos trabalhadores da categoria perante os sindicatos patronais e empregadores isoladamente.

O sindicato pode instituir delegacias ou seções na sua base territorial (art. 517, § 2º da CLT), que serão dirigidas por associados radicados nas respectivas localidades (art. 523[105] da CLT). Elucida Arnaldo Süssekind (2004) que os delegados sindicais em empresas, que também podem ser designados pela diretoria, não se confundem com os representantes do pessoal de que cogita o art. 11[106] da Constituição, os quais devem respeitar a reserva sindical.

A partir da Constituição Federal de 1988, passou a vigorar o princípio da liberdade da administração do sindicato, sendo vedado ao Poder Público a interferência e intervenção na organização sindical. Os sindicatos passaram a ter liberdade para redigir os seus próprios estatutos, razão pela qual entendemos que é possível a criação de outros órgãos dentro da administração do sindicato, além dos tradicionais previstos em lei, porém, sem a garantia no emprego.

8.10.1. Condutas antissindicais: espécies e consequências

A greve lícita não deve ser confundida com outros atos de conflito entre trabalhadores e empregadores, que não são permitidos pelo Direito. A boicotagem, a sabotagem, o piquete não pacífico e a ocupação de estabelecimentos não são consideradas manifestações legítimas pela Lei n. 7.783/89.

A **boicotagem**[107] significa fazer oposição, criar embaraço ou obstruir os negócios de uma empresa.

A **sabotagem**[108], por sua vez, é a destruição ou inutilização de máquinas ou mercadorias pelos trabalhadores, como protesto violento contra o empregador, danificando bens de sua propriedade, prática, a toda evidência, ilícita.

---

(104) **Art. 522**. A administração do Sindicato será exercida por uma diretoria constituída, no máximo, de 7 (sete) e, no mínimo, de 3 (três) membros e de um Conselho Fiscal composto de 3 (três) membros, eleitos esses órgãos pela Assembleia Geral.
(105) **Art. 523**. Os Delegados Sindicais destinados à direção das delegacias ou seções instituídas na forma estabelecida no § 2º do art. 517 serão designados pela diretoria dentre os associados radicados no território da correspondente delegacia.
(106) Art. 11. Nas empresas de mais de duzentos empregados, é assegurada a eleição de um representante destes com a finalidade exclusiva de promover-lhes o entendimento direto com os empregadores.
(107) *Boicotar* verbo transitivo direto. 1. Fazer oposição aos negócios de (pessoa, classe, nação). 2. Não comprar, propositadamente, mercadoria de certa origem. (Dicionário Michaelis — UOL)
(108) *Sabotagem* substantivo feminino. 1. Ato ou efeito de sabotar. 2. Destruição ou danificação propositada de material, instalações, maquinarias, ferramentas, ou interferência secreta na produção ou nos negócios de uma empresa. (Dicionário Michaelis — UOL)

Os piquetes são uma forma de pressão dos trabalhadores para aumentar as adesões à greve, sob a forma de tentativa de dissuadir os recalcitrantes que persistem em continuar trabalhando. A Lei não admite o **piquete violento**, entendido como aquele que impede o acesso dos empregados ao serviço. O piquete pacífico é permitido.

Art. 197 do Código Penal Brasileiro — *Constranger alguém, mediante violência ou grave ameaça:*

I — a exercer ou não exercer arte, ofício, profissão ou indústria, ou *a trabalhar ou não trabalhar durante certo período ou em determinados dias:*

Pena — detenção, de um mês a um ano, e multa, além da pena correspondente à violência.

Art. 200. Participar de suspensão ou abandono coletivo de trabalho, praticando violência contra pessoa ou contra coisa:

Pena — detenção, de um mês a um ano, e multa, além da pena correspondente à violência.

Parágrafo único. Para que se considere coletivo o abandono de trabalho é indispensável o concurso de, pelo menos, três empregados.

A ocupação dos estabelecimentos da empresa pelos trabalhadores, recusando-se a sair do local de trabalho e lá permanecendo sem trabalhar, impedindo também que aqueles não participantes da greve trabalhem, não é admitida entre nós. Essa conduta viola o direito constitucional de propriedade e deve ser revertida mediante ordem judicial de desocupação, com a consequente punição dos responsáveis (VICENTE PAULO, MARCELO ALEXANDRINO e GLÁUCIA BARRETO, 2005).

São exemplos de **Casos tipificadores de atos (condutas) antissindicais,** conforme Cláudio Armando Couce de Menezes (2006):

a) fomento de sindicatos comprometidos com os interesses de empregador e dominados ou influenciados por este;

b) a não contratação, despedida, suspensão, aplicação injusta de sanções, alterações de tarefas e de horário, rebaixamento, inclusão em "listas negras" ou no *index* do patrão, a redução do salário do associado ou do dirigente sindical, membro de comissão ou, simplesmente, porta-voz do grupo;

c) o isolamento ou "congelamento" funcional desses obreiros;

d) no plano da greve, procedimentos que desestimulam ou limitam esse direito (despedida, estagnação profissional, medidas disciplinares, transferências de grevistas, concessão de licença, férias maiores, gratificações e aumentos para "fura-greves");

e) ameaças ou concreção de extinção de postos de trabalho ou de estabelecimentos, transferências destes para outro país ou outra região, como represália por atividades sindicais ou de reivindicação coletiva;

f) delitos como ameaça, coação, lesão corporal, cárcere privado, assassinato de lideranças obreiras e sindicais;

g) recusa de negociação coletiva;

h) inviabilizar ou dificultar a criação de sindicatos ou comissões internas;

i) impedir ou criar obstáculos ao desempenho da atividade sindical que pressupõe: ingresso e deslocamento nos estabelecimentos empresariais, comunicação de fatos do interesse dos trabalhadores, recebimento das contribuições devidas à entidade classista, informações do empregador necessárias ao desempenho da atividade sindical;

j) apresentação, quando da contratação, de questionário sobre filiação a ocupação sindical;

k) sugestão para abstenção em eleições sindicais ou para comissões internas;

l) proibição do empregador de realizar assembleia no seu estabelecimento ou interdição à participação de dirigentes externos nessas assembleias.

Também, no entendimento do magistrado Cláudio Armando Couce de Menezes (2006), são **Mecanismos de Tutela** das condutas antissindicais:

> ➢ Múltiplas são as medidas de proteção contra atos antissindicais. Vão desde as **preventivas** até as **reparatórias**, sem excluir **sanções administrativas e penais**. Assim, a despedida de um dirigente sindical e de um membro de comissão interna pode gerar uma autuação pela autoridade competente e sanções de ordem penal, anulação de ato e reintegração no emprego e pagamento de indenização, inclusive por danos morais.

> ➢ Doutrina significativa sistematiza os meios de tutela contra a conduta antissindical em: **a) medidas de proteção; b) mecanismos de reparação; c) outros meios de proteção, tais como publicidade, sanções penais e administrativas, nada impedindo que esses mecanismos, como já noticiado acima, se apresentem de forma cumulada**.

> ➢ Como medida de prevenção são arrolados: apreciação prévia de dispensa por órgão interno ou administrativo e as medidas judiciais preventivas (tutela inibitória, antecipada e até cautelares satisfativas para os países que não possuem essas duas primeiras modalidades de tutela de urgência).

> ➢ No campo dos mecanismos de reparação, temos a demanda dirigida à **reintegração do trabalhador**, vítima de ato discriminatório e antissindical. Essa ação pressupõe a nulidade da despedida, por ser ajuizada pelo obreiro ou pelo sindicato na qualidade de substituto processual. Há inegável interesse coletivo legitimante da atuação do ente sindical (art. 8º, III, da CF),

pois a garantia no emprego, a estabilidade, a proibição de despedidas injustificadas e discriminatórias de lideranças sindicais e obreiras transcendem o plano individual para alcançar toda a categoria, o que não será possível se o agente de suas reivindicações for afastado do emprego a qualquer momento.

➢ A **reparação** também pode ser alcançada, de forma imperfeita e incompleta, via indenização. Apenas em casos extremos deve ser posta em lugar da reintegração (extinção da empresa e término da estabilidade sindical, por exemplo).

➢ A reintegração e a excepcional indenização substitutiva dessa obrigação de fazer não excluem o direito à indenização por **danos morais** porventura sofridos pelo trabalhador (art. 5º, X, da CF).

➢ Entre os outros meios de proteção à atividade sindical, encontram-se os meios **penais (multas e tipificação do ilícito como crime), publicitários (divulgação da prática antissindical em jornais, periódicos etc.) e a autotutela (greves e movimentos afins)**.

Para Sergio Pinto Martins (2006), nossa legislação trata de alguns atos de proteção antissindical. O inciso VIII, do art. 8º, da Constituição veda a dispensa do empregado sindicalizado baseado no registro da candidatura a cargo de direção ou representação sindical e, se eleito, inclusive como suplente, até um ano após o final do mandato, salvo se cometer falta grave nos termos da lei. O § 3º do art. 543 da CLT tem a mesma orientação, estendendo-a ao empregado associado. O § 2º do art. 543 considera licença não remunerada o exercício da atividade sindical, salvo assentimento da empresa ou cláusula contratual, o tempo em que o empregado ausentar-se do trabalho no desempenho das funções. Nas normas coletivas, muitas vezes, é assegurada a remuneração ao empregado eleito para o cargo de direção. O § 6º do art. 543 da CLT complementa a ideia anterior estabelecendo uma sanção direta contra o ato antissindical que tipifica, no sentido de que a empresa que, por qualquer modo, procurar impedir que o empregado se associe a sindicato, organização profissional ou sindical ou exerça os direitos inerentes à condição de sindicalizado, fica sujeita à penalidade prevista na letra a do art. 553, sem prejuízo da reparação a que tiver direito o empregado. Seria bom que o legislador ordinário viesse a amparar o dirigente sindical despedido sumariamente, como, por exemplo, alterar a redação do inciso IX do art. 659 da CLT, para constar que o juiz poderia conceder liminar não só em caso de transferência abusiva de empregado, mas também em outras hipóteses, como da dispensa abusiva dos empregados detentores de estabilidade provisória, como o dirigente sindical, cipeiro, grávidas etc. O precedente n. 104[109] em dissídios coletivos do TST trata de

---

(109) 104 — Quadro de avisos. (positivo). *(DJ 8.9.1992)*
Defere-se a afixação, na empresa, de quadro de avisos do sindicato, para comunicados de interesse dos empregados, vedados os de conteúdo político-partidário ou ofensivo. (Ex-PN n. 172)

quadro de avisos, dizendo que defere-se a afixação, na empresa, de quadro de aviso do Sindicato, para comunicados de interesse dos empregados, vedado os de conteúdo político-partidário ou ofensivo. Essa orientação indica que se a empresa não atende a seu conteúdo também ocorre um ato antissindical.

8.11. *A GREVE NO DIREITO BRASILEIRO*

A greve em sua história geral já foi considerada delito, conduta ilícita, crime, recursos antissociais etc. Na história brasileira, em razão da política sindical corporativista, durante os regimes ditatoriais, passou a ser tratada como delito, depois de ser considerada uma liberalidade. Hoje, um direito constitucional do trabalhador. Pois a Carta Magna de 1988 esboçou os contornos do direito de greve dos trabalhadores. Inserida no Capítulo II (dos Direitos Sociais) do Título II (dos Direitos e Garantias Fundamentais), seu art. 9º estabeleceu as diretrizes básicas:

Art. 9º É assegurado o direito de greve, competindo aos trabalhadores decidir sobre a oportunidade de exercê-lo e sobre os interesses que devam por meio dele defender.

§ 1º A lei definirá os serviços ou atividades essenciais e disporá sobre o atendimento das necessidades inadiáveis da comunidade.

§ 2º Os abusos cometidos sujeitam os responsáveis às penas da lei.

O legislador infraconstitucional regulamentou os referidos preceitos constitucionais, disciplinando as condições para o exercício do direito de greve e coibindo o abuso a esse direito por meio da Lei n. 7.783, de 28 de junho de 1989.

ESCORÇO HISTÓRICO

Não se falava em greve antes da Revolução Industrial. Antes, os trabalhadores não tinham consciência de classe como o trabalhador tem hoje, além de não ter o sentimento de solidariedade.

A partir da Revolução Industrial, temos três movimentos:

➢ **Período da proibição**: a greve era proibida. Era crime contra o Estado, tipo de conspiração (crime de coalizão), pois se reuniam muitas pessoas.

➢ **Período de tolerância**: o Estado não punia o empregado como criminoso.

➢ **Período de reconhecimento**: o Estado reconheceu a greve (mais ou menos, em 1780). Greve como um direito. Nesse caso, a greve passou a ser limitada, pois não havia direito absoluto.

Só era delito se da greve resultasse violência. Porém, sempre foi tratada como delito. Com as Constituições democráticas, surgiu o Decreto-Lei n. 9.070/46, assegurando o direito de greve (greve como direito). Proibiu a greve nas atividades essenciais, sem restrições às demais atividades.

A Carta Magna de 1934 não faz referência à greve, mas apenas à pluralidade sindical.

Art. 120. Os sindicatos e as associações profissionais serão reconhecidos de conformidade com a lei.

Parágrafo único. A lei assegurará a pluralidade sindical e a completa autonomia dos sindicatos.

A CF de 1946 reconhece a greve como direito, mas a limita na forma da lei, apesar de o Decreto-Lei n. 9.070/46 limitar.

Art. 158. É reconhecido o direito de greve, cujo exercício a lei regulará.

Art. 159. É livre a associação profissional ou sindical, sendo reguladas por lei a forma de sua constituição, a sua representação legal nas convenções coletivas de trabalho e o exercício de funções delegadas pelo Poder Público.

A Constituição Federal de 1937 proibia a greve e a considerava um recurso antissocial, nocivo ao trabalho.

Art. 139. Para dirimir os conflitos oriundos das relações entre empregadores e empregados, reguladas na legislação social, é instituída a justiça do trabalho, que será regulada em lei e à qual não se aplicam as disposições desta Constituição relativas à competência da justiça comum.

A greve e o *lockout* **são declarados recursos antissociais, nocivos ao trabalho e ao capital e incompatíveis com os superiores interesses da produção nacional.**

A Lei n. 4.330/64[110] (lei antigreve revogada pela Lei n. 7.783/89) criou muitos empecilhos para uma greve ser julgada legal. Proibia a greve de solidariedade, de serviço público e política. **Impôs tantas limitações e criou tantas dificuldades, a ponto de ter sido denominada por muitos juslaboristas como a Lei do delito da greve e não a Lei do direito da greve.**

A *Lex Fundamentalis* de 1967 proibia a greve nas atividades essenciais.

Art. 162. Não será permitida greve nos serviços públicos e atividades essenciais, definidas em lei.

---

(110) Em 1º de junho de 1964, entrou em vigor a Lei de Greve (Lei n. 4.330), que prescrevia a ilegalidade da greve:
a) se não fossem observados os prazos e condições estabelecidos na referida lei;
b) que tivesse por objeto reivindicações julgadas improcedentes pela Justiça do Trabalho, em decisão definitiva, há menos de um ano;
c) por motivos políticos, partidários, religiosos, morais, de solidariedade ou quaisquer outros que não tivessem relação com a própria categoria diretamente interessada;
d) cujo fim residisse na revisão de norma coletiva, salvo se as condições pactuadas tivessem sido substancialmente modificadas (*rebus sic stantibus*).

Art. 165. A Constituição assegura aos trabalhadores os seguintes direitos, além de outros que, nos termos da lei, visem à melhoria de sua condição social:

(...)

XXI — greve, salvo o disposto no art. 162.

A Lei n. 1.632/78 regulariza a greve dos bancários. Não conseguiu reter a greve violenta.

A Emenda Constitucional n. 1, de 17.10.69, manteve a mesma orientação (arts. 165, XXI, e 162 da Carta de 1967).

Por fim, conforme pontuamos inicialmente, a Constituição Federal de 1988 trata da greve no art. 9º, considerando-a como direito, e remete à lei ordinária e complementar para regular a greve. Depois passou a se exigir lei específica para greve do serviço público nos termos do art. 37 VII[111].

Posteriormente, a Lei n. 7.783/89 regulou o exercício do direito de greve. Não é inconstitucional e exclui o servidor público de sua aplicação consoante art. 16.

A greve é um direito, pois a CF reconhece e tem lei que regulamenta seu exercício.

Conceito

O professor Edson Braz da Silva (2006)[112], ao discorrer sobre o Direito de Greve, nos apresenta os seguintes conceitos:

> "Greve é a suspensão temporal do trabalho, resultante de uma coalizão operária — acordo de um grupo de trabalhadores — para a defesa de interesses comuns, que tem por objetivo obrigar o patrão a aceitar suas exigências e conseguir, assim, um equilíbrio entre os diversos fatores da produção, harmonizando os direitos do Trabalho com os do Capital." (SUAREZ apud SÜSSEKIND, p. 1206)

> "A Greve é a recusa coletiva e combinada do trabalho a fim de obter, pela coação exercida sobre os patrões, sobre o público ou sobre os poderes do Estado, melhores condições de emprego ou a correção de certos males do trabalho." (MULLER citado SÜSSEKIND, p. 627)

Extrai-se da Lei n. 7.783/89, em seu art. 2º, o conceito abaixo:

> Art. 2º Para os fins desta Lei, considera-se legítimo exercício do direito de greve a suspensão coletiva, temporária e pacífica, total ou parcial, de prestação pessoal de serviços a empregador.

---

(111) **VI** — é garantido ao servidor público civil o direito à livre associação sindical;

VII — o direito de greve será exercido nos termos e nos limites definidos em lei específica;

(112) Disponível em: <http://www.ucg.br/site_docente/jur/edson/pdf/novo/unidade13.pdf#search='Lei%207783'> Acesso em: 27.2.2006.

Conforme Giorgio Ghezzi e Umberto Romagnoli, citados por Dorothee Susanne Rüdiger (1999), greve é a abstenção coletiva de uma pluralidade de trabalhadores da execução da prestação de trabalho com a finalidade de exercitar uma pressão sobre uma ou mais contrapartes ... para a tutela de um interesse coletivo.

O ordenamento brasileiro só considera greve o movimento de trabalhadores em que há **paralisação** dos serviços. Qualquer outra manifestação que não acarrete a paralisação dos serviços não será considerada greve, podendo ser total ou parcial e necessariamente **temporária**.

Nesse ponto, merecem destaque duas manifestações dos trabalhadores que reiteradamente são verificadas no Brasil e que não podem ser consideradas greve, pois nelas não há paralisação dos serviços (PAULO; ALEXANDRINO; BARRETO, 2005):

> ➢ **Greve de zelo**, também denominada **operação padrão**, é aquela em que os trabalhadores laboram com redobrado esmero, cumprindo à risca as orientações da empresa, levando à demora na prestação dos serviços. É o caso do caixa de banco que, na greve de zelo, confere detalhe por detalhe de todos os documentos que lhe são submetidos para pagamento pelos clientes, verificando a originalidade de todas as cédulas que recebe, buscando desempenhar sua função com estrita perfeição. Mediante tal procedimento, em vez de atender a média normal, digamos, de 15 clientes por hora, o caixa passa a atender cinco, sendo desnecessário comentar os transtornos.

> ➢ **Operação tartaruga**, é aquela em que os trabalhadores laboram com extremo vagar, atrasando intencionalmente a conclusão dos serviços.

Atos preparatórios para o movimento grevista:

Consoante estabelece a Lei n. 7.783/89, a deflagração da greve deve obedecer a certos atos preparatórios, quais sejam:

a) Negociação ou arbitragem[113];

b) Assembleia geral[114];

c) Aviso prévio[115].

Bem elucidam tais atos preparatórios Vicente Paulo, Marcelo Alexandrino e Gláucia Barreto (2005), nos seguintes postulados:

> Em primeiro lugar, é obrigatória a **prévia negociação ou arbitragem**. A lei não autoriza o início da paralisação a não ser depois de frustrada a

---

(113) Art. 3º Frustrada a negociação ou verificada a impossibilidade de recursos via arbitral, é facultada a cessação coletiva do trabalho.
(114) Art. 4º Caberá à entidade sindical correspondente convocar, na forma do seu estatuto, assembleia geral que definirá as reivindicações da categoria e deliberará sobre a paralisação coletiva da prestação de serviços.
(115) Art. 3º Parágrafo único. A entidade patronal correspondente ou os empregadores diretamente interessados serão notificados, com antecedência mínima de 48 (quarenta e oito) horas, da paralisação.

negociação ou de verificada a impossibilidade de arbitragem. A prévia negociação ou arbitragem, na tentativa de solucionar o conflito coletivo, é pressuposto obrigatório para a deflagração do movimento grevista.

Em segundo, a greve deve ser deliberada em **assembleia geral** convocada pela entidade sindical, de acordo com as formalidades previstas no seu estatuto. A assembleia geral dos trabalhadores é que irá definir as reivindicações da categoria, bem como deliberar sobre a paralisação coletiva da prestação dos serviços. Na falta de entidade sindical (categoria não representada por sindicato, federação ou confederação), a assembleia será realizada entre os trabalhadores interessados, que constituirão uma comissão para representá-los, inclusive, se for o caso, perante a Justiça do Trabalho (arts. 4º, §§ 2º e 5º).

Em terceiro, é indispensável o **aviso prévio** ou a prévia comunicação da greve. O empregador, ou a correspondente entidade sindical patronal, deve ser comunicado previamente a respeito da paralisação, com antecedência mínima de 48 horas. Nos serviços ou nas atividades essenciais, a entidade sindical ou os trabalhadores, conforme o caso, deverão comunicar a paralisação aos empregadores e aos usuários com antecedência mínima de 72 horas.

8.11.1. Greves nos serviços ou nas atividades essenciais

Nos serviços essenciais, a greve não é proibida. É submetida a algumas regras especiais. Assim, são pressupostos para a realização de greve nos serviços ou nas atividades essenciais:

a) **Aviso prévio** ao empregador com antecedência mínima de **72 horas**;

b) **comunicação**, com a mesma antecedência de 72 horas, **aos usuários** dos serviços ou das atividades essenciais;

c) obrigação de os sindicatos, empregadores e os empregados, de comum acordo, garantirem, durante a greve, a **prestação dos serviços indispensáveis ao atendimento das necessidades inadiáveis da comunidade**[116], assim consideradas aquelas que, se não atendidas, coloquem em perigo iminente a sobrevivência, a saúde ou a segurança da coletividade.

São considerados serviços ou atividades essenciais os relacionados no art. 10 da Lei de Greve:

Art. 10. São considerados serviços ou atividades essenciais:

---

(116) Art. 11. Nos serviços ou atividades essenciais, os sindicatos, os empregadores e os trabalhadores ficam obrigados, de comum acordo, a garantir, durante a greve, a prestação dos serviços indispensáveis ao atendimento das necessidades inadiáveis da comunidade.
Parágrafo único. São necessidades inadiáveis da comunidade aquelas que, não atendidas, coloquem em perigo iminente a sobrevivência, a saúde ou a segurança da população.

I — tratamento e abastecimento de água; produção e distribuição de energia elétrica, gás e combustíveis;

II — assistência médica e hospitalar;

III — distribuição e comercialização de medicamentos e alimentos;

IV — funerários;

V — transporte coletivo;

VI — captação e tratamento de esgoto e lixo;

VII — telecomunicações;

VIII — guarda, uso e controle de substâncias radioativas, equipamentos e materiais nucleares;

IX — processamento de dados ligados a serviços essenciais;

X — controle de tráfego aéreo;

XI — compensação bancária.

O papel do Ministério Público do Trabalho — MPT —, nos dissídios coletivos é de grande relevância, substancialmente quando da suspensão dos trabalhos (greve). Cabe-se, contudo, encontrar a limitação dessa intervenção na legislação vigente.

Em caso de greve em atividade ou serviço essencial, com possibilidade de lesão do interesse público, o Ministério Público do Trabalho poderá ajuizar dissídio coletivo, competindo à Justiça do Trabalho decidir o conflito (art. 114, § 3º, da CF).

"§ 3º Em caso de greve em atividade essencial, com possibilidade de lesão do interesse público, o Ministério Público do Trabalho poderá ajuizar dissídio coletivo, competindo à Justiça do Trabalho decidir o conflito."

O Supremo Tribunal Federal, por meio da Súmula n. 316 estabelece:

"A simples adesão à greve não constitui falta grave."

Conclui-se ser o contrato individual de trabalho suspenso durante o período da greve. *In verbis*:

Art. 7º Observadas as condições previstas nesta Lei, **a participação em greve suspende o contrato de trabalho**, devendo as relações obrigacionais, durante o período, ser regidas pelo acordo, por convenção, laudo arbitral ou decisão da Justiça do Trabalho.

8.11.2. *Lockout* (locaute)

O *lockout*, ou locaute, aparece pela primeira vez no ordenamento brasileiro na Constituição Federal de 1937, no art. 139, nos seguintes termos:

"A greve e o *lockout* são declarados recursos antissociais, nocivos ao trabalho e ao capital e incompatíveis com os superiores interesses da produção nacional."

Sua conceituação está inserida no art. 17 da Lei n. 7.783/89, *in verbis*:

Art. 17. Fica vedada a paralisação das atividades, por iniciativa do empregador, com o objetivo de frustrar negociação ou dificultar o atendimento de reivindicações dos respectivos empregados (*lockout*).

Assim, **locaute é a paralisação das atividades pelo empregador com o objetivo de frustrar negociação ou dificultar o atendimento de reivindicações dos empregados**. O locaute, no entanto, é expressamente proibido pela Lei de Greve, e se a empresa fizer uso desse artifício estará obrigada ao pagamento dos salários correspondentes ao período (**interrupção do contrato individual de trabalho**), sem prejuízo de outras sanções a que possa estar sujeita.

O art. 197 do Código Penal, que trata o Atentado contra a Liberdade de trabalho (Dos crimes contra a Organização do Trabalho), prescreve:

Art. 197. Constranger alguém, mediante violência ou grave ameaça:

(...)

II — a abrir ou fechar o seu estabelecimento de trabalho, ou a participar de parede ou paralisação de atividade econômica:

Pena — detenção, de três meses a um ano, e multa, além da pena correspondente à violência.

Em síntese:

É proibida a prática do *lockout* no ordenamento brasileiro, o que será considerado **interrupção do contrato de trabalho**, no período em que efetivamente as atividades estiverem paralisadas, sendo devidos os salários.

Do lockout e da greve

Art. 722. Os empregadores que, individual ou coletivamente, suspenderem os trabalhos dos seus estabelecimentos, sem prévia autorização do Tribunal competente, ou que violarem, ou se recusarem a cumprir decisão proferida em dissídio coletivo, incorrerão nas seguintes penalidades:

a) multa de 300 (trezentos) a 3.000 (três mil) valores de referência regionais;

b) perda do cargo de representação profissional em cujo desempenho estiverem;

c) suspensão, pelo prazo de 2 (dois) a 5 (cinco) anos, do direito de serem eleitos para cargos de representação profissional.

§ 1º Se o empregador for pessoa jurídica, as penas previstas nas alíneas *b* e *c* incidirão sobre os administradores responsáveis.

§ 2º Se o empregador for concessionário de serviço público, as penas serão aplicadas em dobro. Nesse caso, se o concessionário for pessoa jurídica o Presidente do Tribunal que houver proferido a decisão poderá, sem prejuízo do cumprimento desta e da aplicação das penalidades cabíveis, ordenar o afastamento dos administradores responsáveis, sob pena de ser cassada a concessão.

§ 3º Sem prejuízo das sanções cominadas neste artigo, os empregadores ficarão obrigados a pagar os salários devidos aos seus empregados, durante o tempo de suspensão do trabalho.

São princípios e fundamentos constitucionais justificadores da proibição do locaute:

• Valorização do trabalho humano, art. 170, CF;

• Assegurar a todos existência digna e bem-estar, conforme ditames da justiça social, *caput* do art. 170 da CF;

• Dignidade da pessoa humana e valor social do trabalho, art. 1º, III e IV da CF.

9

TRABALHO VOLUNTÁRIO E OS DIREITOS HUMANOS

9.1. INTRODUÇÃO

O conjunto dos Direitos Humanos Fundamentais visa a garantir ao ser humano, entre outros, o respeito ao seu direito à vida, à liberdade, à igualdade e à dignidade, bem como ao pleno desenvolvimento da sua personalidade. Eles garantem a não ingerência do Estado na esfera individual e consagram a dignidade humana. Sua proteção deve ser reconhecida positivamente pelos ordenamentos jurídicos nacionais e internacionais. Hoje, tais direitos são assegurados, também, pelo trabalho voluntário de inúmeros cidadãos do mundo inteiro.

Conforme artigo da Central de Voluntariado de Minas Gerais, publicado no *site* <www.humanitario.com.br>,

> A maioria dos voluntários não se constitui de especialistas e nem de gente desocupada: são cidadãos, de variadas idades, profissões e experiências de vida, indignados com as ruindades deste mundo e que não querem se sentir impotentes no esforço de melhorar a vida dos mais necessitados. São pessoas que descruzam os braços ao se dar conta de que podem ser efetivos agentes de transformação social. Pela própria natureza da generosidade, desprendimento, disponibilidade e leveza, só o voluntário é capaz de se relacionar como um amigo e não como um professor, no sentido formal. O voluntário é um interlocutor, uma referência, servindo de ponte para um mundo melhor, mais fraterno onde as desigualdades são mínimas. Qualquer voluntário, até mesmo um analfabeto, já dispõe de algum tijolo para construir essa ponte: amor, atenção, conhecimento, segurança, referência, limites, valores. Por isso nem sempre é necessário ser um profissional, ser treinado ou capacitado para auxiliar alguém nas dificuldades. Cuidando de quem eu posso, dentro das minhas potencialidades e possibilidades, eu cuido

de mim mesmo e do mundo. É um feito me sentir transformador da realidade social, de uma forma leve, sem angústia e sofrimento.

Assim, vemos no trabalho voluntário o veículo complementar do Estado para a garantia e o acesso aos Direitos Humanos às populações e ao indivíduo.

9.2. Histórico

Artigo elaborado por Mônica Corullón para o Programa do Voluntariado do Conselho Comunidade Solidária registrou que, "na história europeia, a filantropia e a caridade eram predominantemente virtudes privadas. Eram noções perpétuas, imutáveis, até certo ponto rígidas. Já que era mais virtuoso dar do que receber, o valor da caridade provinha mais dos motivos do próprio doador do que dos efeitos da sua ação".

E continua...

> Nos Estados Unidos, o espírito filantrópico desenvolveu-se, mudou, floresceu e se institucionalizou de uma maneira peculiar. A nota dominante era a preocupação com a comunidade. Os propósitos da filantropia eram o enriquecimento da qualidade de vida das comunidades. No Brasil não existe uma forte tradição comunitária. Talvez se explique historicamente pelo fato de os colonizadores aqui aportarem movidos por interesses individuais, pela ânsia do lucro rápido, para extrair as riquezas do Novo Mundo com o único objetivo de enriquecer a metrópole.

O trabalho voluntário no Brasil existe há cinco séculos. Pesquisadores indicam como início dessa atividade a fundação da Santa Casa de Misericórdia em Santos, em 1532.

Em 18.2.1998, foi promulgada a Lei do Voluntariado e publicada no Diário Oficial da União em 19.2.1998. Ela dispõe sobre as condições do exercício do Serviço Voluntário e estabelece a necessidade de celebração de um Termo de Adesão.

O Trabalho Voluntário no Brasil abandona o amadorismo e busca a profissionalização para atingir um objetivo mais ambicioso: o lucro, na forma do maior número de cidadãos atingidos. Para isso, as instituições estão contratando especialistas no mercado, e até mesmo os voluntários passam a atuar de maneira mais técnica. Em complemento, as empresas privadas já consideram como diferencial curricular a participação do pretendente ao emprego em ações voluntárias.

Surgem cada vez mais as Centrais de Voluntariado, já tendo sido registrados cerca de 19, espalhadas pelo país em cinco áreas de atividades: educação, saúde, cultura, recreação e assistência social. Atualmente, as entidades fornecem certificados de atuação como Voluntário e isto é muito importante, principalmente para estudantes e trabalhadores.

Como exemplo de Trabalho Voluntário, registramos a Inspetoria São João Bosco, sociedade civil, sem fins lucrativos, de caráter beneficente, educativo, cultural, de assistência social e de promoção humana, mantenedora de cinco Centros Salesianos do Menor localizados em Minas Gerais, no Rio de Janeiro, em Goiás, no Espírito Santo e no Distrito Federal. Eles atendem aproximadamente 3.360 adolescentes, distribuídos em 541 empresas conveniadas. Um exemplo do crescimento do voluntariado é o caso do Centro Salesiano do Menor do Espírito Santo, em que 90 educadores voluntários participam da organização e execução de encontros formativos e de eventos culturais, esportivos e educacionais.

9.3. DEFINIÇÃO DO TRABALHO OU SERVIÇO VOLUNTÁRIO

Inicialmente, objetivando o entendimento do instituto, conceituaremos o trabalhador obrigatório ou empregado: "É uma espécie de trabalhador subordinado que, com tal ânimo, de forma não eventual e mediante remuneração, coloca pessoalmente a sua força de trabalho à disposição de outra pessoa física ou jurídica, em decorrência de um contrato de trabalho." A definição é do professor Carlos Henrique Bezerra Leite[117].

Para a Organização das Nações Unidas: "O voluntário é o jovem ou o adulto que, devido ao seu interesse pessoal e ao seu espírito cívico, dedica parte do seu tempo, sem remuneração alguma, a diversas formas de atividades, organizadas ou não, de bem-estar social ou outros campos."

Segundo a Associação Internacional de Esforços Voluntários — International Association for Volunteer Efforts (IAVE), "trata-se de um serviço comprometido com a sociedade e alicerçado na liberdade de escolha. O voluntário promove um mundo melhor e torna-se um valor para todas as sociedades".

Conforme a Fundação Abrinq pelos Direitos da Criança,

> O voluntário, como ator social e agente de transformação, presta serviços não remunerados em benefício da comunidade; doando seu tempo e seus conhecimentos, realiza um trabalho gerado pela energia de seu impulso solidário, atendendo tanto às necessidades do próximo quanto aos imperativos de uma causa, como às suas próprias motivações pessoais, sejam estas de caráter religioso, cultural, filosófico, político ou emocional.

Define o Programa Voluntários, do Conselho da Comunidade Solidária: "O voluntário é o cidadão que, motivado pelos valores de participação e solidariedade, doa seu tempo, trabalho e talento, de maneira espontânea e não remunerada, para causas de interesse social e comunitário."

---

(117) LEITE, Carlos Henrique Bezerra. *Direito do trabalho* — primeiras linhas. 2. ed. Curitiba: Juruá, 1997. p. 64-65.

Entendo por trabalhador voluntário o cidadão que presta serviços de natureza gratuita a entidades públicas ou privadas sem fins lucrativos, com objetivo de garantir os direitos humanos fundamentais a seus semelhantes.

9.3.1. Direitos e responsabilidades do voluntário

Segundo artigo *O voluntário do programa Voluntários de Limeira*, site <http://www.limeira.org.br>:

Todo voluntário tem o DIREITO a:

* Desempenhar uma tarefa que o valorize e seja um desafio para ampliar e desenvolver habilidades.

* Receber apoio no trabalho que desempenha (capacitação, supervisão, e avaliação técnica).

* Ter a possibilidade da integração como voluntário na instituição na qual presta serviços, ter as mesmas informações que o pessoal remunerado e descrições claras de tarefas e responsabilidades.

* Participar das decisões.

* Contar com recursos indispensáveis para o trabalho voluntário.

* Respeito aos termos acordados quanto à sua dedicação, tempo doado, e não ser desrespeitado na disponibilidade assumida.

* Receber reconhecimento e estímulo.

* Ter oportunidades para o melhor aproveitamento de suas capacidades, recebendo tarefas e responsabilidades de acordo com seus conhecimentos, sua experiência e seu interesse.

* Ambiente de trabalho favorável por parte do pessoal remunerado da instituição.

Todo voluntário tem a RESPONSABILIDADE de:

* Conhecer a instituição e/ou a comunidade onde presta serviços (a fim de trabalhar levando em conta essa realidade social) e as tarefas que lhe foram atribuídas.

* Escolher cuidadosamente a área onde deseja atuar conforme seus interesses, seus objetivos e suas habilidades pessoais, garantindo um trabalho eficiente.

* Ser responsável no cumprimento dos compromissos contraídos livremente como voluntário. Só se comprometer com o que de fato puder fazer.

* Respeitar valores e crenças das pessoas com as quais trabalha.

* Aproveitar as capacitações oferecidas de forma aberta e flexível.

* Trabalhar de maneira integrada e coordenada com a entidade onde presta serviço.

* Manter os assuntos confidenciais em absoluto sigilo.

* Acolher de forma receptiva a coordenação e a supervisão de seu trabalho.

* Usar de bom-senso para resolver imprevistos, além de informar os responsáveis.

9.4. Motivações para a ação voluntária

A principal motivação para o exercício do trabalho voluntário é a satisfação do seu executor; afinal, ser voluntário é praticar ato de cidadania, ato de amor ao próximo.

Em artigo *O trabalho voluntário*, elaborado por Mônica Corullón para o Programa de Promoção do Voluntariado do Conselho Comunidade Solidária (publicado na Página de Internet do Centro de Voluntariado de Santa Fé do Sul-SP), cumpre registrar que:

> Uma das razões frequentemente apontadas para o engajamento em trabalhos voluntários é que nas atividades diárias não existem muitos desafios nem realizações, nem liberdade de ação suficiente, e nas empresas em geral não existe uma missão, apenas conveniência. Também é comum que as pessoas realizem alguma atividade socialmente útil, como forma de retribuir à sociedade todo o conhecimento e a experiência adquiridos ao longo da vida, ou apenas para ter uma ocupação do seu tempo livre, às vezes produto inclusive da situação de desemprego. Outro forte motivo alegado é a necessidade interior de fazer o bem, uma satisfação íntima pelo prazer de servir, estar bem consigo mesmo, beneficiando o outro, dando de si, sem nada em troca. O principal diferencial das práticas filantrópicas atuais com relação ao passado reside no fato de que sua população clientela não é mais concebida como sujeitos dependentes e tutelados.

Os cidadãos engajam-se em atividades voluntárias não apenas para exercitar a caridade, mas para exercer suas cidadanias na defesa de seus direitos e dos outros. De fato, alguns estudos mostram que os voluntários tendem a ser mais saudáveis e felizes e viver mais do que aqueles que não o são.

9.5. A IDENTIDADE DO VOLUNTÁRIO

O Programa Voluntários de Limeira nos apresenta, no decálogo de uma busca, a Identidade do Voluntário (artigo *O voluntário*, publicado no endereço eletrônico <http://www.limeira.org.br>).

I — *O voluntário deve descobrir a complexidade dos processos sociais: uma ideia aparentemente simples é apenas uma ideia simplificada. Os problemas sociais têm a forma de uma teia de aranha: estão entrelaçados por inúmeros fatores. Saber estar em uma sociedade complexa e bem informado é uma qualidade essencial do voluntário hoje.*

II — O voluntário tem sentido apenas quando se considera o horizonte da emancipação. É preciso dar afeto a um doente terminal ou acolher uma pessoa que luta contra a dependência química, mas isso somente é válido se for um passo a mais na remoção das causas da marginalidade e do sofrimento desnecessário.

III — A ação voluntária tem qualidade ética apenas quando é uma opção livre de um sujeito no interior de uma tripla aspiração: a sua autoestima, a solidariedade com o próximo e o compromisso de uma sociedade justa.

IV — O voluntariado não é um plano para diminuir os compromissos do Estado. Se, em algum momento, sua presença é um pretexto para afastar e restringir o esforço governamental, o voluntariado entra em uma zona de risco.

V — A ação voluntária é como uma orquestra: o importante é que ela soe bem e não o fato de a flauta ser de madeira ou de metal ou a quem ela pertence. Da orquestra devemos exigir coordenação, coerência e concentração de forças. O voluntário é sempre um "coequiper". A fragmentação não leva a nada, e numa equipe cada um joga em sua própria posição, colaborando com o resto em função da partida.

VI — A ação voluntária deve ter competência humana e qualidade técnica. O amor não é suficiente. Se, por ignorância ou incompetência, fazemos sofrer uma pessoa frágil, embora tenhamos a melhor das intenções, conseguiríamos apenas aumentar a sua impotência e a sua marginalidade.

VII — O voluntariado deve ganhar espaços entre as classes populares. Não pode ser uma instituição que interesse apenas à classe média, nem àqueles que têm tempo disponível, mas responde ao exercício da cidadania que é responsável pelos assuntos que a todos afetam.

VIII — O voluntariado aprecia o profissional da ação social e busca sempre a complementaridade, mas, justamente por isso, não se transforma em auxiliar nem em corrente de transmissão, mas defende o espaço de liberdade que lhe é próprio.

IX — O voluntariado precisa, hoje, disciplinar a sua ação. As melhores iniciativas se perdem pela incapacidade de submetê-las a um programa, a objetivos, a um método, a certos prazos, a uma dedicação séria, a uma avaliação. A boa intenção é um caminho viável desde que haja disciplina; se ela não existe, é um fracasso. O voluntário evita palavras fúteis para se aproximar dos eficazes.

X — A ação voluntária requer reciprocidade: não é orientada simplesmente à assistência do outro, mas ao crescimento de ambos, embora as suas contribuições sejam diferentes. A estima do outro não exige apenas a acolhida, mas espera também uma resposta análoga.

Acrescentamos, ainda, que o voluntário deverá ter desprendimento e simpatia para o exercício das atividades que escolheu, uma vez que firmará um contrato de cidadania na defesa dos direitos fundamentais do ser humano.

9.6. Considerações sobre o serviço do voluntário

Em seus comentários sobre a CLT, o professor Eduardo Gabriel Saad faz as seguintes considerações:

A Lei n. 9.608, de 18.2.98, regula o serviço voluntário, isto é, a atividade não remunerada de pessoa física em qualquer entidade pública ou privada de fins não lucrativos por perseguirem objetivos cívicos, culturais, educacionais, científicos, recreativos ou de assistência social, inclusive mutualidade.

A Lei n. 9.608, de 18.2.98, dispõe sobre o serviço voluntário, definido, em seu art. 1º, como a atividade não remunerada, prestada por pessoa física à entidade pública de qualquer natureza ou à instituição privada de fins não lucrativos, que tenham objetivos cívicos, culturais, educacionais, científicos, recreativos ou de assistência social, inclusive mutualidade. Tal serviço não gera vínculo empregatício, mas é imprescindível que o interessado declare, por escrito, que deseja trabalhar como voluntário e, a fim de prevenir situações desagradáveis, deve ele, ainda, indicar o horário em que deseja trabalhar. Não se equipara a salário o ressarcimento de despesas feitas pelo voluntário no desempenho de suas funções (art. 3º da lei)[118].

O professor Dárcio Guimarães de Andrade, Juiz Presidente do TRT da 3ª Região, em seu artigo *Serviço Voluntário,* traz os seguintes comentários:

---

[118] Comentário ao art. 3º da CLT por SAAD, Eduardo Gabriel. *Consolidação das leis do trabalho comentada.* 33. ed. São Paulo: LTr, 2001. p. 32-33.

Verifica-se, pois, ser imprescindível a forma **escrita,** pena de ser autêntico contrato de trabalho.

Dito contrato, como se vê, beneficia as entidades mencionadas.

A lei, a meu sentir, choca-se com o art. 2º, § 1º, da CLT. Se tal texto celetizado foi revogado, só quem exerce atividade lucrativa poderá ser empregador.

A lei é nova e ainda não existe jurisprudência.

No termo de adesão escrito, tudo deverá ser bem explicitado, para se evitar a nulidade pela Justiça Trabalhista, com base no art. 9º da CLT. Pela Lei n. 9.608/98, a Igreja poderá ser empregadora.

Observa-se que são de duas classes as organizações que podem ser favorecidas pelo serviço voluntário: entidades públicas de qualquer natureza, abrangendo a administração pública direta e indireta, como repartições públicas, fundações públicas, empresas públicas etc., e entidades de direito privado, que não objetivem lucros e que tenham finalidades cívicas, culturais, científicas, recreativas ou de assistência social, inclusive mutualidade.

As Santas Casas de Misericórdia estão tuteladas pela Lei n. 9.608/98. Idem as entidades que, gratuitamente, distribuem alimentos para carentes, reúnem meninos de rua para habilitá-los, dão hospedagem e alimentação aos necessitados e proporcionam assistência médica, odontológica e hospitalar.

A meu sentir, a entidade não deve ter como fito a obtenção de **lucro.**

Pela lei, podem coexistir empregados e prestadores de serviços voluntários.

O prestador, no termo de adesão escrito, afirmará que deseja trabalhar sob tal condição, como substância do ato. Acordo tácito ou verbal não valerá, prevalecendo, como disse, a verdadeira relação de emprego.

Acho que as pessoas que prestavam serviço voluntário anteriormente à edição da lei poderão firmar o termo de adesão, desde que estejam trabalhando sem remuneração e subordinação a entidades sem escopo de lucro.

Aqui na lei inexiste o *animus contrahendi,* ou seja, a intenção livre de se formar o contrato individual de trabalho[119].

O professor Sergio Pinto Martins, ao tratar dos requisitos do contrato de trabalho, registra:

> **Onerosidade** — Não é gratuito o contrato de trabalho, mas oneroso. O empregado recebe salário pelos serviços prestados ao empregador. O empregado tem o dever de prestar serviços, e o empregador, em contrapartida, deve pagar salários pelos serviços prestados. Aqueles religiosos que

---

(119) *Serviço voluntário.* Disponível no *site:* TRT 3ª Região.

levam seu lenitivo aos pacientes de um hospital não são empregados da Igreja, porque os serviços por eles prestados são gratuitos.

O parágrafo único do art. 1º da Lei n. 9.608, de 18.2.1998, estabelece que o serviço voluntário não gera vínculo empregatício, nem obrigação de natureza trabalhista, previdenciária ou afim. O art. 1º dispõe que serviço voluntário é a atividade não remunerada. O contrato de trabalho é oneroso. Se não há remuneração, inexiste vínculo de emprego[120].

A lei proporcionou garantia às instituições cujos objetivos sociais se direcionam ao atendimento de forma gratuita aos cidadãos necessitados, de regulamentação de seus quadros de voluntários. Afinal, o Termo de Adesão escrito registra as finalidades da entidade e a vontade gratuita do prestador do trabalho voluntário.

9.7. CONTRATO DE VOLUNTARIADO E TERMO DE ADESÃO

Conforme prescreve o art. 2º da Lei n. 9.608, de 18.2.1998, o serviço ou trabalho voluntário será exercido mediante a celebração de termo de adesão entre a entidade e o prestador do serviço voluntário. Tal preocupação do legislador visa assegurar à entidade a garantia da inexistência do vínculo trabalhista com obrigações de natureza trabalhista, previdenciária ou afins.

Modelo de Termo de Adesão

Nome da Instituição:

Endereço:

Área de Atividade:

Nome do Voluntário:

Documento de identidade:					CPF:

Endereço:

Referências pessoais:

O Trabalho Voluntário a ser desempenhado junto a esta instituição, de acordo com a Lei n. 9.608, de 18.2.1998, é de atividade não remunerada, com finalidades assistenciais, educacionais, científicas, cívicas, culturais, recreativas, tecnológicas, outras e não gera vínculo empregatício nem funcional, ou de quaisquer obrigações trabalhistas, previdenciárias e afins.

---

(120) MARTINS, Sergio Pinto. *Direito do trabalho*. 9. ed. São Paulo: Atlas, 1999. p. 93.

Trabalho voluntário na área de:

Tarefa específica:

Duração: de   até   . Horários:

Resultados esperados:

Declaro estar ciente da legislação específica sobre Serviço Voluntário e que aceito atuar como voluntário nos termos do presente Termo de Adesão.

Cidade: Data:___/___/_____

_____   _____
Assinatura do voluntário   representante da Instituição

testemunhas:

_____   _____
    Nome e RG   Nome e RG

Modelo de Contrato de Voluntariado

CONTRATANTE: _____
                    (qualificação)

VOLUNTÁRIO(A): _____, nacionalidade, inscrito no CPF sob o n. _____, portador da Cédula de Identidade n. _____, residente e domiciliado no endereço_____ daqui por diante denominado(a) simplesmente VOLUNTÁRIO(A).

As partes acima qualificadas celebram entre si, na melhor forma de direito, e com fundamento na Lei n. 9.608, de 18.2.1998, o presente instrumento particular de CONTRATO DE VOLUNTARIADO, que se regerá pelas cláusulas abaixo estipuladas:

CLÁUSULA 1ª — O(A) VOLUNTÁRIO(A) é aceito pelo(a)..., para prestar os seguintes serviços:

_____

CLÁUSULA 2ª — O(A) VOLUNTÁRIO(A) se compromete a prestar serviços descritos na cláusula 1ª, nos seguintes dias e horários:

PARÁGRAFO ÚNICO: O(A) VOLUNTÁRIO(A) obriga-se a cumprir os horários por ele próprio fixados nesta cláusula para prestação de serviços no(a).............

CLÁUSULA 3ª — O(A) CONTRATANTE .... compromete-se a:

a) assegurar ao VOLUNTÁRIO(A) as condições necessárias para o desenvolvimento das atividades a ele confiadas;

b) avisar ao VOLUNTÁRIO(A) caso venha a dispensar temporária ou definitivamente seus serviços, por qualquer motivo.

CLÁUSULA 4ª — O(A) VOLUNTÁRIO(A) prestará os serviços de que trata a cláusula 1ª, de forma totalmente gratuita, por sua livre e espontânea vontade, a título de colaboração com o(a).............. na consecução de suas finalidades institucionais.

CLÁUSULA 5ª — O presente contrato é firmado por prazo indeterminado.

CLÁUSULA 6ª — O(A) VOLUNTÁRIO(A) poderá, a qualquer momento de vigência deste contrato, mudar os dias e horários de seus serviços voluntários prestados no (a)........., desde que comunique por escrito e com antecedência mínima de .... dias.

CLÁUSULA 7ª — O presente contrato não gera e não gerará qualquer vínculo de relacionamento trabalhista-previdenciário entre as partes, em consonância com o disposto no parágrafo único do art. 1º da Lei n. 9.608/98.

CLÁUSULA 8ª — Em vista da natureza não econômica e gratuita do presente instrumento contratual, em havendo sua rescisão por iniciativa de qualquer uma das partes, o(a) VOLUNTÁRIO(A) não terá direito a remuneração, compensação ou indenização de qualquer tipo.

CLÁUSULA 9ª — O presente contrato poderá ser rescindido a qualquer tempo, por iniciativa de qualquer uma das partes.

CLÁUSULA 10 — A rescisão do instrumento contratual não importará qualquer ônus ou encargo financeiro para qualquer das partes.

CLÁUSULA 11 — O(A) VOLUNTÁRIO(A) declara para os devidos fins de direito que cumprirá e respeitará todas as normas que regem as atividades do(a)..............

CLÁUSULA 12 — A critério do(a)..........., poderão ser concedidos ao(à) VOLUNTÁRIO(A) os seguintes benefícios:

a)..........

b)..........

CLÁUSULA 13 — Fica eleito o foro da comarca de .... para dirimir eventuais dúvidas ou litígios decorrentes do presente contrato.

E, por estarem justos e contratados, firmam o presente instrumento particular de CONTRATO DE VOLUNTARIADO, em duas vias de igual teor e para o mesmo fim, acompanhado das duas testemunhas abaixo assinadas, que a tudo assistiram.

..............,.....de................de........

Entidade   Voluntário(a)

Testemunhas:

Fonte: Centro Salesiano do Menor — CESAM.

9.8. Conclusão

Podemos concluir que os Direitos Humanos Fundamentais visam a consagrar a dignidade humana, e isso se torna obrigatório por suas principais características: imprescritibilidade, inviolabilidade e universalidade. Tal atribuição é de responsabilidade do Estado constitucionalmente constituído.

A professora Vanessa Oliveira Batista, ao tratar dos *Direitos das Minorias*, registra:

> Os caminhos recentemente apontados para solucionar esse problema enfatizam a promoção de ações de descentralização do Estado, como a participação dos beneficiários no planejamento e na execução de programas sociais, com a finalidade de se dar cumprimento aos documentos legais. O melhor, portanto, para o efetivo desfrute de direitos, seria uma combinação de medidas que animassem a participação e o compromisso com os assuntos públicos, a fim de favorecer o seu exercício.

Outro fator relevante para promover os direitos das minorias seria definir onde podem os cidadãos adquirir o hábito de participar das atividades cíclicas e aprender a exercê-las: se nas instituições de ensino; se no exercício político; se nas associações de trabalho voluntário[121].

Como o Estado detecta as necessidades em nível macro, cabe a nós, cidadãos, na atividade voluntária, participar, ajudar e encaminhar outras problemáticas da vida cotidiana do ser humano, não no sentido de substituir o Estado, porque se assim acontecesse o trabalho voluntário perderia a sua essência.

Finalizando: se você quer doar trabalho e possui as qualidades (dedicação, compromisso e disponibilidade), seja um voluntário; dê o primeiro ou mais importante passo, procure a coordenação ou direção de qualquer entidade em cuja área específica você se encaixa e faça alguém feliz.

---

(121) *Atualizando a declaração dos direitos humanos:* os direitos das minorias, direitos humanos e direitos dos cidadãos, p. 134.

10

NÃO INTERVENÇÃO DO ESTADO NAS RELAÇÕES DE TRABALHO

10.1. INTRODUÇÃO

A relação entre capital e trabalho sempre se pautou pelo caráter tuitivo do Direito laboral.

O professor Sergio Pinto Martins, em seu livro *Curso de direito do trabalho*, relata

> que existe uma acentuada desigualdade entre as partes envolvidas nas relações de trabalho quando encaradas no seu aspecto majoritário, e os construtores das primeiras regras trabalhistas tinham as suas preocupações inteiramente voltadas para a proteção dos indivíduos que vendiam a sua força de trabalho[122].

Ao analisarmos a não intervenção do Estado nas Relações de Trabalho, enfocaremos a importância do Estado na criação de normas mínimas, que servirão de base para a negociação de normas autônomas provindas dos interlocutores sociais representantes dos empregados e empregadores; a importância da Fiscalização das Normas Trabalhistas tanto de origem estatal quanto de origem autônoma e também uma crítica à interferência do Poder Judiciário, que, através do Poder Normativo, desestimula a negociação coletiva.

No estudo dos tratados internacionais, procuraremos mostrar, de maneira sintética, a importância e estrutura do Mercado Comum do Sul — Mercosul —, especificamente seus objetivos, suas determinações e a constituição de grupos que tratam de assuntos trabalhistas, bem como a importância social da Convenção n. 81 da Organização Internacional do Trabalho — OIT.

---

(122) MARTINS, Sergio Pinto. *Curso de direito do trabalho*. São Paulo: Malheiros, 1995.

10.2. Mercado Comum do Sul — Mercosul

O Mercado Comum do Sul — Mercosul — tem como membros os seguintes países, denominados Estados-membros: Argentina, Brasil, Paraguai e Uruguai.

Historicamente, as primeiras negociações objetivando a integração no Cone Sul foram feitas entre Brasil e Argentina, a partir da assinatura do tratado de Montevidéu, em 1980, que criou a Associação Latino-Americana de Integração — Aladi. Essa integração era limitada às iniciativas de âmbito bilateral entre Brasil e Argentina. Com a celebração do tratado de Assunção, em 26.3.1991, tornaram-se membros Paraguai e Uruguai, tendo, assim, início a fase de transição do processo integracionista. Essa fase se estende até a assinatura, em 17.12.1994, do Protocolo de Ouro Preto, que trata da estrutura institucional do Mercosul.

Dentre os objetivos do Mercosul, destaca-se o compromisso dos Estados-partes de harmonizarem suas legislações, nas áreas pertinentes, para lograr o fortalecimento do processo de integração.

O Tratado de Assunção, em seu Anexo V, determinou que o Grupo Mercado Comum — GMC— constituísse subgrupos de trabalho para fins de coordenação das políticas macroeconômicas e setoriais. E, assim, foram constituídos dez subgrupos, sendo que nenhum deles contemplou assuntos trabalhistas. Ainda em 1991, por meio da Resolução MERCOSUL/GMC/RES n. 11/91, foi criado o Subgrupo de Trabalho n. 11 — denominado "Assuntos Trabalhistas", que teve sua denominação alterada, em 1992, para "Relações Trabalhistas, Emprego e Seguridade Social".

O Subgrupo de Trabalho 11 desenvolveu discussões no âmbito de oito comissões temáticas sobre os seguintes temas: a) Relações Individuais de Trabalho; b) Relações Coletivas de Trabalho; c) Emprego e Migrações Trabalhistas; d) Formação Profissional; e) Higiene e Segurança do Trabalho; f) Seguridade Social; g) Princípios; e h) Setores Específicos.

O Grupo Mercado Comum — GMC — reformulou os subgrupos de trabalho, e, a partir de 1996, dentre os subgrupos, foi constituído o SGT-10, que passou a tratar de Assuntos trabalhistas, de emprego e seguridade social, tendo quatro coordenadores nacionais e quatro alternos, por Estado-parte, sendo todos representantes governamentais. E sua formação é tripartite, composto, portanto, por representantes do governo, empregadores e trabalhadores.

O SGT-10 conta, atualmente, com três comissões temáticas, a saber: a) Relações de Trabalho; b) Emprego, Migrações, Qualificação e Formação Profissional; e c) Saúde e Segurança no Trabalho, Inspeção do Trabalho e Seguridade Social.

Com relação à Comissão Temática Relações de Trabalho, a pauta do subgrupo--10 contempla as seguintes atividades:

  a) atualização do estudo comparativo das legislações trabalhistas dos países do Mercosul, com vistas à identificação de traços comuns e singulares de tais legislações que podem afetar positiva ou negativamente o processo de integração regional;

b) realização de estudos comparativos sobre os institutos de natureza jurídica e as práticas de relações coletivas de trabalho adotadas pelos países do Mercosul, com vistas a possibilitar sua progressiva incorporação ao sistema de composição de interesses conflitivos entre capital e trabalho, em ritmo e forma compatíveis com as exigências das sucessivas etapas do processo de integração regional;

c) realização de estudos sobre custos laborais em setores econômicos específicos e relevantes para o processo de integração, com o propósito de mensurar o impacto do fator trabalho no custo final de bens e serviços produzidos pelos países do Mercosul[123].

Notadamente, percebe-se que a unificação da Legislação Trabalhista dos membros integrantes do Mercosul procurará reduzir a Intervenção do Estado nas Relações de Trabalho. Todavia, acreditamos que serão mantidas as normas de Saúde e Segurança no Trabalho, Auditoria e Fiscalização do Trabalho e Seguridade Social, haja vista o interesse governamental na busca da redução de acidentes de trabalho e no combate ao trabalho escravo e infantil, ou seja, caberá aos Estados a intervenção na criação e fiscalização de normas de ordem social.

10.3. GLOBALIZAÇÃO DA ECONOMIA

O doutor Ari Possidonio Beltran, em dissertação com que logrou o título de Mestre em Direito do Trabalho pela faculdade de Direito da Universidade de São Paulo, nos traz as seguintes considerações:

> Os fatos estão a revelar que há de fato uma crescente internacionalização da economia. Não bastasse o exemplo dado pelo bloco econômico formado pela União Europeia, outros modelos de integração foram implantados, como o Nafta (Zona de livre-comércio que reúne Estados Unidos, Canadá e o México) e o **Mercosul (originado do tratado de Assunção, de 1991, derruba as fronteiras entre Brasil, Argentina, Paraguai e Uruguai)**. (grifo nosso).

E complementa:

> Num certo aspecto, a questão em análise deve antes ser encarada como fenômeno em si mesmo, desencadeador dos demais já tratados, ainda que como concausa, gerando as alternativas da flexibilização e da terceirização. Além disso, acelera o desenvolvimento tecnológico, pois a competição de mercados leva ao incremento dos referidos fatores. E talvez não estejam ainda bem definidas as consequências que as comunidades econômicas

---

(123) MERCOSUL. Brasília: MTb, SEFIT, 1998. p. 13.

trarão para as relações de trabalho, mas, por certo, serão elas profundas. Para ficarmos num exemplo doméstico: os argentinos alegam temer o *dumping* social sob a alegação de que no Brasil o parque industrial é mais diversificado e competitivo e o salário mínimo é bem menor. Culpa-se, ademais, a invasão de produtos brasileiros como fator agravante do atual índice de desemprego[124].

No que tange à livre circulação de trabalhadores entre os países, principalmente no Mercosul, em breve as instituições sindicais deverão reclamar a harmonização de normas trabalhistas, como também dos sistemas previdenciários, uma vez que as alíquotas de encargos sociais são divergentes, conforme demonstrado no quadro abaixo:

	Argentina	Brasil	Paraguai	Uruguai
Sobre a folha	33% (com limites) para o empregador. Redução especial de até 80% (de acordo com localização) para atividades primárias e de manufatura; 17% (com limites) para o empregado.	31% a 38,7% (sem limites) para o empregador; 8% a 10% (com limites) para o empregado.	16,5% (sem limites) para o empregador. 9,5% (sem limites) para o empregado.	20,5% (sem limites) para o empregador; 17,25% a 18,25% (sem limites) para o empregado.
Imposto sobre o faturamento (receita bruta) para custear a Previdência Social.		PIS 0,65%, COFINS 2,0%, bancos 0,75%		

Fonte: Ernest & Young.

Assim, também será relevante a atuação dos interlocutores sociais coletivos, pois as entidades sindicais tenderão a estabelecer pactos com entidades congêneres, como única forma de manter equilíbrio no nível social dos trabalhadores de países integrantes do Mercosul ou de outros blocos comerciais.

10.4. Poder normativo da Justiça do Trabalho

De forma sucinta, o professor Amauri Mascaro Nascimento conceitua: "Processos de Dissídios Coletivos são aqueles destinados a solucionar os conflitos coletivos de trabalho."[125]

---

(124) BELTRAN, Ari Possidonio. *A autotutela nas relações de trabalho*. São Paulo: LTr, 1996. p. 307.
(125) NASCIMENTO, Amauri Mascaro. *Iniciação ao direito do trabalho*. São Paulo: LTr, 1994.

Esclarecendo as diversas espécies de dissídios coletivos, o professor Hélio Mário de Arruda, Juiz Togado do TRT da 17ª Região, em artigo de 11.10.1996, faz as seguintes considerações:

> Em regra geral, o dissídio coletivo se destina a criar novas regras e condições de trabalho, que é chamado de **dissídio coletivo de natureza econômica**, comportando-se, todavia, exceções quando visa à interpretação da Lei, dos Acordos Coletivos, das Convenções Coletivas e das Sentenças Normativas no chamado **dissídio coletivo de natureza jurídica**, reconhecido unanimemente pela doutrina e jurisprudência, e que encontra apoio no art. 114, *caput, in fine,* da Constituição Federal. Temos ainda o **dissídio coletivo para a declaração da abusividade da greve**, que na sua própria denominação encerra a finalidade a que se destina.

Dentre as suas peculiaridades, o Poder Normativo da Justiça do Trabalho tem os seguintes inconvenientes ou pontos negativos: a) enfraquecimento da liberdade de negociação; b) desconhecimento real das condições do setor específico, falta de assessoria econômica e instrução deficiente; c) decisões demoradas e sujeitas a recurso; d) modelo corporativo de **Intervenção Estatal;** e) maior índice de descumprimento da norma coletiva. Tais pontos negativos se justificam pela ausência de um sindicalismo forte no Brasil e por uma necessidade de superar o impasse na ausência de autocomposição.

A Constituição Federal de 1988, em sua redação original, coloca entre os direitos dos trabalhadores urbanos e rurais o reconhecimento das convenções e dos acordos coletivos de trabalho (art. 7º, inc. XXVI). Assim, frustrada a negociação coletiva, trabalhadores e empregadores poderão eleger árbitros (art. 114, § 1º), e havendo recusa de qualquer das partes à negociação coletiva ou à arbitragem, é facultado aos respectivos sindicatos ajuizar dissídio coletivo (art. 114, § 2º).

No entanto, com a edição da Emenda Constitucional n. 45, de 8.12.2004, o § 2º do art. 114 da Carta Política de 1988 passou a viger, desde 31.12.2004, com a seguinte redação:

> recusando-se qualquer das partes à negociação coletiva ou à arbitragem, é facultado às mesmas, **de comum acordo**, ajuizar dissídio coletivo de natureza econômica, podendo a Justiça do Trabalho decidir o conflito, respeitadas as disposições mínimas legais de proteção ao trabalho, bem como as convencionadas anteriormente. (grifos nossos).

Como se vê, excluiu-se o vocábulo "sindicato" constante da redação originária (Poder Constituinte Originário) e se acrescentou a expressão "comum acordo", ou seja, como requisito para se ajuizar dissídio coletivo, passa-se a exigir o comum acordo entre as partes, os empregados e os empregadores, o que, grosso modo, não apenas limita o poder normativo da Justiça do Trabalho como tende a extinguir o dissídio coletivo de natureza econômica.

Assevera Mauricio Godinho Delgado (2009) que o poder normativo da Justiça do Trabalho é o marco distintivo do direito coletivo do trabalho em todo o universo jurídico. É um dos poucos segmentos do direito que possui aptidão para criar normas, poder esse que, desde a Idade Moderna, se concentra nas mãos do Estado, por meio do Poder Legislativo.

Como resultado de todo esse embate e buscando resolver a controvérsia, o legislador editou a Emenda Constitucional n. 45, de 8.12.2004, que, embora não exclua o poder normativo da Justiça do Trabalho, o restringe significativamente, conforme expusemos acima.

Acompanhando os defensores da redução do Poder Normativo da Justiça Trabalhista por tratar-se de modelo Corporativo de Intervenção Estatal, inviabilizador das negociações entre capital e trabalho, transcrevemos a análise crítica sobre o tema do ilustre professor Hélio Mário de Arruda:

> O Poder Normativo da Justiça do Trabalho é acusado de inibir a atuação sindical na negociação coletiva e impedir a eficácia da greve como meio de pressão, e outro fator conjuntural seria o perfil conservador da composição do Tribunal Superior do Trabalho. As categorias econômicas, por sua vez, veem com desconfiança a atuação dos Tribunais Regionais e criticam os Precedentes Normativos que cristalizam a jurisprudência dos tribunais, como um fator que impede a livre negociação.
>
> Ao Presidente do Tribunal Superior do Trabalho, a lei atribui a competência de dar efeito suspensivo ao recurso interposto, causando frustração às categorias profissionais contempladas com sentenças favoráveis de Regionais ou mesmo da Seção Especializada de Dissídios Coletivos.
>
> O direito de greve, por outro lado, tem se revelado incompatível com o dissídio coletivo; os dois institutos jurídicos se atritam dentro de um Estado de direito. Logo que a greve é declarada, os empresários suspendem as negociações e apelam para a Justiça do Trabalho; ou, por outro lado, a Justiça do Trabalho decide o dissídio coletivo, e os trabalhadores teimam em ignorá-la e decidem continuar em greve.
>
> É mais consentâneo com a ordem democrática que as próprias partes elejam seus árbitros, como ocorre na maior parte dos países, admitida a prévia mediação da Delegacia Regional do Trabalho ou do Ministério Público do Trabalho, ressalvada a arbitragem obrigatória no caso de greve quando envolvidos os interesses maiores da população ou que causem prejuízos à economia nacional.
>
> Dentro do quadro exposto, numa reforma constitucional deveriam subsistir os dissídios coletivos econômicos no caso de greve quando em jogo os interesses maiores da população ou que cause graves prejuízos à economia nacional, os dissídios de natureza jurídica (interpretativos) e os dissídios coletivos para a declaração de abusividade da greve, porque não podem ser

excluídos da apreciação judicial qualquer lesão ou ameaça a direito (CF, art. 5º, XXXV).[126]

10.5. Núcleos, comissões e serviços de conciliação laboral no Mercosul

10.5.1. Serviço de Conciliação Laboral Obrigatória — Seclo

O Seclo, Serviço de Conciliação Laboral Obrigatória, foi criado na Argentina pela Lei n. 24.635 e pelo Decreto n. 1.169/96 e é mantido pelo Ministério de Trabajo y Seguridad Social — MTSS.

Nos termos dos normativos acima, qualquer trabalhador, antes de ingressar em juízo contra o seu empregador, deverá obrigatoriamente passar pelo Serviço de Conciliação Laboral.

Para efetuar as conciliações, existe a serviço do Seclo a figura do Conciliador Laboral, que é um advogado dotado de alto saber jurídico na área trabalhista com experiência de, no mínimo, dois anos, credenciado pelo MTSS.

O Conciliador Laboral não é funcionário do MTSS e recebe U$ 250,00 (duzentos e cinquenta dólares) para cada acordo celebrado. Prescreve o Decreto n. 1.169/96 que as partes (trabalhador e empregador) se apresentem no Escritório de Trabalho do Conciliador Laboral, em dia e hora previamente fixados para realização da primeira audiência de conciliação, devendo o trabalhador ser acompanhado por advogado ou por seu representante sindical.

Encerrados os trabalhos da Conciliação e logrando-se êxito, o Serviço de Conciliação Laboral Obrigatória analisa o acordo e, concordando, o homologa. Se, ao contrário, não houver acordo, o Seclo entregará um certificado ao trabalhador que lhe dá direito a ingressar na Justiça Nacional do Trabalho.

10.5.2. Núcleos Intersindicais de Conciliação Trabalhista — Ninter

A Lei n. 9.958, de 12.1.2000, prescreve, em seu art. 625-H, *verbis*: "Aplicam-se aos Núcleos Intersindicais de Conciliação Trabalhista em funcionamento ou que vierem a ser criados, no que couber, as disposições previstas neste Título, desde que observados os princípios da paridade e da negociação coletiva na sua constituição." Vimos aqui o reconhecimento pelo legislador da experiência em negociação trabalhista implementada pelos Ninter.

Antônio Gomes de Vasconcelos leciona que

> O exclusivismo estatal no Brasil, a estatização dos mecanismos de solução de conflitos sempre foi nota predominante, caracterizada pela centralização

---

(126) ARRUDA, Hélio Mário. *Dissídio coletivo*. Vitória, 1996.

e pelo monopólio desses mecanismos nas mãos do poder público. Adotado o sistema da tripartição dos poderes (Executivo, Legislativo e Judiciário), outorgou-se ao Judiciário a responsabilidade pela solução dos conflitos sociais, sem que se reservasse qualquer espaço significativo para a adoção de mecanismos alternativos que pudessem concorrer com o modelo estatal[127].

E acrescenta

> É crescente na consciência nacional a ideia de que as relações de trabalho, sobremodo as rurais, não mais comportam o atual modelo de regulamentação e solução dos conflitos delas emergente. A velha estrutura sustentada num exacerbado exclusivismo estatal, tanto em relação às fontes normativas do Direito do Trabalho quanto ao sistema de solução de conflitos — a isto somando-se extremado legalismo e formalismo procedimentais — constituem fatores a mais determinantes do agravamento dos conflitos oriundos do mundo do trabalho. Urge que tal estrutura seja substituída por outra que estimule e reconheça o pluralismo jurídico, bem como o fomento dos mecanismos extrajudiciais de solução dos conflitos para atuarem preventiva e supletivamente em relação à justiça estatal[128].

Assim, em experiência comprovada, surgiram em Patrocínio/MG e Maringá/PR os Núcleos Intersindicais que buscaram o fortalecimento dos sindicatos e privilegiaram a negociação coletiva, a mediação e a arbitragem.

São objetivos dos Ninter:

a) solucionar conflitos trabalhistas de menor complexidade e valor, por intermédio da institucionalização privada da **Mediação e Arbitragem Voluntárias**;

b) prestar a assistência sindical prevista no art. 477 da CLT;

c) diagnosticar permanentemente os problemas trabalhistas locais com vistas à melhoria, à racionalização e ao aperfeiçoamento das relações de trabalho locais, por meio do estímulo à negociação coletiva conducente à modernização e adequação da legislação trabalhista às peculiaridades regionais;

d) incentivar a boa-fé nas relações de trabalho e o cumprimento de direitos e obrigações trabalhistas por trabalhadores e empregadores, por meio da conscientização e do esclarecimento destes;

e) conscientizar e informar trabalhadores e empregadores a respeito de matérias trabalhistas de seu interesse;

---

(127) VASCONCELOS, Antônio Gomes de. *Núcleos interssindicais de conciliação trabalhista*. São Paulo: LTr, 1999. p. 46.
(128) VIANA, Márcio Túlio; RENAULT, Luiz Otávio Linhares. *O que há de novo em processo do trabalho*. São Paulo: LTr, 1997. p. 324.

f) promover o diálogo e intercâmbio entre Sindicatos e Justiça do Trabalho locais, por meio de ações conjuntas com fim de alcançar os objetivos do Núcleo[129].

A experiência dos Núcleos Intersindicais de Conciliação Trabalhista trouxe ao ordenamento jurídico novos mecanismos de soluções de controvérsias no campo do Direito laboral, ficando a Intervenção do Estado reduzida a casos especiais ou de maior complexidade, uma vez que, com o avanço da globalização, se buscam resultados urgentes nas demandas entre o capital e o trabalho.

10.5.3. COMISSÕES DE CONCILIAÇÃO PRÉVIA

O legislador infraconstitucional, objetivando aperfeiçoar e normatizar a prática desenvolvida pelos Núcleos Intersindicais de Conciliação Trabalhista, aprovou a Lei n. 9.958, de 12.1.2000, dispondo sobre a possibilidade de se criarem comissões prévias de conciliação, como também de permitir a execução de título executivo extrajudicial na justiça obreira, buscando, assim, agilizar, simplificar e resolver as controvérsias oriundas da relação entre o capital e o trabalho, tentando, ainda, solucionar os litígios de relação de emprego sem a interferência da Justiça do Trabalho.

Em brilhante artigo publicado na internet, o professor Dárcio Guimarães de Andrade, Juiz Presidente do TRT da 3ª Região, faz o seguinte questionamento:

> Outra previsão contida na Lei é que o termo de conciliação acordado entre as partes é título executivo insculpido no parágrafo único do art. 625-E. Porém, no mesmo parágrafo, existe uma imposição legal altamente prejudicial ao empregado, que, a meu ver, é inconstitucional e consiste na **Eficácia Liberatória Geral**. Assim, uma vez pactuado entre as partes, as parcelas consignadas no termo de conciliação não podem mais ser objeto de reclamação trabalhista pelo empregado, exceto quanto às verbas expressamente ressalvadas. Isso fere diretamente o inc. XXXV, do art. 5º, da Constituição Federal de 1988. A norma alhures impede o acesso ao Judiciário da parte que se sentiu lesada, violando princípio pétreo constitucional que cuida dos direitos e garantias individuais e impõe a apreciação pelo Poder Judiciário de toda e qualquer lesão ou ameaça a direito[130].

Continua o professor Dárcio Guimarães de Andrade

> Por outro lado, a Lei em tela deixa patente que qualquer demanda de natureza trabalhista será apreciada pela Comissão, que tem prazo de dez dias para

---

(129) VASCONCELOS, Antônio Gomes de. *Os núcleos interssindicais como agentes de transformação das relações de trabalho e da administração da justiça*. São Paulo: LTr, 1997. p. 330-331.

(130) ANDRADE, Dárcio Guimarães de. *Comissões de conciliação prévia. Válidas ou não?* Belo Horizonte, 2000.

a realização da sessão de tentativa de conciliação, a partir da provocação do interessado. Contudo, o mesmo diploma legal deixa patente a **faculdade** das empresas e dos sindicatos de instituírem as comissões de conciliação prévia. Portanto, na prática, a supramencionada Lei pode não ter eficácia, mormente pela tradição pátria de o empregado somente manifestar sua irresignação após a ruptura do contrato laboral, o que ocorre em face do desemprego, realidade insofismável.

Cabe salientar que a Lei supramencionada busca o esvaziamento da Justiça Trabalhista, porém esqueceu-se o legislador que a instituição das comissões, tanto na empresa quanto entre sindicatos, tem custos com infraestrutura, salários de empregados, estabilidade, e nossas organizações sindicais não dispõem de recursos financeiros suficientes para arcar com a implementação das comissões de conciliação prévia.

Ademais, o trabalhador apenas tem confiado no Juiz, no Auditor Fiscal do Trabalho e no Procurador do Trabalho, pagos pelo Tesouro Nacional e totalmente imparciais. E complementando, acrescentaríamos, ainda, o fracasso da arbitragem instituída pela Lei n. 9.307, de 23.9.1996, quase que exclusivamente pelo custo financeiro e descrédito no árbitro.

Para as economias em desenvolvimento, a intervenção do Estado nas relações de trabalho tornou-se cultural, uma vez que as instituições sindicais, em sua maioria, são frágeis e sem representatividade, e o trabalhador tem buscado nos órgãos governamentais o cumprimento das normas trabalhistas.

10.6. AUDITORIA FISCAL DO TRABALHO

10.6.1. INSPEÇÃO DO TRABALHO NO BRASIL

A legislação do trabalho teve origem com a Revolução Industrial que se produziu na Europa no final do século XVIII e ao longo do XIX. Foi para fiscalizar a aplicação das primeiras normas protetoras do trabalho que se desenvolveu a Inspeção do Trabalho.

A Inspeção do Trabalho, entendida como a realização de visitas em estabelecimentos, para verificar o cumprimento das normas trabalhistas, tem como antecedentes remotos as Corporações de Ofício, na Idade Média, onde o Mestre tinha a atribuição de verificar o cumprimento das normas e impor sanções aos faltosos.

Entretanto, somente após a Revolução Industrial é que cria corpo nos moldes atuais, com pessoal próprio para fiscalizar a legislação trabalhista, e decorre principalmente pelo surgimento das primeiras leis de proteção ao trabalho.

Podemos dizer que foi na Grã-Bretanha que foram tomadas as primeiras medidas, com a Lei de 22 de junho de 1802 (*Lei de Peel*), para proteger a saúde física e moral dos aprendizes e de outros operários empregados nas fábricas de fiação e tecelagem[131]. O controle da aplicação da lei é confiado a comissões voluntárias integradas por personalidades locais, entre elas, eclesiásticas, magistrados e industriais aposentados. Por muitas razões, a aplicação da lei não tem sucesso e, em 1883, o governo confia a fiscalização a personalidades de alto nível (quatro em todo o país), revestidas, cada uma em sua região, de verdadeiras funções de inspeção[132]. Em 1844, é aumentado o número das regiões e os inspetores se tornam funcionários do Estado. O sistema será logo imitado em toda a Europa, com variantes impostas por sistemas administrativos nacionais.

Os negociadores do Tratado de Paz que pôs fim à Primeira Guerra Mundial (1914-1918) decidiram criar, ao mesmo tempo que a Sociedade das Nações, para prevenir os riscos de novos conflitos, uma organização permanente para a proteção e melhoria das condições de vida do trabalhador. Foi assim que nasceu, em 1919, a Organização Internacional do Trabalho.

Nesse sentido, merece especial atenção a criação da Organização Internacional do Trabalho — OIT —, que surgiu na Parte XIII do Tratado de Versalhes. O art. 427 menciona que cada Estado deverá organizar um serviço de inspeção, que inclua mulheres, a fim de assegurar a aplicação das leis e dos regulamentos para a proteção dos trabalhadores.

Já na sua primeira reunião, em 1919, a OIT adotou a Recomendação n. 5, sobre a inspeção do trabalho, e posteriormente a Recomendação n. 20, que enuncia os princípios gerais de organização e funcionamento dos serviços de inspeção em âmbito nacional, define o objeto da inspeção, descreve suas funções, seus poderes e suas regras de organização (organização de pessoal, qualificação dos agentes, métodos de inspeção, cooperação com empregadores e trabalhadores) e indica as relações que deveria estabelecer. Em 1947, adota a Convenção n. 81, que representa um progresso considerável em que regulamenta a matéria em âmbito internacional. Em 1969, a OIT adota a Convenção n. 129, aplicável ao trabalho na agricultura (área rural).

---

(131) Em 1802, foi aprovada a "lei de saúde e moral dos aprendizes", que foi a primeira lei de proteção aos trabalhadores, que estabeleceu o limite de 12 horas de trabalho diárias, proibia o trabalho noturno, obrigava os empregados a lavar as paredes das fábricas duas vezes por ano, e tornava obrigatória a ventilação das fábricas. Essas medidas foram ineficazes no que diz respeito à redução no número de acidentes de trabalho.

(132) Em 1831, instalou-se uma comissão para analisar a situação dos trabalhadores, na qual concluiu-se um relatório descrevendo que homens e mulheres, meninos e meninas encontravam-se doentes, deformados, abandonados, uma mostra da crueldade do homem para com o homem. O impacto desse relatório sobre a opinião pública foi tão grande que surgiu, em 1833, a primeira legislação eficiente para a proteção do trabalhador, o *Factory Act*.

Factory Act era aplicada em todas as fábricas têxteis onde se usasse força hidráulica ou a vapor, para o funcionamento das máquinas. Proibia o trabalho noturno aos menores de 18 anos, restringiu o horário de trabalho para 12 horas diárias e 96 horas por semana; obrigatoriedade de escolas nas fábricas para os menores de 13 anos, a idade mínima de trabalho passou a ser 9 anos e tornou-se obrigatória a presença de um médico nas fábricas. Surge, então, o médico de fábrica com objetivo de submeter os menores trabalhadores a exame médico pré-admissional e periódico, e preveni-los tanto em relação às doenças ocupacionais quanto às não ocupacionais.

A Inspeção do Trabalho no Brasil tem seu marco inicial no Decreto n. 1.313, de 17 de janeiro de 1891, que em seu art. 1º previa: "É instituída a fiscalização permanente de todos os estabelecimentos fabris em que trabalharem menores."

Em 1943, ao ser aprovada a CLT, Consolidação das Leis do Trabalho, a Inspeção do Trabalho foi fixada no Título VII — Do Processo de Multas Administrativas.

Em 25 de abril de 1957 foi ratificada pelo Brasil a Convenção n. 81 da OIT. Em 15 de março de 1965 é expedido o Decreto n. 55.841[133], que aprova o Regulamento da Inspeção do Trabalho, que possui o seu embasamento na respectiva norma internacional. Em 23 de junho de 1971 houve denúncia da Convenção. E somente em 11 de dezembro de 1987 tornou a viger no ordenamento brasileiro (repristinação).

A Carta Constitucional de 1988, em seu art. 21, Inciso XXIV[134], atribui à União competência para organizar, manter e executar a inspeção do trabalho.

10.6.2. Panorama atual da inspeção do trabalho

A carreira de Inspetor do Trabalho foi criada pela Lei n. 6.470, de 9 de abril de 1944. A seguir, alterou-se a denominação do cargo para Fiscal do Trabalho, e nos termos da Medida Provisória n. 2.175, de 30.8.1999, passou a integrar as carreiras do fisco federal (Auditor Fiscal do Trabalho).

A Lei n. 10.593, de 6 de dezembro de 2002, que recepciona a Convenção n. 81 da OIT, dispôs sobre a organização da Carreira de Auditoria Fiscal do Trabalho e em seu art. 11 prescreve:

Os ocupantes do cargo de Auditor Fiscal do Trabalho têm por atribuições assegurar, em todo o território nacional:

I — o cumprimento de disposições legais e regulamentares, inclusive as relacionadas à segurança e à medicina do trabalho, **no âmbito das relações de trabalho e de emprego;**

II — a verificação dos registros em Carteira de Trabalho e Previdência Social — CTPS —, visando à redução dos índices de informalidade;

III — a verificação do recolhimento do Fundo de Garantia do Tempo de Serviço — FGTS —, objetivando maximizar os índices de arrecadação;

IV — o cumprimento de acordos, convenções e contratos coletivos de trabalho celebrados entre empregados e empregadores;

---

(133) Atualmente, Decreto n. 4.552, de 27 de dezembro de 2002, que aprova o Regulamento da Inspeção do Trabalho.
(134) Art. 21. Compete à União:
XXIV — organizar, manter e executar a inspeção do trabalho.

V — o respeito aos acordos, aos tratados e às convenções internacionais dos quais o Brasil seja signatário;

VI — a lavratura de auto de apreensão e guarda de documentos, materiais, livros e assemelhados, para verificação da existência de fraude e irregularidades, bem como o exame da contabilidade das empresas, não se lhes aplicando o disposto nos arts. 17 e 18 do Código Comercial.

Por sua vez, o Decreto n. 4.552, de 27 de dezembro de 2002, aprova o **Regulamento da Inspeção do Trabalho**, estabelecendo em seu art. 18 a competência dos Auditores Fiscais do Trabalho, em todo o território nacional.

Em síntese, os principais diplomas que regulamentam a Inspeção do Trabalho no Brasil são, portanto:

• A Consolidação das Leis do Trabalho — CLT (Título VII);

• A Convenção n. 81 da OIT;

• O Regulamento da Inspeção do Trabalho — RIT (Decreto n. 4.552/02);

• A Lei n. 10.593/02, que dispõe sobre a Carreira do Auditor Fiscal do Trabalho.

Dentre as atribuições do auditor fiscal, a lavratura de autos de infração por inobservância de disposições legais merece destaque especial, pois esta deve obedecer ao padrão estabelecido em Portaria do Ministério do Trabalho e Emprego, ou seja, autoriza a aplicabilidade do poder de polícia[135].

Encontra-se em vigor o Ementário — Elementos para lavratura de autos de infração — Brasília: MTE, SIT, 2002, onde estão catalogadas as principais ementas correspondentes a situações fáticas de infração a dispositivos constantes da legislação trabalhista[136].

Após lavratura do respectivo auto de infração será organizada a tramitação do Processo Administrativo Fiscal com fundamento na Lei n. 9.784, de 29 de janeiro de 1999, e à Portaria n. 148, de 25 de janeiro de 1996.

Ao Setor de Multas e Recursos das Superintendências Regionais do Trabalho e Emprego, por delegação do Superintendente Regional do Trabalho e Emprego, compete a organização do Processo Administrativo, consoante art. 13 da Portaria n. 148, de 25 de janeiro de 1996.

A imposição de multas administrativas previstas na legislação trabalhista está normatizada na Portaria n. 290, de 22 de abril de 1997.

---

(135) No dizer de Hely Lopes Meireles (1997), "Poder de Polícia é a faculdade de que dispõe a Administração Pública para condicionar e restringir o uso e gozo de bens, atividades e direitos individuais, em benefício da coletividade ou do próprio Estado".
(136) Disponível no site do MTE <www.mte.gov.br>.

Por fim, com a Emenda Constitucional n. 45, de 8 de dezembro de 2004, ampliou a competência da justiça laboral nos seguintes termos: — compete à Justiça do Trabalho processar e julgar (...) "VII — as ações relativas às penalidades administrativas impostas aos empregadores pelos órgãos de fiscalização das relações de trabalho".

Essa nova competência nos faz refletir sobre os caminhos a serem trilhados na busca da celeridade processual, bem como sobre uma integração entre a magistratura e a auditoria fiscal do trabalho.

10.6.3. Fundamentos da inspeção do trabalho

Destaca o doutor Nelson Mannrich (2008) que, no plano internacional, o principal instrumento é a Convenção n. 81, da Organização Internacional do Trabalho, ratificada pelo Brasil. Foi confiada à Inspeção do Trabalho tríplice missão: **velar pelo cumprimento de todos os dispositivos legais relacionados ao trabalho e à proteção dos trabalhadores; assessorar aos empregados e empregadores sobre o cumprimento da legislação trabalhista; levar ao conhecimento das autoridades os abusos praticados em relação às situações não previstas em lei.**

Art. 3º da Convenção n. 81

1. O sistema de inspeção estará encarregado de:

a) zelar pelo cumprimento das disposições legais relativas às condições de trabalho e à proteção dos trabalhadores no exercício de sua profissão, tais como as disposições sobre horas de trabalho, salários, segurança, higiene e bem-estar, emprego de menores e demais disposições afins, na medida em que os inspetores do trabalho estejam encarregados de zelar pelo cumprimento de tais disposições;

b) facilitar informação técnica e assessorar os empregadores e os trabalhadores sobre a maneira mais efetiva de cumprir as disposições legais;

c) levar ao conhecimento da autoridade competente as deficiências ou os abusos que não estejam especificamente cobertos pelas disposições legais existentes.

O referido instrumento internacional regula a estrutura e o funcionamento da Inspeção do Trabalho, seus agentes, poderes e deveres, entre outras atribuições.

No plano Constitucional, prescreve o art. 21, inc. XXIV, da Carta Política de 1988, que compete à União organizar, manter e executar a Inspeção do Trabalho. Portanto, tais atribuições não foram conferidas aos estados ou municípios, exceto em caso de convênio, como já ocorreu no passado, pelo qual engenheiros do Estado de São Paulo desempenhavam funções de inspeção, lavrando autos de infração.

No plano infraconstitucional, além da CLT, que no Título VII regula o "Processo de Multas Administrativas" (art. 626 e ss), há inúmeras Leis, Decretos, Portarias

Ministeriais e Instruções Normativas sobre o desempenho das atribuições das atividades fiscalizadoras dos auditores fiscais do trabalho.

Assim, apenas para exemplificar, a Lei n. 8.036/90 confere ao Ministério do Trabalho e Emprego atribuições para fiscalizar o regime do FGTS. O § 5º do art. 23 da referida Lei aponta as hipóteses de infração. Caso a empresa não recolha FGTS, será autuada, independentemente do levantamento do débito correspondente. Se o auto de infração for julgado subsistente, será imposta multa que, não paga no prazo, será inscrita na Dívida Ativa da União para efeitos de execução perante a Justiça do Trabalho (art. 114, VII, da CF), por se tratar de penalidade imposta ao empregador.

O Decreto n. 4.552, de 27.12.02, aprovou o Regulamento da Inspeção do Trabalho — RIT. Reproduz a Convenção n. 81, da OIT, com as devidas adaptações, inclusive as autorizadas pelo instrumento internacional.

A Portaria n. 3.214/78 aprovou as inúmeras Normas Regulamentadoras — NR, como determina o art. 200[137] da CLT, e apresenta-se como a principal fonte de regulamentação da matéria relacionada à saúde e segurança do trabalho.

Outras Portarias do Ministério do Trabalho e Emprego podem ser mencionadas, como a de n. 290/97, relativa à gradação das multas, e a n. 148/96, sobre tramitação de processo administrativo de multas.

---

(137) **Art. 200**. Cabe ao Ministério do Trabalho estabelecer disposições complementares às normas de que se trata este Capítulo, tendo em vista as peculiaridades de cada atividade ou setor de trabalho, especialmente sobre:
I — medidas de prevenção de acidentes e os equipamentos de proteção individual em obras de construção, demolição ou reparos;
II — depósitos, armazenagem e manuseio de combustíveis, inflamáveis e explosivos, bem como trânsito e permanência nas respectivas;
III — trabalho em escavações, túneis, galerias, minas e pedreiras, sobretudo quanto à prevenção de explosões, incêndios, desmoronamentos e soterramentos, eliminação de poeiras, gases etc., e facilidades de rápidas saídas dos empregados;
IV — proteção contra incêndio em geral e as medidas preventivas adequadas, com exigências ao especial revestimento de portas e paredes, construção de paredes contra fogo, diques e outros anteparos, assim como garantia geral de fácil circulação, corredores de acesso e saídas amplas e protegidas, com suficiente sinalização;
V — proteção contra insolação, calor, frio, umidade e ventos, sobretudo no trabalho a céu aberto, com provisão, quanto a este, de água potável, alojamento e profilaxia de endemias;
VI — proteção do trabalhador exposto a substâncias químicas nocivas, radiações ionizantes e não ionizantes, ruídos, vibrações e trepidações ou pressões anormais ao ambiente de trabalho, com especificação das medidas cabíveis para eliminação ou atenuação desses efeitos, limites máximos quanto ao tempo de exposição à intensidade da ação ou de seus efeitos sobre o organismo do trabalhador, exames médicos obrigatórios, limites de idade, controle permanente dos locais de trabalho e das demais exigências que se façam necessárias;
VII — higiene nos locais de trabalho, com discriminação das exigências, instalações sanitárias com separação de sexos, chuveiros, lavatórios, vestiários e armários individuais, refeitórios ou condições de conforto por ocasião das refeições, fornecimento de água potável, condições de limpeza dos locais de trabalho e modo de sua execução, tratamento de resíduos industriais;
VIII — emprego das cores nos locais de trabalho, inclusive nas sinalizações de perigo.
Parágrafo único. Tratando-se de radiações ionizantes e explosivos, as normas a que se referem este artigo serão expedidas de acordo com as resoluções a respeito adotadas pelo órgão técnico.

Como se vê, há enorme complexidade de normas para regular a legislação protetora. Não se alegue que ao juiz do trabalho não compete examinar Portarias ministeriais ou verificar cumprimento de Decreto, limitando-se sua missão exclusivamente ao âmbito constitucional. É verdade que ninguém está obrigado a fazer ou deixar de fazer alguma coisa senão em virtude de lei, como determina o inciso II do artigo 5º da Constituição Federal. No entanto, os Decretos, editados pelo executivo, revestem-se geralmente de caráter normativo, pela sua generalidade, ao regular determinada lei, para seu fiel cumprimento (art. 84, IV, da Constituição), como se dá em relação ao citado Decreto n. 4.552, de 27.12.2002.

As Portarias, como ato administrativo, no âmbito da Inspeção do Trabalho, dirigem-se aos agentes da Inspeção do Trabalho e acabam afetando os próprios administrados. Assim, a Portaria n. 148/96, já citada, regula a tramitação do procedimento administrativo de multas. Ou seja, o exercício do poder de polícia, no ato de lavrar auto de infração, não é subjetivo, submete-se a limites, nos termos do art. 37 da Constituição. Cabe à Administração Pública do Trabalho definir, por meio de Portaria, os contornos da atuação dos inspetores, cujo descumprimento implica até nulidade do ato, independentemente de se atacar a própria Portaria, quando eivada de manifesta ilegalidade.

Diferentemente se apresenta a Portaria n. 3.214, de 8 de junho de 1978, pois resulta da transferência de competência, por parte do Legislativo, ao Executivo, como se depreende do art. 200 da CLT, no âmbito da reforma que sofreu o Capítulo V, do Título II, da CLT, por força da Lei n. 6.514, de 22 de setembro de 1977. Em consequência, apresenta-se com força de lei e, pela sua amplitude e complexidade, merece maior atenção agora por parte dos magistrados do trabalho, pois constitui fundamento de grande parte dos autos de infração, sem contar os inúmeros atos praticados pelos agentes da inspeção, cujo abuso poderá levar o empregador a impetrar mandado de segurança ou outra medida judicial.

10.6.4. Natureza da inspeção do trabalho

A primeira Lei sobre a Inspeção do Trabalho é de 1833 — *Althorp Act*—, quando na Inglaterra foram nomeados quatro inspetores com poderes para verificar o cumprimento das normas de proteção então vigentes, podendo ingressar nas indústrias e impor sanções aos infratores. Essa inspeção teve grande apoio da população, dada sua efetividade na atuação, marcando historicamente o surgimento da Inspeção do Trabalho no seu aspecto mais consentâneo com a realidade das relações de trabalho[138].

A partir daí, a instituição foi paulatinamente implantada na Europa Ocidental, à medida que os países abandonaram a política liberal de não intervenção do Estado nas relações trabalhistas. Tal missão, antes confiada a particulares, passou a ser

---

(138) MANNRICH, Nelson. *Inspeção do trabalho*. São Paulo: LTr, 1991.

desempenhada por funcionários públicos, dotados de poderes especiais, com atribuições de prevenção e repressão para o fim de tornar efetivo o cumprimento das normas de proteção ao trabalhador.

A Inspeção do Trabalho é dotada de poderes de polícia especial. Não no sentido de garantir a ordem e a segurança, mas para atuar na ordem econômica e social, com vistas ao interesse público, impondo limites aos direitos e às liberdades individuais, mediante restrições e imposições, no âmbito da competência própria da Administração Pública do Trabalho, conforme Odete Medauar (*Direito administrativo moderno*. 8. ed. São Paulo: RT, 2004. p. 394): **Trata-se de polícia especial, pois suas atribuições situam-se entre prevenção e vigilância, no que se refere à polícia administrativa, e repressiva, no âmbito da polícia judiciária.**

A inspeção federal do trabalho, no entanto, tem por incumbência não apenas sancionar as violações das normas de proteção do trabalho, mas também orientar a respeito do cumprimento da legislação trabalhista, prevenir infrações e regularizar as condutas passíveis de correção (GUSTAVO FILIPE BARBOSA GARCIA, 2007).

Enfim, trata-se de atividade de natureza administrativa especial, exercida pelo Estado, por meio de órgãos competentes da Administração Pública Federal, integrantes do Ministério do Trabalho e Emprego, nos termos do art. 27, XXI, alínea *c*, da Lei n. 10.683, de 28 de maio de 2003[139], que dispõe sobre a organização da Presidência da República e dos Ministérios.

10.6.5. Limites da inspeção do trabalho

Os agentes da Inspeção do Trabalho submetem-se a limites gerais e específicos. **Os limites gerais** são comuns aos agentes públicos, tais como os princípios da legalidade, impessoalidade, moralidade, publicidade e eficiência, nos termos do art. 37 da Constituição da República Federativa do Brasil.

Há **limites específicos**, conforme se vê do Regulamento da Inspeção do Trabalho — RIT —, aprovado pelo Decreto n. 4.552, de 27.12.2002. Assim, sua atuação de auditor fiscal do trabalho restringe-se a determinada área que lhe foi conferida. A lei prevê em que situações, excepcionalmente, poderá agir fora daquela circunscrição.

De qualquer forma, a análise dos diversos limites de sua atuação leva em conta a extensão de seus poderes e de seus deveres, não se admitindo qualquer abuso, sob pena das medidas legais cabíveis.

---

(139) Das Áreas de Competência
Art. 27. Os assuntos que constituem áreas de competência de cada Ministério são os seguintes:
XXI — Ministério do Trabalho e Emprego:
c) fiscalização do trabalho, inclusive do trabalho portuário, bem como aplicação das sanções previstas em normas legais ou coletivas;

10.6.6. Finalidades da inspeção do trabalho

Coube à Convenção n. 81, da OIT, conforme destacamos em outro título, determinar a finalidade da Inspeção do Trabalho: velar pelo cumprimento de todos os dispositivos legais relacionados a trabalho e proteção dos trabalhadores; assessorar empregados e empregadores sobre o cumprimento da legislação trabalhista; levar ao conhecimento das autoridades os abusos praticados em relação às situações não previstas em lei.

Também o art. 1º do Decreto n. 4.552, de 27 de dezembro de 2002, estabelece que "o Sistema Federal de Inspeção do Trabalho, a cargo do Ministério do Trabalho e Emprego, tem por finalidade assegurar, em todo o território nacional, a aplicação das disposições legais, incluindo as convenções internacionais ratificadas, os atos e decisões das autoridades competentes e as convenções, acordos e contratos coletivos de trabalho, no que concerne à proteção dos trabalhadores no exercício da atividade laboral".

10.6.7. Poderes da fiscalização

O art. 18 do Regulamento da Inspeção do Trabalho indica os diversos poderes dos Auditores Fiscais do Trabalho — AFT. Podem ingressar livremente nos estabelecimentos, sem prévio aviso e em qualquer dia e horário (art. 13, do RIT). O livre acesso para inspecionar o local de trabalho submete-se a limites, não sendo razoável o ingresso fora do horário de funcionamento, mesmo porque o estabelecimento está fechado. Além disso, o acesso às dependências deve levar em conta regras de segurança do estabelecimento, como identificação, entre outros procedimentos de rotina das empresas[140].

Em caso de obstrução, pode o auditor fiscal do Trabalho solicitar auxílio da autoridade policial (art. 18, XVI do RIT). O agente é obrigado a se identificar, exceto se a identificação prejudicar sua atividade (art. 12 do RIT). De qualquer forma, não poderá exigir documentos sem apresentar previamente suas credenciais (parágrafo único do art. 12[141]).

O agente não tem acesso à residência, apenas às empresas, pelas garantias constitucionais de inviolabilidade do domicílio. Entretanto, se tiver convicção de que na residência funciona uma empresa, terá acesso a ela, como prevê a Convenção n. 81 da OIT.

---

(140) Art. 12 do RIT — A exibição da credencial é obrigatória no momento da inspeção, salvo quando o Auditor Fiscal do Trabalho julgar que tal identificação prejudicará a eficácia da fiscalização, hipótese em que deverá fazê-lo após a verificação física.
(141) Art. 13, parágrafo único do RIT — O Auditor Fiscal somente pode exigir a exibição de documentos após a apresentação da credencial.

Art. 12 da Convenção n. 81 da OIT

1. Os inspetores do trabalho que comprovarem devidamente a sua identidade estarão autorizados:

 a) a entrar livremente e sem prévia notificação, a qualquer hora do dia ou da noite, em todo estabelecimento sujeito a inspeção;

 b) para entrar de dia em qualquer lugar, quando tiverem um motivo razoável para supor que está sujeito a inspeção; e

 c) para proceder a qualquer prova, investigação ou exame que considerarem necessário para terem certeza de que as disposições legais são observadas estritamente e, particularmente:

  i) para interrogar, sozinhos ou perante testemunhas, o empregador ou o pessoal da empresa sobre qualquer assunto relativo à aplicação das disposições legais;

  ii) para exigir a apresentação de livros, registros ou outros documentos que a legislação nacional relativa às condições de trabalho exigir, a fim de provar que estão de acordo com as disposições legais, e para obter cópias ou extratos dos mesmos;

  iii) para requerer a colocação dos avisos que as disposições legais exigirem;

  iv) para tomar ou retirar amostras de substâncias e materiais utilizados ou manipulados no estabelecimento, com o propósito de analisá-los, sempre que seja notificado ao empregador ou a seu representante que as substâncias ou os materiais foram tomados ou retirados com tal propósito.

2. Ao efetuar uma visita de inspeção, o inspetor deverá notificar sua presença ao empregador ou a seu representante, a menos que considere que tal notificação possa prejudicar o sucesso de suas funções.

Podem os auditores fiscais do trabalho examinar todos os documentos e materiais relacionados à proteção do empregado, tendo inclusive acesso aos livros contábeis para efeito de levantamento do FGTS.

Na falta de exibição de qualquer documento, a empresa poderá ser notificada, nos termos do art. 630, §§ 3º e 4º, da CLT, ou o agente poderá lavrar o auto imediatamente.

Além disso, está o agente autorizado a apreender material ou equipamentos, mediante termo.

Art. 18 do RIT — Compete aos Auditores Fiscais do Trabalho, em todo o território nacional:

 VII — apreender, mediante termo, materiais, livros, papéis, arquivos e documentos, inclusive quando mantidos em meio magnético ou eletrônico, que constituam prova material de infração, ou, ainda, para exame ou instrução de processos.

Pode interrogar as pessoas sujeitas à inspeção do trabalho, seus prepostos ou representantes legais, bem como os trabalhadores, para seu livre convencimento, sobre qualquer matéria relativa à aplicação das disposições legais e exigir-lhe documento de identificação. Em consequência, não poderá o empregador se furtar das informações ou impedir que os empregados sejam interrogados.

Em caso de grave e iminente risco para a saúde e segurança dos trabalhadores, está autorizado a expedir notificação para adoção de medidas (art. 18, XI, do RIT).

Os agentes podem lavrar termo de compromisso, em decorrência de procedimento especial de inspeção, ou lavrar autos de infração sempre que constatar irregularidades (art. 18, XVII e XVIII, do RIT).

Além de autuar, cabe à Inspeção do Trabalho orientar e dar informações, o que justifica enquadrar sua atividade como de polícia especial. Na verdade, o legislador é ambíguo, pois ao mesmo tempo em que obriga a lavrar auto de infração, sob pena de responsabilidade administrativa, impõe o dever de orientar empregados e empregadores acerca da legislação protetora. Mas a ambiguidade é apenas aparente, pois é da natureza de sua atividade a repressão e a orientação, podendo inclusive colocar o empregador em mora, dando prazo para regularizar determinada situação, além das hipóteses de procedimentos especiais (MANNRICH, 2008).

Cabe ao agente comunicar à chefia sempre que constatar irregularidades, mesmo quando estiver fora de seu setor — podendo atuar em caso de iminente e grave risco à saúde e à segurança (parágrafo único do art. 20 do RIT).

A legislação não permite que as autoridades de direção venham a conferir aos agentes da Inspeção do Trabalho funções ou encargos diversos dos de sua competência, bem como interferir no exercício das suas funções nem atribuir encargos de fiscalização a pessoas alheias aos quadros (art. 19 do RIT), não se admitindo o comprometimento de sua autoridade e independência (Convenção n. 81 da OIT).

Art. 3º Convenção n. 81

(...)

2. Nenhuma outra função que seja encomendada aos inspetores do trabalho deverá dificultar o cumprimento efetivo de suas funções principais ou prejudicar, de forma alguma, a autoridade e imparcialidade que os inspetores necessitam nas suas relações com os empregadores e os trabalhadores.

Art. 6º Convenção n. 81

O pessoal da inspeção será composto de funcionários públicos cujo estatuto e condições de serviço lhes assegurem a estabilidade nos seus empregos e os tornem independentes de qualquer mudança de governo ou de qualquer influência externa privada.

Os poderes da fiscalização do trabalho têm fundamento no Poder de Polícia[142] de seus integrantes. Por essa razão, a legislação nacional investe tais profissionais de

---

(142) Art. 78 da CTN — Considera-se Poder de Polícia a atividade da administração pública que, limitando ou disciplinando direito, interesse ou liberdade, regula a prática de ato ou abstenção de fato, em razão de

inúmeros poderes, para que possam executar suas tarefas com a isenção e eficiência que se esperam da Administração Pública.

Os poderes fiscais classificam-se em seis grupos:

1. Poder de visita;

2. Poder de investigação;

3. Poder de notificação;

4. Poder de autuação;

5. Poder de expedição de notificação de débito;

6. Poder de mediação.

Pontua-se que no **Poder de Visita** incluem-se todos aqueles inerentes à liberdade que possui o agente de inspeção de se deslocar dentro do território de sua competência, configurando-se crime a prática de atos que, de alguma forma, impedem o exercício desse poder. Poderá o auditor fiscal do trabalho ingressar livremente, sem prévio aviso e em qualquer dia e horário, em todos os locais de trabalho sujeitos à fiscalização conforme art. 630, § 3º, da CLT.

O **Poder de Investigação** relaciona-se com os atos que o auditor fiscal do trabalho está autorizado a praticar quando esses são necessários à apuração de informações relativamente à observância ou não de determinado preceito legal por parte do empregador submetido à sua inspeção/auditoria.

No exercício do **Poder de Notificação**, a fiscalização do trabalho normalmente exige do administrador a prestação de informações e a apresentação de documentos, os quais podem conter confissão ou comprovação de ilícitos trabalhistas e tributários.

O **Poder de Autuar** os infratores, caso constate efetivo descumprimento de preceitos protetivos das relações de trabalho, trata-se de uma espécie de poder-dever, na medida em que também pode ser punido por falta grave o auditor fiscal do Trabalho que deixar de lavrar o auto de infração ao constatar a violação à norma legal, dicção do art. 628 da Consolidação das Leis do Trabalho.

O **Poder de expedição de notificação de débito** é atribuído ao auditor fiscal do Trabalho para, através de procedimento próprio de ação fiscal, expedir contra o infrator uma Notificação Fiscal de Débito para com o FGTS nas modalidades Notificação Fiscal para Recolhimento da Contribuição para o FGTS e Contribuição Social — NFGC ou Notificação Fiscal para Recolhimento rescisório do FGTS e Contribuição Social — NRFC. Outros procedimentos tendentes à expedição de notificação de débito referem-

---

interesse público concernente à segurança, à higiene, à ordem, aos costumes, à disciplina da produção e do mercado, ao exercício de atividades econômicas dependentes de concessão ou autorização do Poder Público, à tranquilidade pública ou ao respeito à propriedade e aos direitos individuais ou coletivos.

-se ao procedimento especial de ação fiscal relacionada à mora eventual e mora contumaz de salários e FGTS que, quando apuradas e constatadas, imporão uma série de restrições ao infrator, tais como a proibição de distribuição de lucros, o pagamento de honorários, as gratificações e os prolabores.

A mediação (**poder de mediação**) é uma técnica extrajudicial de solução e prevenção de conflitos. No âmbito das SRTEs é possível requerer a designação de uma mesa-redonda que consistirá na mediação de um auditor fiscal do Trabalho entre representante de empresa(s) e empregados ou entre sindicatos em torno da discussão da negociação de acordo ou convenção coletiva de trabalho.

10.6.8. Segredo profissional

Conforme José Roberto Goldim[143] (2008), a garantia ao resguardo das informações obtidas profissionalmente, no Brasil, está consagrada no Código Penal, que está em vigor desde 1940, e pelo novo Código Civil.

Art. 154.

Revelar alguém, sem justa causa, segredo, de quem tem ciência em razão de função, ministério, ofício ou profissão, e cuja revelação possa produzir dano a outrem.

Pena — detenção, de 3 (três) meses a 1 (um) ano, ou multa.

Parágrafo único. Somente se procede mediante representação.

No art. 229 do Código Civil brasileiro, Lei n. 10.406/02, em vigor desde 11 de janeiro de 2003, propõe que o profissional não está obrigado a depor caso haja o envolvimento de informações obtidas durante o exercício profissional. Dessa forma, testemunhar em corte judicial não configuraria uma "justa causa".

Art. 229. Ninguém pode ser obrigado a depor sobre fato:

I — a cujo respeito, por estado ou profissão, deva guardar segredo;

II — a que não possa responder sem desonra própria, de seu cônjuge, parente em grau sucessível, ou amigo íntimo;

III — que o exponha, ou às pessoas referidas no inciso antecedente, a perigo de vida, de demanda, ou de dano patrimonial imediato.

Essas duas leis resguardam o profissional de eventuais constrangimentos que possam sofrer no caso de precisarem revelar informações que tiveram acesso privilegiado em função de sua atividade.

---

(143) GOLDIM, José Roberto. *Violação do segredo profissional*. Disponível em: <http://www.ufrgs.br/bioetica/violseg.htm> Acesso em: 9.12.2008.

Os auditores fiscais do trabalho estarão obrigados, sob pena de sanções penais ou de medidas disciplinares adequadas, a jamais revelar, mesmo depois de ter deixado o cargo, os segredos de fabricação ou de comércio ou os procedimentos de exploração de que possam ter conhecimento no exercício de suas funções[144].

Assim, os inspetores do trabalho estão, em geral, obrigados ao segredo por força de seu próprio Regulamento da Inspeção do Trabalho — RIT (Decreto n. 4.552, de 27 de dezembro de 2002), de conformidade com o regime de direito aplicável à função pública. *Verbis*:

Art. 35. É vedado aos Auditores Fiscais do Trabalho e aos Agentes de Higiene e Segurança do Trabalho:

I — revelar, sob pena de responsabilidade, mesmo na hipótese de afastamento do cargo, os segredos de fabricação ou comércio, bem como os processos de exploração de que tenham tido conhecimento no exercício de suas funções;

II — revelar informações obtidas em decorrência do exercício das suas competências;

III — revelar as fontes de informações, reclamações ou denúncias; e

IV — inspecionar os locais em que tenham qualquer interesse direto ou indireto, caso em que deverão declarar o impedimento.

Parágrafo único. Os Auditores Fiscais do Trabalho e os Agentes de Higiene e Segurança do Trabalho responderão civil, penal e administrativamente pela infração ao disposto neste artigo.

10.6.9. Espécies de ação fiscal

No âmbito interno do Ministério do Trabalho e Emprego, a atividade de fiscalização está afeta à Secretaria de Fiscalização do Trabalho — SEFIT —, órgão técnico de cúpula, com sede na capital federal, que se encarrega do planejamento e da normatização das ações fiscais do Estado brasileiro para acompanhamento do cumprimento da legislação trabalhista, tanto no que concerne às normas legais quanto às convencionais.

As atividades planejadas e normatizadas pela SEFIT são executadas nos Estados pelas Superintendências Regionais do Trabalho e Emprego — SRTEs —, que são órgãos

---

(144) **Art. 15 da Convenção n. 81 da OIT**: Ressalvadas as exceções que a legislação nacional possa prever, os inspetores de trabalho:
a) não terão direito a qualquer interesse direto ou indireto nas empresas a seu controle;
b) serão obrigados, sob sanção penal ou de medidas disciplinares apropriadas, a não revelar, mesmo depois de terem deixado o serviço, os segredos de fabricação ou de comércio ou os processos de exploração de que possam ter conhecimento no exercício de suas funções;
c) deverão tomar como absolutamente confidencial a fonte de queixas que lhes tragam ao conhecimento um defeito de instalação ou uma infração às disposições legais e deverão abster-se de revelar ao empregador ou a sua representante que sua visita de inspeção resultou de alguma queixa.

descentralizados e sediados nas capitais. Nessas Superintendências estão lotados os Auditores Fiscais do Trabalho que se encarregam de promover as atividades de auditoria e fiscalização junto aos empregadores, além de outras atividades pertinentes às relações de trabalho.

Em conformidade com art. 11 da Portaria n. 546, de 11 de março de 2010, são consideradas modalidades de fiscalização do trabalho:

I — fiscalização dirigida: é aquela resultante do planejamento da SIT ou da SRTE, desenvolvida individualmente ou em grupo, que demanda para a sua execução a designação, pela autoridade competente, por meio de OS[145], de um ou mais AFT;

II — fiscalização indireta: é aquela que envolve apenas análise documental, a partir de sistema de notificações via postal aos empregadores para apresentação de documentos nas unidades descentralizadas do MTE, em data e horário definidos, e demanda para sua execução a designação de AFT, pela chefia técnica imediata ou superior, por meio de OS, conforme escala mensal;

III — fiscalização por denúncia: é aquela resultante de OS originada de denúncia que envolva risco grave à segurança, à saúde ou à regularidade do pagamento do salário aos trabalhadores e que deva merecer apuração prioritária, podendo ser desenvolvida individualmente ou em grupo;

IV — fiscalização imediata: é aquela decorrente da constatação de grave e iminente risco à saúde e segurança dos trabalhadores, que obriga a comunicação à chefia técnica imediata, bem como a lavratura de auto de infração ou expedição de termo de embargo ou interdição[146].

Considera-se e iminente risco toda condição ambiental de trabalho que possa causar acidente do trabalho ou doença profissional com lesão grave à integridade física do trabalhador.

Considera-se ainda, nos termos da Norma Regulamentadora n. 3:

Interdição — a paralisação total ou parcial do estabelecimento, setor de serviço, máquina ou equipamento.

Embargo — a paralisação total ou parcial de obra.

Obra — todo e qualquer serviço de engenharia de construção, montagem, instalação, manutenção e reforma.

V — fiscalização para análise de acidente do trabalho: é aquela resultante de OS originada de notícia sobre a ocorrência de acidente de trabalho grave ou fatal, que tem como objetivo

---

(145) Ordem de Serviço.
(146) Quando o agente da inspeção do trabalho constatar situação de grave e iminente risco à saúde e/ou integridade física do trabalhador, com base em critérios técnicos, deverá propor de imediato à autoridade regional competente a interdição do estabelecimento, do setor de serviço, da máquina ou do equipamento, ou o embargo parcial ou total da obra, determinando as medidas que deverão ser adotadas para a correção das situações de risco.

a coleta de dados e informações para identificação do conjunto de fatores causais envolvidos na gênese do acidente.

10.7. Conclusão

A globalização neoliberal elevou a concorrência entre produtos e serviços de países estrutural e economicamente diferentes, provocando, como consequência, falências e concordatas em diversas empresas, deixando, assim, o trabalhador desprotegido, principalmente nos membros do Mercosul.

Inicialmente, acreditávamos que o Estado seria capaz de solucionar todos os conflitos oriundos da Relação de Trabalho. Porém, com a crescente demanda de reclamações trabalhistas em diversos países, isso se tornou impossível, uma vez que o quadro de magistrados, inspetores do trabalho e procuradores cresceu em progressão aritmética e o número de reclamações cresceu em progressão geométrica.

Assim, acreditamos que as organizações representantes de trabalhadores e empregadores na próxima década investirão na formação e no aperfeiçoamento de mediadores e conciliadores, para, juntamente com a mediação e conciliação pública, solucionarem em tempo mínimo os conflitos entre os interlocutores sociais representantes do capital e do trabalho.

No que concerne à inspeção do trabalho, a Convenção n. 81 da Organização Internacional do Trabalho tem ratificação registrada em 17.2.1955 pela Argentina, em 28.8.1967 pelo Paraguai, em 28.6.1973 pelo Uruguai e em 25.4.1957 pelo Brasil, sendo denunciada em 1971 e revigorada por meio do Decreto n. 95.461, de 11.12.1987.

O art. 3º.1 da Convenção retromencionada estabelece que o sistema de inspeção do trabalho será encarregado, *verbis*:

> a) de assegurar a aplicação das disposições legais relativas às condições de trabalho e à proteção dos trabalhadores no exercício de sua profissão, tais como as disposições relativas à duração do trabalho, aos salários, à segurança, à higiene e ao bem-estar, ao emprego das crianças e dos adolescentes e a outras matérias conexas, na medida em que os inspetores são encarregados de assegurar a aplicação das ditas disposições;
>
> b) de fornecer informações e conselhos técnicos aos empregadores e trabalhadores sobre os meios mais eficazes de observar as disposições legais;
>
> c) de levar ao conhecimento da autoridade competente as deficiências ou os abusos que não estão especificamente compreendidos nas disposições legais existentes. Assim a busca de solução para os conflitos sociais entre o capital e trabalho deverá ser prioritariamente executada pelos entes sindicais, mas a fiscalização deverá ser mantida e executada pelo Estado.

Várias técnicas foram tentadas para obter a solução de controvérsias entre o capital e o trabalho. A OIT preconiza a negociação coletiva; vários países adotam a arbitragem, e alguns, a composição jurisdicional para os conflitos de natureza interpretativa, também conhecidos como dissídios de direito. O Brasil, porém, optou pela solução jurisdicional para todos os tipos de conflito. Sendo defensor da tese de redução do Poder Normativo da Justiça do Trabalho, transcrevemos posição do professor Wagner D. Giglio:

> a solução jurisdicional dos conflitos coletivos tem sido muito criticada pela doutrina internacional e, nos últimos tempos, também por parte substancial dos doutrinadores nacionais. Afirmam tratar-se de uma solução do regime fascista, que inibe a greve e não condiz com a moderna doutrina neoliberal de autocomposição das disputas coletivas, que admite a intervenção jurisdicional para solução apenas em conflitos coletivos de tipo jurídico. A reforma constitucional de 1988 pretendeu absorver novas tendências políticas e sociais, liberalizando a atuação das entidades sindicais e propiciando melhores condições para a livre negociação, como a proibição de interferência do Estado nos sindicatos. Entretanto, a implantação do sistema de autocomposição dos conflitos requeria, como ainda requer, alguns pré-requisitos, em grande parte inexistentes entre nós, que poderiam ser sintetizados numa só expressão: autenticidade da vida sindical. A liberdade para negociar exige posição de igualdade entre os contendores, só alcançada por sindicatos fortes, independentes, com poder de arregimentação da categoria. No Brasil, o imposto sindical, eufemisticamente denominado "contribuição sindical", atrela o Sindicato ao Estado; o número de associados é pequeno e as lideranças receiam a crítica e se eximem de responsabilidade, agasalhadas sob a proteção proporcionada pelas decisões dos tribunais trabalhistas. Como único país no mundo a manter a solução de todos os conflitos coletivos, entre eles os chamados conflitos econômicos, através do Poder Judiciário, o Brasil desenvolveu grande interesse nos estudos do Direito Processual do Trabalho, a ponto de ser o maior produtor de obras especializadas nesse campo. Na prática, a solução através de arbítrio é bastante rara. Ao que parece, a desconfiança inata entre trabalhadores e empresários leva uma das partes a recusar o árbitro simplesmente porque escolhido ou aceito pela outra. O art. 144 da Constituição Federal, que confere primazia à negociação coletiva, admite recurso à arbitragem desde que frustrada aquela e, por último, a intervenção da Justiça do Trabalho, condicionada ao malogro das instâncias anteriores. Acreditamos que, se a fórmula adotada pela Constituição não vem atingindo a solução ideal, isso se dá principalmente porque a autonomia e a liberdade dos sindicatos ficaram cerceadas pela manutenção do imposto sindical, pela criação da "contribuição confederativa" e pelo repúdio à pluralidade sindical[147].

---

(147) VIANA, Márcio Túlio; RENAULT, Luiz Otávio Linhares. *O que há de novo em processo do trabalho.* São Paulo: LTr, 1997. p. 307-308.

Outrossim, finalizamos este trabalho científico defendendo a intervenção do Estado apenas na criação de regras mínimas de proteção ao trabalhador, ou seja, regras sociais, principalmente nas áreas de saúde e segurança, como também na fiscalização do cumprimento das normais estatais, normas heterônomas e autônomas, e na inspeção dos locais de trabalho. E deixar ao Poder Judiciário, no que tange aos dissídios coletivos, manifestar e decidir somente nos dissídios de natureza jurídica ou de interpretação.

11

Convenção n. 158 da OIT no Direito Brasileiro

11.1. Introdução

Nos termos do art. 84, inc. VIII, da Constituição da República Federativa do Brasil de 1988, compete privativamente ao Presidente da República celebrar tratados, convenções e atos internacionais, sujeitos a referendo do Congresso Nacional.

Consoante prescreve o art. 49, inc. I, da Carta Constitucional brasileira, é da competência exclusiva do Congresso Nacional resolver definitivamente sobre tratados, acordos ou atos que acarretem encargos ou compromissos gravosos ao patrimônio nacional.

No Direito Internacional, verifica-se uma grande preocupação em garantir aos cidadãos o direito ao trabalho pela segurança no emprego, o que se confirma pelas Convenções e Recomendações adotadas pela OIT — Organização Internacional do Trabalho — e pela Carta Internacional Americana de Garantias Sociais, visto que o trabalho é um dos direitos fundamentais do ser humano, reconhecido pela Declaração Universal dos Direitos Humanos, em seu art. 23, e pelo Pacto Internacional de Direitos Econômicos Sociais e Culturais, em seu artigo sexto, instrumentos esses aprovados pela Assembleia Geral das Nações Unidas.

As Convenções emanadas da Organização Internacional do Trabalho, diferentemente de outros Tratados e de outras Convenções de caráter internacional, não têm a participação direta do Estado brasileiro, cuja delegação é composta, em caráter paritário, por representantes governamentais, patronais e obreiros. Assim, as Convenções da OIT são acordos firmados por várias partes e que estão abertos à adesão a qualquer membro.

Dentro do complexo mecanismo estabelecido na Constituição Federal de 1988 e já citado, o Estado brasileiro aprovou, mediante o Decreto Legislativo n. 68, de 16.9.1992, e com depósito do instrumento de ratificação em 4.1.1995, o texto da

Convenção n. 158 da OIT, adotada em Genebra em 2.6.1982, na sua 68ª sessão da organização. A promulgação foi efetuada pelo Decreto n. 1.885, de 10.4.1996, e publicada no Diário Oficial da União de 11.4.1996, dando publicidade da ratificação, cuja entrada em vigor, no plano interno de nosso ordenamento jurídico, ocorreu em 5.1.1996.

Leciona Oliveira (1996) que, incorporada ao ordenamento jurídico pátrio, a Convenção da OIT assume as características das normas legislativas internas, sem distinção hierárquica entre elas, porquanto a Constituição não assevera níveis hierárquicos distintos entre a lei complementar, a lei ordinária, a medida provisória, o decreto legislativo e a resolução, apenas estabelecendo matérias distintas passíveis de disciplinamento por cada tipo normativo.

11.2. Direito comparado

Na maioria dos países industrializados, **a predominância da proteção ao trabalho** contra a dispensa arbitrária ocorre por intermédio da estabilidade ou garantia de emprego relativa, e depois de determinado tempo de duração do contrato de trabalho. A despedida do trabalhador exige causa objetiva, relacionada com a conduta ou capacidade, ou com razões decorrentes da conjuntura econômica e financeira ou de caráter tecnológico.

Ilustrativamente, apresentamos alguns dos modelos adotados:

Portugal

Leciona Robortella (1994) que a Constituição portuguesa de 1976 garante aos trabalhadores, em seu art. 53, a segurança no emprego, sendo proibidos os despedimentos sem justa causa ou por motivos políticos ideológicos. A rigidez do preceito, que só admite a dispensa por justa causa, trouxe graves problemas ao mercado de trabalho português, especialmente com o aumento dos índices de desemprego.

Com a edição do Decreto n. 64-A/89, a matéria foi substancialmente alterada, oportunizando a legalização da dispensa por outros motivos, bem como a ampliação dos índices de contrato a prazo determinado. O legislador português trouxe os seguintes motivos para justificação da norma:

Na revisão do regime jurídico da cessação do contrato de trabalho houve a preocupação de não fomentar o desenvolvimento de estruturas rigidificantes, que, na prática, acabam por impossibilitar as empresas de se adaptarem às exigências externas ou, em alternativa, acabam por lhes impor obrigações que, frequentes vezes, podem pôr em causa a própria subsistência. E mostra a experiência que, numa perspectiva de aumento do volume de emprego, um protecionismo excessivo desta natureza acaba por ter repercussões negativas no acesso ao emprego de outros trabalhadores, afetando o próprio emprego global. A proibição dos despedimentos arbitrários é consagrada, de acordo com os princípios constitucionais, em consonância com os quais continua a manter a reintegração do trabalhador despedido como consequência normal da declaração judicial da ilicitude de um despedimento. (...) na linha do que sucede em todos os países da Comunidade Econômica Europeia, a cessação da relação de trabalho pode resultar de um conjunto de circunstâncias objetivas ligadas a necessidades imperiosas do funcionamento eficaz da empresa, sem o que os valores fundamentais da estabilidade e segurança no emprego constituem mera utopia, sempre com salvaguarda das garantias substantivas e processuais dos trabalhadores que, em nome daqueles princípios, sejam afectados na sua relação de trabalho.

Para Paillissier (1991), a lei portuguesa, além da despedida por justa causa, acolhe a extinção de postos de trabalhos por causas objetivas de ordem estrutural, tecnológica ou conjuntural relativas à empresa. É o que se pode chamar, genericamente, de despedimento por razões econômicas.

Espanha

A legislação espanhola admite a dispensa por justa causa e a extinção do contrato de trabalho por motivo tecnológico ou econômico. Esse último impõe uma espécie de autorização administrativa ou uma sentença judicial, sendo previsto o pagamento de indenizações elevadas. Tal procedimento envolve consulta à autoridade estatal, discussões com representantes do pessoal, podendo haver acordo entre as partes para as demissões. Sendo constatado dolo ou abuso de direito, a dispensa sujeita-se à declaração judicial de nulidade (PAILLISSIER, 1990).

Segundo Maciel (1996), o Estatuto dos Trabalhadores espanhol estabelece a nulidade, quer da despedida disciplinar, quer da despedida por causas objetivas em que não se tenha respeitado a exigência de comunicação escrita com indicação dos fundamentos.

França

Na França, acompanhando os demais ordenamentos, a partir de 13.7.1973, exige--se que a despedida obedeça a uma causa real e séria (*cause réèlle et sérieuse*), susceptível de apreciação judicial, sujeitando-se o empregador que não observar tal procedimento a cominações consideravelmente elevadas, conforme expressa exigência do art. 1.122--14-2 do Código do Trabalho (*Code du Travail*).

Contextualmente, o sistema francês prevê dispensas de trabalhadores por motivos econômicos e não econômicos; dispensas individuais e coletivas; dispensas com causa real e séria. E há procedimentos perante a empresa e perante o tribunal do trabalho, conforme o caso. A causa real para a despedida é o fato objetivo determinante da dispensa, independentemente da vontade do empregador, como a inaptidão ou incapacidade profissional. A causa séria tem relação com a gravidade do fato, que impede a continuidade do contrato.

Japão

No Japão, vigora o sistema do emprego vitalício, no qual o empregado insere-se na empresa em que trabalha e os seus salários são conferidos à base da idade pessoal ou do tempo de exercício na empresa. A correção de qualquer falta cometida por um empregado tem o objetivo de educá-lo para evitar novo erro, sendo um sistema educativo, em vez de punitivo, vez que o próprio empregado, em face da perfeita integração com a empresa e os demais empregados, sente-se constrangido pela falta, o que, por si só, naquela comunidade, já é uma punição, no ensinamento de Maciel (1996).

Pontifica Robortella (1994) que a segurança no emprego no Japão se situa entre os mais altos valores sociais, a partir do que se chama cooperação paritária, em que se detecta uma espécie de espírito de família, sendo a empresa uma extensão do lar paterno. Daí a noção do emprego para toda a vida, pelo que a dispensa, quando não tenha motivos relevantíssimos, excepcionais, é condenada como ato repugnante. Na despedida por motivo econômico, o empregador deve demonstrar que adotou todas as medidas para evitá-lo, como redução de horas extras e extinção de contratos de trabalho. Essas concepções estão resistindo a todas as pressões, sendo a segurança no emprego elemento fundamental das relações de trabalho japonesas.

Inglaterra

Acompanhando os demais países, no atual sistema inglês há distinções entre dispensas legais e ilegais, por motivos pessoais do empregado e por causas técnicas da empresa. O empregador, ao dispensar um trabalhador, está obrigado, sob pena de vício formal, a lhe fornecer uma notificação escrita indicando as causas da rescisão. Assim, sendo ilegal a dispensa, o trabalhador tem o prazo prescricional de três meses para peticionar ao Tribunal Industrial a revisão do afastamento, podendo o tribunal determinar a reintegração, com a quitação de todas as vantagens, ou simplesmente a readmissão, ou ainda convertê-la em indenização. Ocorrendo a demissão de mais de dez trabalhadores por causas econômicas, para convalidar seu ato a empresa será obrigada a consultar previamente a representação sindical, além da comunicação obrigatória do fato ao Ministério do Trabalho.

Assinala Maciel (1996) que os primeiros instrumentos ingleses que vieram a limitar o livre poder de dispensa do empregador foram o *Contracts of Employment Act*, de 1963, estabelecendo prazos mínimos para o aviso prévio; o *Redundancy Payments Act*, de 1965, estabelecendo compensações econômicas pela perda do emprego em decorrência da redução de pessoal; o *Industrial Relations Act*, de 1971, estabelecendo o direito do empregado de não ser dispensado senão por justa causa; o *Trade Union And Labour Relation Act*, que revogou o instrumento anterior, mas manteve a segurança no emprego; e, na mesma linha, consagrando a estabilidade, o *Employment Protection Act*, de 1975.

11.3. DENÚNCIA DE CONVENÇÕES

No Manual de Procedimentos em Matéria de Convenções e Recomendações Internacionais do Trabalho (1993), publicado pela OIT, o item XI, que trata da denúncia de convenções, diz especificamente que cada convenção tem um artigo que define as condições, a serem observadas pelos países que a tenham ratificado, para proceder à sua denúncia. Para as Convenções adotadas de 1919 a 1927, ou seja, as de ns. 1 a 25, permite-se a denúncia ao expirar o prazo estabelecido no instrumento internacional, a contar da data em que a convenção original entrou em vigor. No caso das Convenções adotadas a partir de 1928, as de ns. 26 e seguintes, permite-se a denúncia dentro de um intervalo, normalmente de um ano, a contar da expiração de uma sucessão de períodos, que varia de cinco a dez anos, transcorridos a partir da data em que a convenção original entrou em vigor.

A Convenção n. 158, objeto de nosso estudo, entrou em vigor no plano internacional em 23.11.1985, e seu art. 16 prevê a possibilidade de denúncia ao expirarem dez anos contados da data inicial da vigência e diz que deve ser denunciada por meio de um ato comunicando a decisão ao diretor-geral da Repartição Internacional do Trabalho. Após o registro, a denúncia se tornará efetiva em um ano.

Dentre os procedimentos prévios à denúncia, a OIT recomenda que, em qualquer caso de denúncia de Convenção, o governo realize longas consultas antes de tomar a decisão. Essas consultas devem ser realizadas com as organizações representativas de empregados e empregadores. A Convenção n. 144, em seu art. 5º, § 1º, e a Recomendação n. 152 preveem também essas consultas e exige-se que se indiquem os motivos que tenham induzido o Governo a tomar essa medida.

Considerando o ordenamento jurídico pátrio, entende Süssekind (1994) que outros procedimentos devem ser observados e firma posição segura, acompanhado do grande mestre Pontes de Miranda de que se afigura necessária nova intervenção do órgão que as aprovou quando do processo de ratificação (no caso, o Congresso Nacional Brasileiro), a fim de que o Governo possa denunciá-la[148].

Por derradeiro, a Convenção n. 158 da OIT foi aprovada em 1982, introduzida no ordenamento jurídico brasileiro em 1992 e ratificada em 1996 pelo governo do então presidente Fernando Henrique Cardoso. No entanto, ela deixou de vigorar em 20 de

---

(148) "Aprovar tratado, convenção ou acordo, permitindo que o Poder Executivo o denuncie, sem consulta, nem aprovação, é subversivo aos princípios Constitucionais". (PONTES DE MIRANDA)

novembro de 1997, por meio do Decreto n. 2.100/96, por denúncia feita pelo governo brasileiro à OIT.

A CONTAG — Confederação Nacional dos Trabalhadores da Agricultura —, por sua vez, interpôs uma Ação Direta de Inconstitucionalidade de n. 1.625/97 questionando a validade da denúncia, por entender que a competência para formalizá--la era exclusivamente do Congresso Nacional, assim como fora a sua aprovação, havendo, portanto, uma inconstitucionalidade formal.

O julgamento sobre a competência do presidente da República para revogar tratado internacional sem consultar o Senado foi adiado mais uma vez pelo Supremo Tribunal Federal. Na sessão desta quarta-feira (3/6), a ministra Ellen Gracie pediu vista para ter mais tempo para analisar a Ação Direta de Inconstitucionalidade 1.625, que trata da revogação da Convenção n. 158 da Organização Internacional do Trabalho, que só permite a demissão justificada. Foi o terceiro pedido de vista feito durante o julgamento, que tramita no STF desde 1997. O julgamento sobre a competência do presidente da República para revogar tratado internacional sem consultar o Senado foi adiado mais uma vez pelo Supremo Tribunal Federal. Na sessão de 3.6.2009, a ministra Ellen Gracie pediu vista para ter mais tempo para analisar a Ação Direta de Inconstitucionalidade n. 1.625, que trata da revogação da Convenção n. 158 da Organização Internacional do Trabalho, que só permite a demissão justificada. Foi o terceiro pedido de vista feito durante o julgamento, que tramita no STF desde 1997.

11.4. Constitucionalidade da Convenção n. 158

Para o magistrado da Justiça Laboral Oliveira (1996), outra questão que antecipa o exame da constitucionalidade material ou não da Convenção n. 158/OIT diz respeito à indenização compensatória por despedida arbitrária ou sem justa causa, referida no inc. I do art. 7º da Constituição Federal Brasileira vigente.

Ainda segundo o mesmo autor, a própria Constituição previu, no Ato das Disposições Transitórias, que, enquanto não promulgada lei complementar específica, a indenização compensatória por despedida imotivada ou arbitrária corresponderia, sem prejuízo de outros direitos previstos, a 40% (quarenta por cento) do valor concernente ao FGTS (Fundo de Garantia do Tempo de Serviço) relativo ao período do pacto laboral havido. Embora o art. 10, inc. I, do Ato das Disposições Constitucionais Transitórias — ADCT/CF/88 — tenha capitulado o valor da indenização compensatória por implemento do valor previsto na Lei n. 5.107, de 13.9.1966, atualmente, Lei n. 8.036, de 11.5.1990, as normas que vieram em seguida e prejudicaram o referido diploma legal não se alçaram à condição da lei complementar prevista no art. 7º, inc. I, da Constituição Federal, apenas regulando, em caráter ordinário, os pormenores da indenização compensatória que permanece regulada, tão somente, pela disposição constitucional transitória. A saber:

Art. 7º Da Constituição Federal de 1988.

São direitos dos trabalhadores urbanos e rurais, além de outros que visem à melhoria de sua condição social:

I — relação de emprego protegida contra despedida arbitrária ou sem justa causa, nos termos de lei complementar, que preverá indenização compensatória, dentre outros direitos;

(...)

Art. 10. dos Atos das Disposições Constitucionais Transitórias.

Até que seja promulgada a lei complementar a que se refere o art. 7º, I, da Constituição:

I — fica limitada a proteção nele referida ao aumento, para quatro vezes, da porcentagem prevista no art. 6º, *caput* e § 1º, da Lei n. 5.107, de 13.9.1966;

II — fica vedada a dispensa arbitrária ou sem justa causa:

a) do empregado eleito para cargo de direção de comissões internas de prevenção de acidente, desde o registro de sua candidatura até um ano após o final de seu mandato;

b) da empregada gestante, desde a confirmação da gravidez até cinco meses após o parto.

Assim, se os conceitos de despedida sem justa causa e de despedida arbitrária, assim como a indenização compensatória, encontram — transitoriamente, enquanto não promulgada lei complementar específica — campo nas disposições alçadas a tal nível da Consolidação das Leis do Trabalho e no valor previsto pelo próprio Ato das Disposições Constitucionais Transitórias de 1988, seja por anterior e recepcionada pela Constituição vigente aquela (CLT), seja por editado concomitantemente e com idêntico nível este (ADCT), onde não inovar a conceituação de despedida sem justa causa ou arbitrária nem previr indenização diversa da já existente (quarenta por cento do FGTS), não invade a Convenção n. 158/OIT, seara específica da lei complementar, não se havendo que falar em inconstitucionalidade material. Ademais, vários dos preceitos da Convenção n. 158/OIT são de cunho processual, cujo âmbito disciplinar previsto constitucionalmente é o da legislação ordinária.

11.5. Conclusão

A Convenção n. 158 da OIT sobre o Término da Relação do Trabalho por Iniciativa do Empregador, adotada em Genebra em 1982, durante a 68ª Sessão da Conferência Internacional do Trabalho, entrou em vigor no ordenamento jurídico brasileiro em 5.1.1996. A vigência da Convenção terminaria em 20.11.1997. No entanto, o Governo denunciou-a por meio do Decreto n. 2.100, de 20.12.1996.

Nosso entendimento acompanha posição manifestada pelo jurista Celso Antônio Bandeira de Mello, consoante ensinamentos de Loguercio (1996), a propósito de o Executivo ter promovido a denúncia de norma internacional sem qualquer autorização do legislativo. Afinal, o processo de ratificação de Tratados e Convenções Internacionais é complexo, passando, necessariamente, pela aprovação do Congresso Nacional. Se a Convenção se incorpora ao direito interno, equiparando-se às leis federais, conforme enunciamos, a sua denúncia implicaria revogação de norma de direito interno, com o que, para preservar o princípio de equilíbrio entre os poderes, necessária seria a aprovação do Congresso para que o Governo Brasileiro pudesse formular a denúncia. Outrossim, conforme art. 49, inc. XI, da Constituição Federal, é competência exclusiva do Congresso Nacional — "zelar pela preservação de sua competência legislativa em face da atribuição normativa dos outros poderes". Ademais, a revogação de leis passa expressamente pelo Poder Legislativo em atendimento ao princípio da separação dos poderes.

12

PROCEDIMENTOS ADMINISTRATIVOS DE ANOTAÇÃO DE CTPS

12.1. INTRODUÇÃO

Dentre as atividades exercidas pela fiscalização do Trabalho, a mediação tem avançado no sentido de resolver conflitos de interesse entre trabalhadores e empregadores.

Com a edição de instruções normativas, memorandos e portarias destinadas à resolução de conflitos individuais e coletivos, sem aplicação de sanções administrativas, a intervenção dos agentes públicos tornou-se medida preliminar à instauração de dissídios e reclamações trabalhistas.

Sendo a mediação uma técnica com o objetivo de buscar a negociação entre as partes litigantes sob controle de uma terceira pessoa, neutra e preparada tecnicamente para superar impasses, cabe ao Agente de Inspeção, revestido dessa responsabilidade, a conciliação da demanda.

Ademais, entende-se que a mediação administrativa de conflitos individuais e coletivos busca, necessária e fundamentalmente, a solução justa, de acordo com a legislação vigente aplicável, e a correta aplicação da norma ao caso em questão, assegurando o entendimento dos litigantes.

Assim, incluímos o procedimento administrativo de Anotação de CTPS na mediação dos conflitos trabalhistas, não pela grande demanda, mas principalmente pelos resultados positivos alcançados, sem a instauração do processo judicial.

12.2. MODERNIZAÇÃO DAS RELAÇÕES DO TRABALHO

A modernização do Direito do Trabalho inicia-se pela flexibilização de seus princípios básicos.

Logo,

> flexibilizar importa no abrandamento da rigidez de princípios que informam o Direito do Trabalho, em especial o que consagra o protecionismo do trabalhador. Significando, basicamente, a troca de garantias de condições de emprego, pela manutenção do próprio emprego, em face da ocorrência de situações socioeconômicas adversas, que atingem a sociedade. (CARROGI, 1992. p. 100)

A modernização das relações de trabalho é essencial para o desenvolvimento econômico brasileiro. Empregados e empregadores precisam ter as condições necessárias para a livre negociação, objetivando, assim, a efetivação de acordos que criem condições dignas para a manutenção do emprego.

A flexibilização das normas trabalhistas teve seu termo inicial com a Constituição de 1988, que estabeleceu, em seu art. 7º, incs. VI e XIII, a possibilidade da redução salarial e da jornada de trabalho, mediante acordo ou convenção coletiva de trabalho, e, em seu inc. XXVI, o reconhecimento de convenções e acordos coletivos de trabalho.

12.2.1. Mediação de conflitos coletivos de trabalho

Sendo a mediação uma intervenção administrativa destinada a produzir um acordo ou uma convenção, cabe ao agente público obrigatoriamente tentá-la antes da instauração do dissídio.

A Constituição Federal de 1988, em seu art. 7º, inc. XXVI, estabelece "reconhecimento das convenções e acordos coletivos de trabalho", cabendo nessas normas o entendimento de que tenham elas compatibilidade com a legislação vigente. Embora esse seja o entendimento técnico, a Portaria n. 865, de 14.9.1995, determina, em seu art. 3º, que "o descumprimento de norma referente às condições de trabalho constante de Convenção ou Acordo Coletivo de trabalho ensejará lavratura de Auto de Infração", complementando, em seu art. 4º, que "a incompatibilidade entre as cláusulas referentes às condições de trabalho pactuados em Convenção ou Acordo Coletivo e a legislação ensejará apenas a comunicação do fato à chefia imediata que o submeterá à consideração da autoridade regional".

Diante do exposto, cabe ao Ministério do Trabalho estabelecer critérios complementares aos estabelecidos no art. 1º, § 3º, da Portaria n. 818, de 30.8.1995, com o objetivo de evitar que os Acordos e as Convenções preservem normas desarticuladas com a legislação vigente.

12.2.2. Mediação de conflitos individuais

A Portaria n. 713, de 5.8.1992, instituiu a Seção de Conciliação dos Conflitos Individuais, com as seguintes competências:

I — compor os conflitos entre trabalhador e empregador sobre direitos controversos denunciados;

II — propor soluções para a composição da controvérsia;

III — colocar à disposição dos conflitantes os recursos técnicos disponíveis e informá-los sobre consequências jurídicas, sem vinculação a ato administrativo punitivo;

IV — orientar o trabalhador quanto ao direito pretendido, preservando os de natureza trabalhista quando líquidos e certos;

V — atender às solicitações internas e externas relativas às informações pertinentes ao acompanhamento do sistema de conciliação dos conflitos individuais.

Também a Instrução Normativa SRT n. 3, de 21.6.2002, aprovou normas para a assistência ao empregado na rescisão do Contrato de Trabalho. Assim, acreditamos que a atividade de homologação de rescisões de contrato de trabalho juntamente com o procedimento Administrativo de Anotação de CTPS devem ser atribuições preliminares de fiscalização, visto que os resultados positivos obtidos nestas oportunidades evitam instaurações de dissídios judiciais onerosos e duradouros.

12.3. PROCEDIMENTOS ADMINISTRATIVOS DE ANOTAÇÃO DE *CTPS*

A Consolidação das Leis do Trabalho prescreve em seu art. 29, § 3º, que a falta de cumprimento pelo empregador da anotação da CTPS no prazo de 48 horas da admissão do empregado acometerá a lavratura de auto de infração capitulado no art. 41, *caput*, pelo fiscal do trabalho, que deverá, de ofício, comunicar a falta de anotação ao órgão competente, para o fim de instaurar o processo de anotação.

Objetivando buscar o efetivo sucesso da ação fiscal, a Instrução Normativa SEFIT/MTb n. 4, de 1º.8.1996, estabeleceu normas a serem seguidas quando da lavratura do Auto de Infração por empregado sem registro e a respectiva comunicação para a instauração do processo de anotação, visto que somente a autuação pela ausência de registro não traria uma efetiva e imediata proteção ao empregado.

Diante da grande incidência de reclamações após a quebra do vínculo entre empregados e empregadores, os agentes de inspeção do trabalho lotados na Agência de Atendimento de Serra (ES) implantaram o procedimento de anotação de CTPS também com a reclamação do empregado dispensado.

No intuito de unificar procedimentos relativos ao processo de anotação de CTPS, a Delegacia Regional do Trabalho do Espírito Santo divulgou, através do MEMO/DRT/ES/SFT n. 92, de 16.7.1997, roteiro de procedimentos a serem adotados nos plantões e/ou nas ações fiscais.

12.3.1. Termo de denúncia

As denúncias acolhidas nos plantões fiscais contra empregadores com empregados sem o respectivo registro serão distribuídas aos fiscais do trabalho para a diligência fiscal e acarretarão o registro dos empregados ou protocolo da Cópia do Auto de Infração capitulado no art. 41, *caput*, da CLT, para que tenha início o processo de Anotação de CTPS.

12.3.2. Termo de reclamação

Assim como o Auto de Infração capitulado no art. 41, *caput*, da CLT, o Termo de Reclamação representa a fase inicial do procedimento administrativo.

Nessa oportunidade, o fiscal do trabalho deverá verificar se o reclamante pode informar os elementos básicos para o preenchimento da reclamação ou orientá-lo para que os apresente em outra ocasião.

Atendidos os requisitos mínimos constantes do formulário de informações para a elaboração do Termo de Reclamação, o fiscal procederá à lavratura do Termo de Reclamação em duas vias.

A primeira via será protocolada para dar início ao processo administrativo, e a segunda via, entregue ao reclamante.

Objetivando confirmação da veracidade dos fatos narrados pelo reclamante, o chefe de serviço de fiscalização do trabalho, se necessário, emitirá ordem de Serviço Especial ao fiscal para realização de diligência/fiscalização na empresa reclamada.

12.3.2.1. Retenção da CTPS do reclamante/notificado

Nos termos do art. 3º, § 2º, da Instrução Normativa SEFIT/Mtb n. 4, de 1º.8.1996, recebido o protocolo da cópia do Auto de Infração (processo de Anotação de CTPS), o setor competente, por ofício, via postal, com aviso de recebimento, convida o empregado para apresentar a sua CTPS em dia e hora previamente agendados, momento em que notificará o empregador a efetuar as anotações previstas no art. 37, *in fine*, da CLT. A designação da audiência para a mesma data objetiva agilizar o andamento do processo.

Sendo o processo instaurado por Termo de Reclamação, o fiscal notificará o reclamante e o reclamado a comparecerem à audiência, instruindo-os sobre as consequências de seu não comparecimento, tendo em vista que a CTPS do reclamante ficará apensa ao processo.

12.3.3. Notificação

12.3.3.1. Notificação do empregador

Será emitida em duas vias, atendendo aos requisitos previstos na legislação constantes do modelo anexo.

O aviso de recebimento devolvido pelo correio fará parte dos autos do processo.

12.3.3.2. Notificação do empregado

A notificação do empregado/reclamante constará do Termo de Reclamação. Ele será informado, pelo fiscal, da data e do horário da audiência para o seu comparecimento.

Para os empregados constantes do Auto de Infração capitulado no art. 41, *caput*, da CLT, será emitido notificação/convite, no qual necessariamente deverão ser informados os motivos da instauração do processo.

12.3.3.3.1. Audiência de instrução

A audiência de instrução será conduzida pelo fiscal designado pelo chefe do Serviço de Fiscalização do Trabalho ou chefe do Serviço de Relações do Trabalho.

O fiscal receberá o processo saneado e, havendo qualquer irregularidade que impossibilite a realização da audiência, dará ciência ao chefe imediato.

A instrução prosseguirá atendendo ao fluxograma de procedimentos.

12.3.3.3.2. Fluxograma de procedimentos

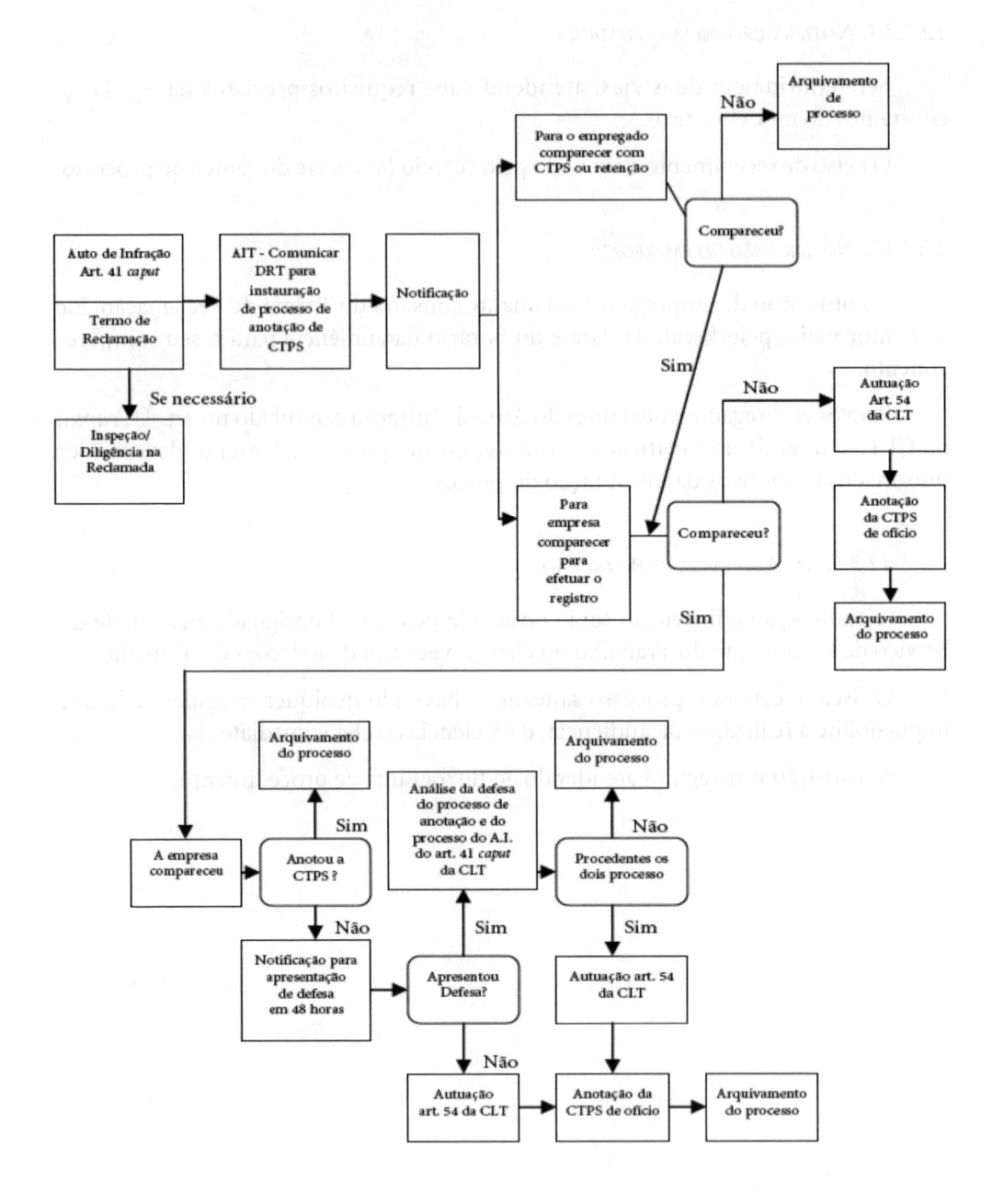

[Fluxograma:

Auto de Infração Art. 41 *caput* / Termo de Reclamação → (Se necessário) Inspeção/Diligência na Reclamada

→ AIT - Comunicar DRT para instauração de processo de anotação de CTPS → Notificação → Para o empregado comparecer com CTPS ou retenção → Compareceu?
- Não → Arquivamento de processo
- Sim → Para empresa comparecer para efetuar o registro → Compareceu?
  - Não → Autuação Art. 54 da CLT → Anotação da CTPS de ofício → Arquivamento do processo
  - Sim → A empresa compareceu → Anotou a CTPS?
    - Sim → Arquivamento do processo
    - Não → Notificação para apresentação de defesa em 48 horas → Apresentou Defesa?
      - Sim → Análise da defesa do processo de anotação e do processo do A.I. do art. 41 *caput* da CLT → Procedentes os dois processos?
        - Não → Arquivamento do processo
        - Sim → Autuação art. 54 da CLT → Anotação da CTPS de ofício → Arquivamento do processo
      - Não → Autuação art. 54 da CLT → Anotação da CTPS de ofício → Arquivamento do processo]

12.3.3.3.3. Encerramento

Concluídas todas as fases do processo, o chefe do Serviço de Fiscalização do Trabalho, ou o chefe do Serviço de Relações do Trabalho, promoverá o arquivamento do processo.

12.3.4. Procedimentos complementares à anotação da CTPS

Concluído o processo de Anotação da CTPS, deverão ser adotados os procedimentos complementares decorrentes das anotações. São eles:

a — emissão de NAD — Notificação para Apresentação de Documentos — nos casos de anotação *ex officio* para cumprimento das obrigações trabalhistas e previdenciárias;

b — sugerir ao Chefe de Serviços de Fiscalização a inspeção na empresa;

c — comunicação ao INSS da ocorrência em caso de falta de recolhimento dos encargos previdenciários;

d — no caso de descumprimento da notificação pelo empregador, o fiscal procederá à lavratura de Auto de Infração, por infringência ao disposto no art. 23, § 1º, da Lei n. 8.036/90, emitindo consequentemente a Notificação para Depósito do FGTS — NDFG, bem como a lavratura do Auto de Infração capitulado no art. 630, §§ 3º e 4º, da CLT.

12.4. Conclusão

O procedimento administrativo de Anotação de CTPS busca solucionar conflitos individuais de natureza trabalhista com redução de tempo, visto que, devido aos burocráticos trâmites judiciais e ao desinteresse dos profissionais de advocacia na área trabalhista, jamais seriam reclamados.

13

Trabalho em Condições Análogas às de Escravo

13.1. Trabalho forçado e em condições degradantes

O art. 149[149] do Código Penal brasileiro, com a redação dada pela Lei n. 10.803, de 11.12.2003, define o crime de redução de alguém à condição análoga à de escravo, ou melhor, estabelece duas espécies desse crime. Explica-se: segundo a nova redação do dispositivo em análise, entende-se por condição análoga à de escravo:

a) a sujeição da vítima a trabalhos forçados;

b) a sujeição da vítima a condições degradantes de trabalho.

Nesse diapasão, a objetividade jurídica desse crime é a **tutela da liberdade individual** e a conduta típica é expressa pelo verbo **reduzir**, que significa tornar, transformar, restringir, limitar, diminuir.

Sujeito ativo pode ser qualquer pessoa. Sujeito Passivo é o trabalhador.

Trata-se de crime na modalidade **dolosa** (elemento subjetivo), **admite-se a tentativa**, é **crime permanente** e a sua consumação ocorre quando o sujeito ativo reduz a vítima à condição análoga à de escravo por meio de uma ou mais das condutas especificadas.

O professor José Cláudio Monteiro de Brito Filho (2004)[150] apresenta de forma clara a seguinte definição: "Trabalho em condições análogas à condição de escravo como o exercício do trabalho humano em que há restrição, em qualquer forma, à liberdade

---

(149) Reduzir alguém à condição análoga à de escravo.
Pena — reclusão, de 2 (dois) a 8 (oito) anos.
(150) BRITO FILHO, José Cláudio Monteiro de. *Trabalho decente:* análise jurídica da exploração, trabalho forçado e outras formas de trabalho indigno. São Paulo: LTr, 2004.

de trabalhadores, e/ou quando não são respeitados os direitos mínimos para resguardo do trabalhador".

Observa-se que não é somente a liberdade de ir e vir (**trabalho forçado**) que caracteriza o trabalho em condições análogas às de escravo, mas também o trabalho sem as mínimas condições de dignidade (**trabalho degradante**).

Quanto à definição apresentada, o mesmo autor relata que, embora diversas outras possam e tenham sido formuladas, é possível tomar por base a que consta do art. 2º, item 1, da Convenção n. 29 da Organização Internacional do Trabalho — OIT —, em anexo, em que consta:

Para os fins da presente Convenção, o termo (**trabalho forçado ou obrigatório**) designará todo trabalho ou serviço exigido a um indivíduo sob ameaça de qualquer castigo e para o qual o dito indivíduo não se tenha oferecido de livre vontade.

No § 1º, constam as figuras equiparadas e prevê punição idêntica à do *caput* para aquele que:

a) cercear o uso de qualquer meio de transporte por parte do trabalhador, com o fim de retê-lo no local de trabalho;

b) manter vigilância ostensiva no local de trabalho, com o fim de lá reter o trabalhador;

c) se apoderar de documentos ou objetos pessoais do trabalhador, com o fim de retê-lo no local de trabalho.

As figuras qualificadas (ou causas especiais de aumento da pena) do crime estão elencadas no § 2º:

a) contra criança ou adolescente;

b) por motivo de preconceito de raça, cor, etnia, religião ou origem.

Por fim, entendemos ser a **ação penal pública e incondicionada**.

REFERÊNCIAS BIBLIOGRÁFICAS

AGITAÇÃO. Informação pronta entrega. São Paulo: a. VI, n. 40, p. 9, jul./ago. 2001.

AGUIAR, Paulo R. M.; PIRES, Amon Albernaz. *Licitações, concessões e permissões na administração pública* — legislação e índices. 3. ed. rev. e atual. Brasília: Senado Federal. Subsecretaria de Edições Técnicas, 2000.

ALMEIDA, João Alberto de. Arbitragem. In: GIORDANI, Francisco Alberto da Mota Peixoto; MARTINS, Melchiades Rodrigues (orgs.). *Fundamentos do direito do trabalho.* São Paulo: LTr, 2000.

ALVES, Giovanni. *O que é globalização.* Disponível em: <http://globalization.cjb.net> Acesso em: 2002.

ARNAUD, André-Jean. *O direito entre modernidade e globalização*: lições de filosofia do direito e do Estado. Tradução de Patrice Charles Wuillaume. Rio de Janeiro: Renovar, 1999.

ARRUDA JR., Edmundo; RAMOS, Alexandre. *Globalização, neoliberalismo e o mundo do trabalho.* Curitiba: Ediby, 1998.

BALEEIRO, Aliomar; SOBRINHO, Barbosa Lima. *Constituições brasileiras:* 1946. Brasília: Senado federal e Ministério da Ciência e Tecnologia, Centro de Estudos Estratégicos, 1999.

BARACHO JÚNIOR, José Alfredo de Oliveira. Os interesses difusos. In: *Direitos humanos e direitos dos cidadãos.* Belo Horizonte: PUC Minas, 2001.

BARBAGELATA, Héctor-Hugo; GHIONE, Hugo Barretto; HENDERSON, Humberto. *El derecho a la formación profesional y las normas internacionales.* Montevideo: Cinterfor, 2000.

BARROS, Alice Monteiro de. *Curso de direito do trabalho.* 3. ed. São Paulo: LTr, 2007.

BARROS, Cássio Mesquita. Flexibilização no direito do trabalho. *Revista Trabalho e Processo,* n. 2, 1994.

BARROSO, Luis Roberto. A proteção coletiva dos direitos no Brasil e alguns aspectos da *class action* norte-americana. In: *Revista Forense Eletrônica,* v. 381, p. 103, 2005.

BASTOS, Guilherme Augusto Caputo. Sentenças trabalhistas e artigos doutrinários. In: *Tribunal Regional do Trabalho da 23ª Região,* Cuiabá, v. 2, n. 1, 1999.

BELTRAN, Ari Possidonio. *A autotutela nas relações do trabalho.* São Paulo: LTr, 1996.

BERGAMNN, Luiz Felipe. A estrutura do sindicalismo e a acumulação capitalista. In: *Combate*, n. 7, maio 2005.

BIANCHI, Anna Cecília de Moraes; ALVARENGA, Marina; BIANCHI, Roberto. *Manual de orientação*: estágio supervisionado. São Paulo: Pioneiras Thomson Learning, 2001.

BRASIL. Congresso Nacional (1971). Lei n. 5.764/71. *Diário Oficial da República do Brasil*. Brasília, 16 dez. 1971.

_____. Congresso Nacional (1998). Lei n. 9.608/98. *Diário Oficial da República Federativa do Brasil*. Brasília, 19 fev. 1998.

_____. *Constituição Federal*. Maurício Antônio Ribeiro Lopes (coord.). Giselle de Mello Braga (colab.). 4. ed. rev. e atual. São Paulo: Revista dos Tribunais, 1999.

CALDAS, Débora. *Usufruindo da globalização*. Disponível em: <http://globalization.cjb.net> Acesso em: 2002.

CALVO, Adriana Carrera. A ultratividade das convenções e acordos coletivos. *Jus Navigandi*, Teresina, a. 9, n. 644, 13 abr. 2005. Disponível em: <http://jus2.uol.com.br/doutrina/texto.asp?id=6449> Acesso em: 3.3.2006.

CAMINHA, Marco Aurélio Lustosa. O ministério público, *ombudsman*, defensor do povo ou função estatal equivalente, como instituição vocacionada para a defesa dos direitos humanos: uma tendência atual do constitucionalismo. *Jus Navigandi*, Teresina, a. 4, n. 41, maio 2000. Disponível em: <http://www1.jus.com.br/doutrina/texto.asp?id=279> Acesso em: 11.4.2005.

CAMINO, Carmen. *Direito individual do trabalho*. 4. ed. Porto Alegre: Síntese, 2004.

CAMPOS, José Miguel de. Emenda Constitucional n. 45 e poder normativo da justiça do trabalho. *Trabalho em Revista*, encarte de Doutrina "O Trabalho", Fascículo n. 103, p. 2.879, set. 2005.

CANOTILHO. J. J. Gomes; MOREIRA, Vital. *Constituição da república portuguesa* — lei do tribunal constitucional. 8. ed. Coimbra: Coimbra, 2005.

CARDONE, Marli A. (coord.). *Modernização do direito do trabalho*: renúncia e transação e formas atípicas de trabalho subordinado. São Paulo: LTr, 1992.

CARDOSO, Nadja Caldas Lopes. A precarização das relações do trabalho decorrentes do estágio irregular. *Revista do SINAIT*, Brasília, a. 3, n. 5, p. 17-18, dez. 2001.

CARELLI, Rodrigo de Lacerda. *Terceirização e intermediação de mão de obra*: ruptura do sistema trabalhista, precarização do trabalho e exclusão social. Rio de Janeiro: Renovar, 2003.

CARVALHO, Djalma Pacheco. *Apontamentos sobre estágio curricular*. Disponível em: <http://www.bauru.unesp.br/fc/boletim/formacao/estagio.htm> Acesso em: 2001.

CASSAR, Vólia Bomfim. *Direito do trabalho*. Niterói: Impetus, 2007

CASTRO, Rubens Ferreira de. *A terceirização do direito do trabalho*. São Paulo: Malheiros, 2000.

CAVALCANTI, Themístocles Brandão; BRITO, Luiz Navarro; BALEEIRO, Aliomar (orgs.). *Constituições brasileiras*: 1967. Brasília: Senado Federal e Ministério da Ciência e Tecnologia, Centro de Estudos Estratégicos, 1999.

CESARINO JÚNIOR, Antônio F. *Direito social brasileiro*. São Paulo: Saraiva, 1970.

CHESNAIS, François. *A mundialização do capital*. Tradução de Silvana Finzi Foá. São Paulo: Xamã, 1996.

COAD — Centro de Orientação, Atualização e Desenvolvimento Profissional. *Estagiário*. Rio de janeiro, fascículo 8.3, módulo VIII, p. 3-9, 28 mar. 1999.

COEP — Centro de Orientação e Encaminhamento Profissional. *COEP e o estágio*. Disponível em: <http://www.coep.org.br/oqueeestagio.htm> Acesso em: 2001.

CORTEZ, Julpiano Chaves. *Direito do trabalho aplicado*. São Paulo: LTr, 2004.

COSTA, Armando Cassimiro; FERRARI, Irany; MARTINS, Melchiades Rodrigues. *Consolidação das Leis do Trabalho*. São Paulo: LTr, 2000.

COSTA FILHO, Mário Pinto Rodrigues da. Interpretação das normas coletivas de trabalho e o princípio do conglobamento. *Jus Navigandi*, Teresina, a. 5, n. 49, fev. 2001. Disponível em: <http://jus2.uol.com.br/doutrina/texto.asp?id=1188> Acesso em: 28.2.2006.

COUTINHO, Carlos Sidney. *Algumas considerações sobre a teoria da regulação*. Belo Horizonte: CEDEPLAR/UFMG, 1990.

COUTO, Osmair. Sentenças trabalhistas e artigos doutrinários. *Tribunal Regional do Trabalho da 23ª Região*, Cuiabá, v. 2, n. 1, 1999.

CUNHA, Maria Inês Moura S. A. da. *Direito do trabalho*. 2. ed. São Paulo: Saraiva, 1997.

DELGADO, Mauricio Godinho. *Curso de direito do trabalho*. 4. ed. São Paulo: LTr, 2005.

_____. *Curso de direito do trabalho*. 8. ed. São Paulo: LTr, 2009.

DERRIEN, Jean Maurice. *A fiscalização do trabalho e o trabalho infantil*. Brasília: OIT, 1993.

DONATO, Messias Pereira. *Curso de direito do yrabalho*: direito individual. 3. ed. ampl. e atual. São Paulo: Saraiva, 1979.

DORNELES, Leandro do Amaral D. *A transformação do direito do trabalho*. Disponível em: <http://www.ambito-juridico.com.br> Acesso em: 2002.

DUARTE, Gleuso Damasceno. *A Constituição explicada ao cidadão e ao estudante*. 9. ed. Belo Horizonte: Lê, 1993.

FARIA, Flávio Freitas. *Terceirização no serviço público e cooperativas de trabalho*. Brasília: Consultoria Legislativa. Câmara dos Deputados, set. 2001.

FERNANDES, Jorge Ulisses Jacoby. A terceirização no serviço público. *Síntese Trabalhista* n. 79, p. 132-139, jan. 1996.

FERRARI, Irany. *Cooperativas de trabalho*: existência legal. São Paulo: LTr, 1999.

FERRARI, Irany; NASCIMENTO, Amauri Mascaro; MARTINS FILHO, Ives Gandra da Silva. *História do trabalho, do direito do trabalho e da justiça do trabalho*. São Paulo: LTr, 1998.

FILES, Rodolfo Capón; PAIVA, Mário Antônio de. *A mundialização do direito laboral* (O retorno do *higth tech* ao feudalismo). Disponível em: <http://âmbito-juridico.com.br> Acesso em: 2002.

FONSECA, Ricardo Tadeu Marques da. *Estágio profissionalizante como instrumento de precarização do trabalho. Debate* — Informativo da Associação dos Agentes da Inspeção do Trabalho de Minas Gerais, Belo Horizonte, Informação Especial, p. 8, ago. 2001.

_____. . Uma alternativa imediata para a empregabilidade. *O Elo* — Boletim Informativo do Sindicato Paulista dos Agentes da Inspeção do Trabalho, a. XIX, n. 220, maio/jun. 2000.

FÓRUM NACIONAL DO TRABALHO. *Reforma sindical:* relatório final. Brasília: Ministério do Trabalho e Emprego, Secretaria de Relações do Trabalho, 2004.

FRANCO FILHO, Georgenor de Sousa. *Globalização & desemprego:* mudanças nas relações de trabalho. São Paulo: LTr, 1998.

_____. . *A arbitragem e os conflitos coletivos de trabalho no Brasil.* São Paulo: LTr, 1990.

FRANKE, Walmor. *Direito das cooperativas.* São Paulo: Saraiva, 1993.

FURQUIM, Maria Célia de Araújo. *A cooperativa como alternativa de trabalho.* São Paulo: LTr, 2001.

FURTADO, João. *Mundialização, reestruturação e competitividade*: a emergência de um novo regime econômico e as barreiras às economias periféricas. Disponível em: <http://globalization.cjb.net> Acesso em: 2002.

GILISSEN, John. *Introdução histórica ao direito.* 3. ed. Lisboa: Calouste Gulbenkian, 2001.

GONÇALVES, Vera Olímpia. *Apresentação de terceirização trabalho temporário orientação ao tomador de serviços.* Brasília: MTE, SIT, 2001.

GONÇALVES, Vera Olímpia; ROLIM, L. Ações do governo federal para reduzir a informalidade no mercado de trabalho. *Boletim Mercado de Trabalho* — Conjuntura e Análise, IPEA/MTE, n. 14, p. 25-31, out. 2000.

GRANJEIRO, J. Wilson. *Lei n. 8.666/93* — licitações e contratos. 7. ed. Brasília: VEST-CON, 1998.

GRECO FILHO, Vicente. *Direito processual civil.* São Paulo: Saraiva, 1998.

GUGEL, Maria Aparecida. O interesse público e o interesse coletivo. *Revista do Ministério Público do Trabalho,* São Paulo, n. 1, ano I, dez. 1995.

IOB MAPA FISCAL. *Trabalho e previdência*: trabalhismo — estagiário. São Paulo. MF n. 34, p. 1-5, 4ª semana de agosto 2001.

JAKOBSEN, Kjeld; MARTINS, Renato; DOMBROWSKI, Osmir (orgs.). *Mapa do trabalho informal* — perfil socioeconômico dos trabalhadores informais na cidade de São Paulo. 2. ed. São Paulo: Perseu Abramo, 2001.

JORGE NETO, Francisco Ferreira; CAVALCANTE, Jouberto de Quadros Pessoa. *Direito processual do trabalho.* 2. ed. Rio de Janeiro: Lumen Juris, 2005. t. I e II.

_____. . *Manual de direito do trabalho.* 2. ed. Rio de Janeiro: Lumen Juris, 2004. t. I e II.

KOOGAN-HOUAISS. *Enciclopédia digital.* São Paulo: Klick, 1998.

LEITE, Carlos Henrique Bezerra. *Direito do trabalho* — primeiras linhas. 2. ed. Curitiba: Juruá, 1997.

_____. *Curso de direito processual do trabalho.* 7. ed. São Paulo: LTr, 2009.

_____. *Ministério público do trabalho* — doutrina, jurisprudência e prática. São Paulo: LTr, 1998.

_____. *Ministério público do trabalho:* doutrina, jurisprudência e prática. 3. ed. São Paulo: LTr, 2006.

_____. *A greve do servidor público civil e os direitos humanos.* Disponível em http://www.planalto.gov.br/ccivil_03/revista/Rev-34/Artigos/Art_carlos.htm> Acesso em: 7.3.2006.

LOGUERCIO, José Eymard. *Da Convenção n. 158/OIT e da denúncia formalizada pelo Brasil.* Disponível em: <www.url:http://todobr.com.br> Acesso em: 2002.

LUZ, Ricardo. *Programas de estágios e de* trainee: como montar e implantar. São Paulo: LTr, 1999.

MACIEL, José Alberto Couto. *Comentários à Convenção n. 158 da OIT*: garantia no emprego. São Paulo: LTr, 1996.

MAGALHÃES, José Luiz Quadros. *Direitos humanos e direitos dos cidadãos.* Belo Horizonte: PUC Minas, 2001.

MANUS, Pedro Paulo Teixeira. *Direito do trabalho.* 9. ed. São Paulo: Atlas, 2005.

MANNRICH, Nelson. *Direito coletivo.* Disponível em: <http://www.direitonet.com.br/textos/x/14/12/1412/DN_Direito_coletivo_Sindicatos.doc> Acesso em: 24.2.2006.

MANUS, Pedro Paulo Teixeira. *Direito do trabalho.* 9. ed. São Paulo: Atlas, 2005.

MARANHÃO, Délio; CARVALHO, Luiz Inácio Barbosa. *Direito do trabalho.* 17. ed. Rio de Janeiro: Fundação Getúlio Vargas, 1993.

MARTINEZ, Pedro Romano. *Direito do trabalho.* 2. ed. Coimbra: Almedina, 2005.

MARTINS, Sergio Pinto. *A terceirização e o direito do trabalho.* São Paulo: Malheiros, 1995.

_____. *Direito do trabalho.* 9. ed. São Paulo: Atlas, 1999.

_____. *Direito do trabalho.* 22. ed. São Paulo: Atlas, 2006.

_____. *Direito processual do trabalho.* 13. ed. São Paulo: Atlas, 2000.

_____. *A terceirização e o direito do trabalho.* São Paulo: Malheiros, 1995.

MARTINS, Ives Gandra; PASSOS, Fernando (coords.). *Manual de iniciação ao direito.* São Paulo: Pioneira, 1999.

MENEZES, Cláudio Armando Couce de. *Proteção contra condutas antissindicais:* **a**tos antissindicais, controle contra discriminação e procedimentos antissindicais. Disponível em: <http://www.anamatra.org.br/opiniao/artigos/ler_artigos.cfm?cod_conteudo= 6017&descricao =artigos> Acesso em: 1º.3.2006.

MINISTÉRIO DO TRABALHO. Secretaria de Relações do Trabalho. *Mediação de conflitos individuais*: manual de orientação. Brasília: MTb/SRT, 1997.

_____. Setor de Fiscalização do Trabalho. *Manual de cooperativas.* Brasília: MTb, SEFIT, 1997.

_____. Secretaria de Relações do Trabalho. *Manual do mediador.* Brasília: MTb, SRT, 1996.

_____. Secretaria de Fiscalização do Trabalho. *Mercosul*. Brasília: SEFIT, 1998.

_____. Procedimento *Preparatório PP/00040/2000*. Vitória: Procuradoria Regional do Trabalho da 17ª Região, 2000.

_____. Secretaria de Inspeção do Trabalho. *Ementário:* elementos para lavratura de autos de infração. Brasília: MTE/SIT, 2002. Parte I, Parte II.

_____. *Acordo entre MPT e AGU impede União de contratar trabalhadores por meio de cooperativas de mão de obra*. Disponível em: <http://www.pgt.mpt.gov.br/noticias/2003/06/n213.html> Acesso em: 2003.

MINISTÉRIO DO TRABALHO E EMPREGO. Secretaria de Inspeção do Trabalho. *Mapa de indicativos do trabalho da criança e do adolescente*: 2000. Apresentação Francisco Dorneles. Brasília: MTE, SIT, 2001.

MISAILIDIS, Mirta G. Lerena Manzo de. A globalização econômica e as relações de trabalho entre a retórica e a realidade. *Caderno de Comunicações*, São Paulo, a. 5, n. 2, jan. 2001.

MORAES, Alexandre de (org.). *Constituição da república federativa do Brasil*. 18. ed. São Paulo: Atlas, 2002.

MORAES, Alexandre de. *Direitos humanos fundamentais:* teoria geral, comentários aos arts. 1º a 5º da Constituição da República Federativa do Brasil, doutrina e jurisprudência. 6. ed. São Paulo: Atlas, 2005 (Coleção temas jurídicos: 3).

MOREIRA, Gerson Luis. Breve estudo sobre o sindicato. *Jus Navigandi*, Teresina, a. 6, n. 55, mar. 2002. Disponível em: <http://jus2.uol.com.br/doutrina/texto.asp?id=2781> Acesso em: 28 fev. 2006.

MORGADO, Isabele Jacob. *A arbitragem nos conflitos de trabalho*. São Paulo: LTr, 1998.

MOTA, Daniel Pestana. *A nova estrutura sindical tem que estar a serviço dos trabalhadores e não de cúpula da direção sindical*. Disponível em: <http://www1.jus.com.br/doutrina/texto.asp?id=4268> Acesso em: 15.5.2005.

MOTA, Davide. *Formação e trabalho*. Rio de Janeiro: SENAC, 1997.

NASCIMENTO, Amauri Mascaro. *Teoria geral do direito do trabalho*. São Paulo: LTr, 1998.

_____. *Curso de direito do trabalho*. 19. ed. São Paulo: Saraiva, 2004.

_____. *Iniciação ao direito do trabalho*. 31. ed. São Paulo: LTr, 2005.

_____. *Compêndio de direito sindical*. 4. ed. São Paulo: LTr, 2005.

NETO, Manoel Jorge e Silva. *Constituição e trabalho*. São Paulo: LTr, 1998.

NEUBAUER, Rose. *O ensino médio e o estágio de estudantes*. São Paulo: Centro de Integração Empresa-Escola, 2000.

NOGUEIRA, Octaciano. *Constituições brasileiras:* 1824. Brasília: Senado federal e Ministério da Ciência e Tecnologia, Centro de Estudos Estratégicos, 1999.

OIT. *O Trabalho Infantil. Pela Abolição do trabalho Infantil:* a política da OIT e suas implicações para a cooperação técnica. [S.I]: OIT, 1993.

OLIVEIRA, Alexandre Nery. *A Convenção n. 158/OIT sobre término da relação laboral por iniciativa patronal e o direito pátrio brasileiro.* Disponível em: <www.url://todobr.com.br> Acesso em: 2002.

OLIVEIRA, Oris. *O trabalho infanto-juvenil no direito brasileiro.* Brasília: OIT, 1993.

_____. Diretrizes da organização internacional do trabalho para o direito coletivo. In: *Direito coletivo do trabalho em uma sociedade pós-industrial.* São Paulo: LTr, 2003.

PAILLISSIER, Jean-Bernard. *Le droit social en espagne.* Paris: Lamy, 1990.

PANIZZI, Wrana Maria. Bate-papo com a reitora da UFRGS. *Revista Agitação,* a. VI, n. 40, p. 67, jul./ago. 2001.

PAULO, Vicente; ALEXANDRINO, Marcelo; BARRETO, Gláucia. *Direito do trabalho.* 9. ed. Rio de Janeiro: Impetus, 2006.

_____. *Resumo de direito do trabalho.* 3. ed. Rio de Janeiro: Impetus, 2005.

PAULO, Vicente; ALEXANDRINO, Marcelo. *Direito do trabalho.* 6. ed. Rio de Janeiro: Impetus, 2005.

PEIXOTO, Aguimar Martins. Negociação coletiva. In: *Sentenças trabalhistas e artigos doutrinários.* Cuiabá: Tribunal Regional da 23ª Região, 1999. v. 2, n. 1.

PESSOA, Flávia Moreira. Contribuições sindical, confederativa, associativa e assistencial: natureza e regime jurídicos. *Jus Navigandi,* Teresina, a. 8, n. 415, 26 ago. 2004. Disponível em: <http://www1.jus.com.br/doutrina/texto.asp?id=5634>. Acesso em: 22.5.2005.

PINHO, Ruy Rebello; NASCIMENTO, Amauri Mascaro. *Instituições de direito publico e privado.* 22. ed. São Paulo: Atlas, 2000.

PINTO, Antônio Luiz de Toledo; WINDT, Márcia Cristina Vaz dos Santos; CÉSPEDES, Lívia (orgs.). *Consolidação das leis do trabalho.* 32. ed. São Paulo: LTr, 2005.

PINTO, José Augusto Rodrigues. *Direito sindical e coletivo do trabalho.* São Paulo: LTr, 1998.

_____. *Direito sindical e coletivo do trabalho.* São Paulo: LTr, 2002.

POLETTI, Ronaldo. *Constituições brasileiras:* 1934. Brasília: Senado federal e Ministério da Ciência e Tecnologia, Centro de Estudos Estratégicos, 1999.

RAFAEL, Márcia Cristina. *Direito do trabalho.* Curitiba: Juruá, 2005.

RAMOS FILHO, Irineu. *Reforma ou desestruturação sindical?* Disponível em: <http://www.senge-sc.org.br/juridica/reformasindical.htm> Acesso em: 22.5.2005.

RAMOS, Augusto César. Mediação e arbitragem na justiça do trabalho. *Jus Navigandi,* Teresina, a. 6, n. 54, fev. 2002. Disponível em: <http://jus2.uol.com.br/doutrina/texto.asp?id=2620> Acesso em: 23.2.2006.

REIS, Jair Teixeira dos. *Não intervenção do estado nas relações de trabalho* — clausula social nos tratados internacionais. Disponível em: <http://www.ambitojuridico.com.br> Acesso em: 2002.

_____. *Manual de rescisão de contrato de trabalho.* Curitiba: Juruá, 2005.

_____. *Direitos humanos para provas e concursos.* 3. ed. Curitiba: Juruá, 2009.

_____. *Direito coletivo do trabalho*. São Paulo: LTr, 2008.

_____. *Resumo de direito ambiental*. 4. ed. Rio de Janeiro: Impetus, 2008.

_____. Reforma sindical: temas controvertidos. In: *Minerva — Revista de Estudos Laborais*, Coimbra: Almedina, ano IV, n. 7, 2005.

RIPPER, Walter Wiliam. Poder normativo da Justiça do Trabalho após a EC n. 45/04. *Jus Navigandi*, Teresina, a. 9, n. 776, 18 ago. 2005. Disponível em: <http://jus2.uol.com.br/doutrina/texto.asp?id=7176> Acesso em: 1º.3.2006.

ROBORTELLA, Luiz Carlos Amorim. *O moderno direito do trabalho*. 2. ed. São Paulo: LTr, 1994.

ROESCH, S. M. Azevedo; BECKER, G. (colab.); MELLO, M. I. de. (colab.). *Projetos de estágio do curso de administração*: guia para pesquisas, projetos, estágios e trabalhos de conclusão de curso. São Paulo: Atlas, 1996.

ROMITA, Arion Sayão. *Globalização da economia e direito do trabalho*. São Paulo: LTr, 1997.

_____. O poder normativo da justiça do trabalho: antinomias constitucionais. *Revista LTr*, São Paulo: LTr, v. 65, n. 3, mar. 2001.

ROSSI, Alexandre Chedid. Incorporação das cláusulas normativas aos contratos individuais de trabalho. *Jus Navigandi*, Teresina, a. 7, n. 60, nov. 2002. Disponível em: <http://jus2.uol.com.br/doutrina/texto.asp?id=3429> Acesso em: 21.2.2006.

RÜDIGER, Dorothee Susanne. O direito do trabalho brasileiro no contexto da globalização. *Caderno de Comunicações*, São Paulo, a. 5, n. 2, jan. 2001.

_____. *O contrato coletivo no direito privado*: contribuições do direito do trabalho para a teoria geral do contrato. São Paulo: LTr, 1999.

RUPRECHT, Alfredo J. *Relações coletivas de trabalho*. São Paulo: LTr, 1995.

RUSSOMANO, Mozart Victor. *Curso de direito do trabalho*. 8. ed. Curitiba: Juruá, 2002.

SAAD, Eduardo Gabriel. *Consolidação das leis trabalhistas*: comentada. 33. ed. São Paulo: LTr, 2001.

ROSSO, Sadi Dal (org.). *A inspeção do trabalho*. Brasília: Sinait, 1999.

SABATOVSKI, Emílio. *Constituição federal de 1988*. 11. ed. Curitiba: Juruá, 2006.

SALAZAR, Maria Cristina. *O trabalho infantil nas atividades perigosas*. Brasília: OIT, 1993.

SAMPAIO, Jader dos Reis. *Política, regulação e psicologia do trabalho*: notas para um estudo histórico. Disponível em: <http://www.fafich.ifmg.br> Acesso em: 2002.

SANTOS, Admilson Moreira dos. *Uma avaliação da política de combate à informalidade da mão de obra, aplicando teoria dos jogos*. Disponível em: <sit@mte.gov.br> Acesso em: 2003.

SANTOS, Luiz Alberto Matos dos. Unicidade, organização por categorias e contribuição sindical — limites à liberdade sindical. In: *Boletim Informativo do Sindicato Paulista dos Agentes da Inspeção do Trabalho*, ano XIX, n. 231, out. 2001.

SARAIVA, Renato. *Direito do trabalho para concursos públicos*. São Paulo: Método, 2006.

_____. *Curso de direito processual do trabalho*. 4. ed. São Paulo: Método, 2007.

SENADO FEDERAL. *Direitos humanos:* instrumentos internacionais documentos diversos. 2. ed. Brasília: Subsecretaria de Edições Técnicas, 1997.

SILVA, Edson Braz. *Unidade 10* — direito coletivo do trabalho. Disponível em: <http://www.ucg.br/site_docente/jur/edson/pdf/novo/unidade10.pdf> Acesso em: 4.3.2006.

SILVA, Francisco Carlos Teixeira. *Mutações do Trabalho*. Rio de Janeiro: SENAC, 1999.

SILVA, Luis Carlos Cândido Martins Sotero da. Acordo e convenção coletiva de trabalho. In: GIORDANI, Francisco Alberto da Mota Peixoto; MARTINS, Melchiades Rodrigues (orgs.). *Fundamentos do direito do trabalho*. São Paulo: LTr, 2000.

SOARES, Ronald; PINHO, Judicael Sudário (coords.). *Estudos de direito do trabalho e direito processual do trabalho*. São Paulo: LTr, 1999.

SOUZA, Matilde de. *Globalização e soberania do estado nação*. Disponível em: <http://globalization.cjb.net> Acesso em: 2002.

SÜSSEKIND, Arnaldo. *Convenções da OIT*. São Paulo: LTr, 1994.

_____. *Curso de direito do trabalho*. Rio de Janeiro: Renovar, 2002.

_____. *Curso de direito do trabalho*. 2. ed. Rio de Janeiro: Renovar, 2004.

_____; MARANHÃO, Délio; VIANNA, Segadas. *Instituições de direito do trabalho*. 9. ed. ampl. e atual. Rio de Janeiro: Freitas Bastos, 1984.

SWEPSTON, Lee. *Regulamentação pelas normas da OIT e pela legislação nacional*. Brasília: OIT, 1993.

UFES. Universidade Federal do Espírito Santo. *Normatização e apresentação de trabalhos científicos e acadêmicos*: guia para alunos, professores e pesquisadores da UFES. Vitória: A Biblioteca, 1995.

VASCONCELOS, Antônio Gomes de; GALDINO, Dino. *Núcleos intersindicais de conciliação trabalhista*. 1. ed. São Paulo: LTr, 1999.

VIANA, Márcio Túlio (coord.). *Teoria e prática da Convenção n. 158*. São Paulo: LTr, 1996.

VIANA, Márcio Túlio; RENAULT, Luiz Otávio Linhares. *O que há de novo em direito do trabalho*. São Paulo: LTr, 1997.

_____. *O que há de novo em processo do trabalho*. São Paulo: LTr, 1997.

WEIS, Carlos. *Direitos humanos contemporâneos*. São Paulo: Malheiros, 1999.

ZAGO, Evair de Jesus. Centrais sindicais. In: *Boletim Informativo do Sindicato Paulista dos Agentes da Inspeção do Trabalho*, n. 207, ano XVIII, set./out. 1998.

VIDOTTI, Tárcio José, GIORDANI, Francisco Alberto da Motta Peixoto (coords.). *Direito coletivo do trabalho em uma sociedade pós-industrial*. São Paulo: LTr, 2003.

ANEXOS

ANEXO A

**Serviço Público Federal
Ministério do Trabalho e Emprego
Superintendência Regional do Trabalho e Emprego**

TERMO DE NOTIFICAÇÃO

Processo n.:

Empregador:

CNPJ/CPF:

Endereço:

Ref. Anotação de CTPS

Pelo presente Termo de Notificação, fica o empregador acima mencionado *notificado* a comparecer na _____, no dia ____/____/____, às _____ horas para anotar CTPS de seu empregado _____ _____, admitido em ____/____/____ na função de _____, com salário de R$ _____, arrolado que foi no auto de infração n. _____, por se encontrar sem o respectivo registro em ficha, livro ou sistema eletrônico de registro de empregado.

Caso o registro do empregado acima já tenha sido efetuado, deverá a empresa comparecer munida do Livro de Registro de Empregados.

Informamos que o não comparecimento implica em pena de revelia e confissão, com a consequente anotação da CTPS por este órgão, conforme determina o parágrafo único do art. 37 da Consolidação das Leis do Trabalho, e autuação por infração ao art. 54 da Consolidação das Leis do Trabalho.

_____, de _____ de_____

Anexo B

Serviço Público Federal
Ministério do Trabalho e Emprego
Superintendência Regional do Trabalho e Emprego

TERMO DE NOTIFICAÇÃO

Processo n.:

Empregador:

CNPJ/CPF:

Endereço:

Fica esse empregador notificado para, em cumprimento ao que dispõe o art. 37 da Consolidação das Leis do Trabalho, comparecer no dia ___/___/___, às _____ horas, no PLANTÃO DE RECLAMAÇÕES DE ANOTAÇÃO E RETENÇÃO DE CTPS deste órgão, localizado na _____, para prestar esclarecimentos sobre a reclamação, cujo Termo segue anexo, ou para efetuar as anotações reclamadas.

O não comparecimento no dia e hora indicados resultará, como consequência imediata, a autuação do notificado, com base no disposto no art. 54 da Consolidação das Leis do Trabalho, bem como implicará, de conformidade com o disposto no art. 37, parágrafo único, da referida Consolidação, em revelia e confissão sobre os termos da reclamação feita, com a consequente aplicação das demais penalidades previstas na legislação em vigor.

_____, ___/___/___

Anexo C

Serviço Público Federal
Ministério do Trabalho e Emprego
Superintendência Regional do Trabalho e Emprego

CONVITE

Processo n.:

Empregado:

CPF:

Endereço:

Ref.: Anotação CTPS

Comunicamos a V. Sª. que no auto de infração n. _____, lavrado contra o empregador _____, seu nome consta como empregado sem registro.

Assim sendo, para instauração do processo de anotação do contrato de trabalho em sua Carteira de Trabalho e Previdência Social — CTPS, solicitamos o seu comparecimento neste órgão, localizado na _____, trazendo o referido documento (CTPS), no dia ___/___/___, às _____ horas.

Ressaltamos que, além de ser obrigatório, seus Direitos Trabalhistas e Previdenciários estarão melhor assegurados com a anotação do contrato de trabalho na sua CTPS.

_____, ____ de _____ de _____

ANEXO D

**Serviço Público Federal
Ministério do Trabalho e Emprego
Superintendência Regional do Trabalho e Emprego**

TERMO DE RECLAMAÇÃO

Aos _____ dias do mês de _____ de _____, compareceu ao PLANTÃO DE RECLAMAÇÃO DE ANOTAÇÃO E RETENÇÃO DE CTPS deste órgão o Sr. (a) _____, natural de _____, nascido em ___/___/___, residente na _____, portador da Carteira de Trabalho e Previdência Social (CTPS) n. _____, série ____, que declarou trabalhar (ou ter trabalhado) para o empregador _____, localizado na _____.

Reclama que, embora haja solicitado a anotação de sua CTPS, não foi atendido pelo empregador.

No que se refere especificamente às suas condições de trabalho, o reclamante alegou o seguinte: que foi admitido no emprego em ___/___/___ e dispensado em ___/___/___; que exercia (ou exerce) as funções inerentes ao cargo de _____; que seu horário de trabalho era _____; que percebia, por ocasião de seu desligamento, o salário (fixo, comissões etc.) de R$_____.

Acrescenta que suas alegações poderão ser comprovadas mediante depoimentos de companheiros de trabalho, cujos nomes constam do formulário anexo, bem como por meio de documentos (especificar).

Retida, para fins de anotação, a CTPS do empregado.

Audiência de Instrução designada para o dia ___/___/___, às _____horas.

Para constar, lavrei o presente Termo em duas vias que vão devidamente assinadas por mim e pelo reclamante.

_____
Reclamante Auditor Fiscal do Trabalho

Anexo E

Serviço Público Federal
Ministério do Trabalho e Emprego
Superintendência Regional do Trabalho e Emprego

INFORMAÇÕES PARA ELABORAÇÃO DO TERMO DE RECLAMAÇÃO

1. Qualificação do Empregado

1.1. Nome Completo:_____

1.2. Endereço para Correspondência : _____

1.3. Data de Nascimento: _____

1.4. CTPS: _____, série _____

1.5. PIS: _____

1.6. Telefone para Contato: _____

2. Qualificação do Empregador

2.1. Nome/Razão Social: _____

2.2. CNPJ/CPF: _____

2.3. Nome de Fantasia: _____

2.4. Endereço: _____

2.5. Ponto de Referência: _____

3. Informações Sobre as Condições de Trabalho

3.1. Data de Admissão: ____/____/____

3.2. Data de Dispensa: ____/____/____

3.3. Cargo:_____

3.4. Descrição Sumária das Funções Exercidas: _____

3.5. Horário de Trabalho: _____

3.6 Informações sobre Condições Especiais de Trabalho, se houver (trabalho noturno, insalubre, em horário extraordinário, em domingos/feriados etc.): _____

3.7. Remuneração (Informar última remuneração): _____

3.8. Forma de Remuneração (Salário Fixo, Comissão etc.):_____

3.9. Verbas Rescisórias (pagas/não pagas):_____

3.10. Nome/Apelido pelo qual é conhecido no trabalho: _____

3.11. Nome da pessoa que lhe dava ordens no trabalho: _____

3.12. Nomes/Apelidos de Companheiros de Trabalho (que possam confirmar suas alegações):_____

3.13. Provas Documentais (recibos, livros de ponto etc.):_____

3.14. Seguro-Desemprego (o empregado recebeu Seguro-Desemprego durante o período de trabalho alegado): Sim ( ); Não ( )

3.15. Outras Informações: _____

ANEXO F

**Serviço Público Federal
Ministério do Trabalho e Emprego
Superintendência Regional do Trabalho e Emprego**

TERMO DE DILIGÊNCIA

De conformidade com o disposto no art. 37, *caput,* da Consolidação das Leis do Trabalho e em cumprimento à determinação do Chefe do Serviço de Fiscalização, exarada no Processo de Anotação de CTPS abaixo identificado, efetuei diligência junto ao empregador/reclamado com vista à instrução do feito, cujo relatório é o seguinte:

I. Elementos de Identificação da Diligência

    1. Processo n.: _____

    2. Reclamante: _____

    3. Reclamado: _____

    4. CNPJ/CPF:_____

    5. Data(s) da Diligência: _____

II. Conclusões da Diligência

    ( ) A CTPS foi anotada na diligência

    ( ) Não foi confirmada a relação de emprego

    ( ) Diligência frustrada em razão de:_____

    _____

    ( ) Confirmei a existência da relação de emprego, nos termos da reclamação.

    ( ) Confirmei a existência da relação de emprego, mas com divergências em relação à reclamação, consoante informações da folha seguinte:

1. Data de Admissão: ___/___/___

2. Data de Dispensa: ___/___/___

3. Última Remuneração:_____

4. Função Exercida:_____

5. Outros: _____

III — Elementos de Convicção do Fiscal

( ) Depoimento do Empregador

( ) Depoimentos de Empregados (com nome, cargo e data de admissão abaixo)

1._____

2._____

3._____

( ) Provas Materiais / Documentais (especificadas abaixo)

_____

( ) Outros

_____, ___/___/___

_____
Auditor Fiscal do Trabalho

ANEXO G

**Serviço Público Federal
Ministério do Trabalho e Emprego
Superintendência Regional do Trabalho e Emprego**

TERMO DE AUSÊNCIA

Processo n.:

Ref.: Anotação de CTPS

Aos _____ dias do mês de _____ de _____, no órgão localizado na _____, às _____horas, na presença dos fiscais do trabalho _____compareceu o empregador, _____, ausente o empregado _____, apesar de regularmente notificado, como faz prova documento anexo.

Diante do fato, lavramos o presente termo e solicitamos o arquivamento do processo nos termos do art. 3º, § 3º, da Instrução Normativa SEFIT/Mtb n. 4, de 1º.8.1996.

_____ _____

Auditor Fiscal do Trabalho

ANEXO H

**Serviço Público Federal
Ministério do Trabalho e Emprego
Superintendência Regional do Trabalho e Emprego**

TERMO DE AUSÊNCIA

Processo n.:

Ref.: Anotação de CTPS

Aos _____ dias do mês de _____ de _____, no órgão localizado na _____, às _____ horas, na presença dos fiscais do trabalho _____ compareceu o empregado, _____, ausente o empregador _____, apesar de regularmente notificado, como faz prova documento anexo.

Diante do fato, lavramos o presente termo e consideramos revel e confessa a reclamada, nos termos do art. 37, parágrafo único, da Consolidação das Leis do Trabalho.

_____   _____

Auditor Fiscal do Trabalho

ANEXO I

**Serviço Público Federal
Ministério do Trabalho e Emprego
Superintendência Regional do Trabalho e Emprego**

TERMO DE COMPARECIMENTO

Processo n.:

Ref.: Anotação de CTPS

Aos _____ dias do mês de _____ de _____, no órgão localizado na _____, às _____horas, na presença dos fiscais do trabalho _____compareceu o empregador _____, que, apesar de notificado, recusou-se a fazer as anotações na CTPS do(s) empregado(s), assegurando-se lhe o prazo de quarenta e oito horas, a contar do termo, para apresentar defesa, conforme art. 38, *caput*, da Consolidação das Leis do Trabalho.

Diante do fato, lavrou-se o presente termo.

_____
Empregador

_____   _____
                Auditor Fiscal do Trabalho